"后 土 地 财 政" 时 期

地方政府

土地财政和融资策略
及土地行为响应

王健 吴群◎著

中国财经出版传媒集团

经济科学出版社
Economic Science Press

图书在版编目（CIP）数据

"后土地财政"时期地方政府土地财政和融资策略及土地
行为响应 / 王健，吴群著 . -- 北京：经济科学出版社，
2022.2
　　ISBN 978 - 7 - 5218 - 3434 - 5

　　Ⅰ.①后…　Ⅱ.①王…　②吴…　Ⅲ.①地方政府 - 土
地制度 - 财政制度 - 研究 - 中国　Ⅳ.①F321.1

　　中国版本图书馆 CIP 数据核字（2022）第 027324 号

责任编辑：胡成洁
责任校对：蒋子明
责任印制：范　艳

"后土地财政"时期地方政府土地财政和融资策略及土地行为响应
王　健　吴　群　著
经济科学出版社出版、发行　新华书店经销
社址：北京市海淀区阜成路甲 28 号　邮编：100142
经管中心电话：010 - 88191335　发行部电话：010 - 88191522
网址：www. esp. com. cn
电子邮箱：espcxy@ 126. com
天猫网店：经济科学出版社旗舰店
网址：http：//jjkxcbs. tmall. com
北京季蜂印刷有限公司印装
710 × 1000　16 开　14.5 印张　260000 字
2022 年 9 月第 1 版　2022 年 9 月第 1 次印刷
ISBN 978 - 7 - 5218 - 3434 - 5　定价：75.00 元
（图书出现印装问题，本社负责调换。电话：010 - 88191510）
（版权所有　侵权必究　打击盗版　举报热线：010 - 88191661
QQ：2242791300　营销中心电话：010 - 88191537
电子邮箱：dbts@ esp. com. cn）

本书得到国家自然科学基金面上项目（项目编号：71673140、42071247）、国家自然科学基金重点项目（项目编号：71233004）的资助。

前　　言

　　近 20 年我国地方政府土地出让收入和土地抵押贷款相结合的土地财政和融资模式,为城市基础设施建设提供了重要资金来源,该模式与财税、土地和融资制度紧密相关,成为这一时期城市大规模建设和驱动地方经济发展的一个重要动力。然而,这种模式是一种不可持续的地方政府短期土地"利用"行为,对财政和金融体系、经济社会发展等带来了扭曲效应和风险。在此背景下,我国新一轮财税、融资体制改革以及城乡一体化土地制度改革拉开序幕。土地财政赖以生存的制度环境发生深刻变化,这种变化必然引致地方政府土地财政和融资策略发生变化并导致相关的土地行为做出响应。随着"后土地财政"时期逐渐到来,地方政府土地财政和融资赖以生存的制度环境发生了哪些重要变化,地方政府会进行怎样的土地财政和融资策略选择,地方政府的土地行为又将产生怎样的响应? 这些问题成为"后土地财政"时期亟待研究的问题,现有研究对此展开的探索较少。对这些问题的研究,能够揭示"后土地财政"时期地方政府土地财政和融资策略新机制,对于丰富我国土地财税、土地融资、土地收益分配和地方政府土地行为等相关理论有所裨益,对于进一步完善当前正在改革的财税、融资和土地制度,优化地方政府财政和融资策略,规范地方政府财税、融资和土地行为具有十分重要的现实指导意义。

　　本书在新制度主义"制度—行为"分析范式的基础上,构建"制度变化—土地财政和融资策略选择—土地行为响应"分析框架,分析"后土地财政"时期的制度变化对地方政府土地财政和融资策略选择的影响,并分析地方政府土地行为的响应,进而归纳"后土地财政"时期地方政府土地财政和融资策略新机制。本书按照该框架的逻辑顺序设置三个研究内容。(1)界定"后土地财政"的内涵与时间起始点,分析地方政府土地财政和融资赖以生存的财税、土地和融资制度发生了哪些重要变化;(2)分析制度变化对地方政府土地财政和融资策略选择的影响,包括制度变化对地方政府土地财政的影响、制度变化对地方政府土地融资的影响、制度变化对地方政府"新型融资"的影响;(3)分析地方政府土地财政和融资策略变化下的土地行为响应,包括地方政府土地抵押和土地出让行为响应、地方政府出让建设用地方式（拍卖和挂牌）行为响应。采用的研究方法主要包括统计分析法、文献研究法、计量分析法、比较分析法和归纳分析法，实证样本主要是 2009～2017 年 260 个地级市和 26 个省级行政单位。本书主要研究结论如下。

第一，本书认为"后土地财政"时期的起始点为 2012 年，在"后土地财政"时期，与土地财政和融资紧密相关的财税、土地和融资制度发生了显著变化。这些制度变化主要包括：导致财政压力进一步增大的"营改增"；以新《预算法》为标志的建立全口径、全面规范、公开透明的预算制度改革；以新《预算法》为标志的剥离融资平台为地方政府融资发债功能、允许地方政府自主发行债券、鼓励支持政府和社会资本合作融资的融资制度改革；加强节约集约利用、地方政府面临新增建设用地指标约束压力增大的土地制度变化以及完善土地征收和集体经营性建设用地入市制度的"三块地"改革。

第二，"后土地财政"时期，制度变化导致地方政府土地财政和融资策略发生了改变。地方政府土地财政行为逐渐减少，其土地融资的行为从第一阶段依赖融资平台发行城投债的融资方式向第二阶段依赖地方政府直接发行债券的融资方式转变，并且明显存在转向更市场化的新型融资模式（PPP）的趋势；换言之，"后土地财政"时期，地方政府土地财政和融资策略选择是逐渐摒弃与土地直接相关的土地财政和第一阶段土地融资行为，而转向更加规范的融资行为。

第三，在新的土地财政和融资策略选择下，尤其地方政府转向更加规范融资策略的背景下，地方政府存在显著的土地行为响应。地方政府虽然逐渐摒弃了直接依赖土地资源的土地财政和融资行为，转向依靠地方政府债券和 PPP 模式等融资行为，但是其选择的规范融资行为仍然会引起具体的土地行为响应，即土地出让仍然是支撑地方政府新的融资策略的重要手段。

第四，"后土地财政"时期，地方政府土地财政和融资策略的新机制是：弱化利用土地直接融资的策略，强化依靠有限的土地撬动更多金融和社会资本的规范发债融资策略。

基于研究结论，为完善财政、融资与土地制度，优化地方政府土地财政和融资策略选择并规范地方政府土地行为，本书提出以下几点政策建议。

第一，鉴于地方政府土地财政和融资策略发生变化的一个重要影响因素是地方政府的财政压力增大（营改增）。因此，在探索新型财政、融资模式的同时，一方面，需要加强地方政府稳定财源的制度体系构建，比如，培育地方主体税种、提高共享税中地方政府的分成比例；另一方面，将土地财政进一步规范，保留其在特定历史阶段的财政效用，加强土地财政的现代预算管理体制建设。

第二，鉴于地方政府新的土地财政和融资策略是逐渐摒弃直接依赖土地的融资，向规范发债融资转变；因此，不仅要防范地方政府过度举债，而且要给地方政府创造良好的融资条件与环境，使地方政府既不会因为缺乏规范的融资渠道而"剑走偏锋"，也不会因为缺乏监管而过度融资。

第三，鉴于地方政府土地财政和融资策略转向规范发债融资过程中，仍然需要用土地撬动金融和社会资本，因此，为了避免回到基于土地的旧模式，需要关闭旧模式的入口，改变地方政府对土地一级市场的绝对控制权，并加强规划的权威性、严肃性与法律约束力。

第四，当前，地方政府土地财政和融资策略处于调整过程，是实现土地与金融资源良性互动和循环的重要契机；长远来看，需要划清财政、融资与土地三者的界限，土地、财税和融资制度需要同步变革。

目　录
Contents

第1章 绪 论

1.1 研究背景与意义

1.1.1 研究背景

我国城市化的成功与经济发展的腾飞很大程度上取决于地方政府发现了土地财政、土地融资（刘守英，2018）。以往只有资本强国通过股票、债券等金融市场才能做到的资本创造，我国利用土地不仅做到，甚至超越了。连续几十年的高固定资产投资相对 GDP 的占比，在各个大国都不曾出现过（赵燕菁，2019a）。国外学者、政客对我国"以地谋发展"的模式也怀着浓厚的兴趣，甚至有国家对此进行模仿，比如印度大搞特区建设，但是未能成功。中国地方政府的土地财政、土地融资是特殊制度环境下的产物，而这种制度环境得益于我国的社会阶段处于转型期，制度化程度较低，制度处于不断探索完善的过程（张莉等，2019；毛捷和徐军伟，2019）。例如 1990 年国务院发布《城镇国有土地使用权出让和转让暂行条例》，看似准备随时修改的"暂行"规定，后来却被证明改变了地方政府获得财政收入、资金来源的行为方式，甚至改变了地方经济发展模式。

我国过去二十多年的"土地财政"与分税制等财税制度和土地征收、土地出让等土地制度紧密相关。1994 年分税制改革后，在不断扩张的财政缺口和地区经济增长的压力下，地方政府存在寻求自身财政收入增加的强烈动机，同时又因现行我国土地产权与管理制度的不完善，地方政府在土地一级市场实现垄断、土地出让金全部归地方政府所有，使得土地财政成为一条便捷有效的增加财政收入方式（周飞舟，2010；Wu et al.，2015）。相关数据显示，2000～2013年，土地出让金收入占地方政府一般预算内收入的比重均值超过60%，个别年份超过80%，土地财政成为地方财政收入主要来源（黄静等，2017）。

　　与此同时，地方政府依靠土地储备中心和各类融资平台经营土地而形成的土地融资模式，为城市基础设施建设提供了重要资金来源。20世纪80年代初我国城市基础设施建设资金来源于中央财政拨款的比例为26%，1994年分税制后，地方政府逐渐形成了"建设靠土地、吃饭靠财政"的格局，到2008年中央财政拨款比例降至1.1%（刘守英，2018）。2000年开始，各类融资平台和土地储备中心成为将土地要素转换为资本要素的重要媒介（张莉等，2018；郑思齐等，2014）。早期关于地方政府投融资平台的建立，中央没有出台文件鼓励和引导，也没有约束和禁止，地方政府利用投融资平台举债融资的规模出现井喷式增长是发生在2008年全球金融危机之后。为了配合中央的"四万亿"经济刺激计划，2009年3月，中国人民银行和银监会联合发布《关于进一步加强信贷结构调整，促进国民经济平稳较快发展的指导意见》鼓励、支持地方政府设立融资平台筹集资金进行开发建设。审计署数据显示，地方政府融资平台在2008年初至2009年末，骤增5000余家；Wind数据库统计数据显示，2008年城投债发行规模是592亿元，2009年骤增至3766亿元，增幅达536%。

　　然而，以征地卖地获得出让收入、融资平台依赖土地融资发债为主要模式的土地财政和融资策略，是一种不可持续的地方政府短期土地"利用"行为，对财政和金融体系、经济社会发展与城市增长带来了一定程度的扭曲效应和风险。土地财政作为中国经济转轨进程中体制改革滞后于经济社会发展的产物，只能是政府的一种短期行为（叶剑平，2012）。土地财政受地方政府主导和垄断，自身具有易波动、不规范、不可持续等特点，导致城市土地利用结构不合理（黄忠华和杜雪君，2014）、生产要素资源错配（张少辉和余泳泽，2019），进而对中国经济转轨进程中的经济结构演变产生扭曲效应（娄成武和王玉波，2013；Zheng et al.，2014）。2013年审计署统计数据显示，在被调查、审计的市级地方政府中，承诺用土地出让收入还债的比例高达81%。2007~2012年城投债快速增长的过程中，全国84个城市的土地抵押贷款总额从1.34万亿元增长到5.95万亿元，累计增长344%（杨继东等，2018）。对土地出让和土地抵押高度依赖的土地融资模式蕴藏较大风险（杨继东等，2018；张莉等，2019）。融资平台的债务与融资规模取决于土地出让收入规模和土地抵押贷款能力，与土地价格高低息息相关，并依赖于房地产市场的繁荣，一旦房地产市场价格出现下跌，可能导致地方政府无力偿还债务，并引发系统性金融风险（陈瑞等，2016；李尚蒲等，2017；何杨和满燕云，2012；杨继东等，2018）。

　　随着我国新一轮财税体制、土地制度和融资制度改革的深入推进，土地财政和融资赖以生存的制度环境正在发生深刻变化，这种变化必然引致地方政府土地财政和融资策略发生变化。2013 年 11 月 12 日，党的十八届三中全会通过《中共中央关于全面深化改革若干重大问题的决定》，拉开了我国全面深化改革的大幕。2014 年 6 月，中央政治局会议审议通过《深化财税体制改革总体方案》（以下简称《财改总体方案》），2014 年 8 月，全国人大常委会表决通过《中华人民共和国预算法》（以下称新《预算法》均是 2014 年修订版），2014 年 12 月，中央全面深化改革领导小组审议通过《关于农村土地征收、集体经营性建设用地入市、宅基地制度改革试点工作的意见》（以下简称《"三块地"试点意见》）等，一系列财税、融资和土地制度改革文件纷纷出台，明确要求建立全面公开、透明的预算制度，完善预算体制，剥离融资平台的融资职能，建立规范的地方政府举债融资体制，加快土地征收、集体经营性建设用地入市改革等。这些制度变化必将对地方政府土地财政和融资模式转变产生显著的影响，旧的土地财政和融资模式赖以存在的制度基础将不复存在（严金明等，2018）。

土地财政和融资策略选择以土地为核心，在主客观因素的作用下，围绕土地发生的行为，不仅是土地财政和融资策略运行机制的重要支撑，也是其重要的表现与反应。若土地财政和融资策略发生变化，土地行为往往随之做出响应来支撑新的策略。土地出让和土地抵押是地方政府土地财政和融资策略依赖的两个主要土地行为。特殊的土地制度安排使得市县地方政府代表国务院行使土地权利，作为城市建设用地的唯一供应主体，可以通过出让低价征收的土地获得巨额出让金，实现土地财政；或者将土地注入融资平台，承诺用土地出让收入作为偿债来源或者利用土地抵押作为担保进行发债融资，实现土地融资（刘守英，2018）。在制度环境不改变的情况下，传统的土地财政和融资策略对土地出让和土地抵押行为的依赖不会产生显著改变，在固有路径上，土地出让和土地抵押行为会随着融资需求波动发生较小的、规律性的变化与响应；一旦制度环境发生变化，尤其地方政府土地财政和融资策略发生变化，地方政府土地出让和土地抵押必然做出显著的行为响应。

在上述背景下，地方政府土地财政和融资策略及相关的土地行为响应，成为"后土地财政"时期政界、学界普遍关注的热点话题。那么，随着"后土地财政"时期逐渐到来，地方政府土地财政和融资赖以生存的制度环境发生了哪些重要变化，地方政府将进行怎样的土地财政和融资策略选择，地方政府的土地行为又将产生怎样的响应？本书基于新制度主义的"制度—行为"的分析范式，构建"制度变化—策略选择—行为响应"的分析框架，分析"后土地财政"时期制度变化对地方政府土地财政和融资策略选择的影响及其土地行为响应,进而揭示"后土地财政"时期地方政府土地财政和融资策略的新机制。在此基础上,提出以下三个有待回答的理论命题:一是"后土地财政"时期何时开始,这个时期地方政府土地财政赖以生存的制度环境发生了哪些重要变化;二是这些制度变化对地方政府土地财政和融资策略选择会产生怎样的影响;三是地方政府土地财政和融资策略变化导致地方政府土地行为做出怎样的响应。这些问题不仅能够揭示"后土地财政"时期地方政府土地财政和融资策略新机制,而且对于丰富我国土地财税、土地融资、土地收益分配和地方政府土地行为等相关理论有所裨益,对于进一步完善当前正在改革的财税、融资和土地制度、优化地方政府融资策略、规范地方政府财税、融资和土地行为具有十分重要的现实意义。

1.1.2　研究意义

本书创新性地构建了一个基于"制度变化—策略选择—行为响应"的理论分析框架,拟在"后土地财政"时期制度变化对地方政府土地财政和融资策略选择的影响及其土地行为响应、揭示"后土地财政"时期地方政府土地财政和融资策略新机制等方面形成标志性研究成果;对丰富我国土地财税、土地融资、土地收益分配以及地方政府土地行为等相关理论有所裨益。

本书的现实意义在于,首先,我国新一轮财税、融资体制和土地制度改革正在进行,并且土地财政和融资是地方政府非常重要的财政收入和资金来源,对城市建设和地方经济发展贡献巨大;揭示当前制度变化对土地财政和融资策略产生的影响,有利于制度设计者更好地了解制度变化产生的影响,对于进一步优化、完善地方政府财税、融资体系与土地制度,具有非常重要的理论与实践指导意义。

其次,通过揭示"后土地财政"时期财税、融资体制和土地制度改革对地方政府土地财政和融资策略选择的影响以及土地行为响应,有利于政策制定者掌握土地财政和融资策略的变化趋势,对土地财政和融资形成更加客观、理性的认知,为优化财政和融资策略选择提供政策参考。

最后,通过考察土地财政和融资策略选择下地方政府的土地行为响应,有利于制度设计者了解地方政府的土地行为变化以及当前阶段土地在地方政府土地财政和融资中的作用与地位,对于规范地方政府土地财政和融资相关的土地行为具有现实指导意义。

1.2　国内外研究述评

1.2.1　土地财政与"后土地财政"的含义

1. 土地财政

土地财政作为我国转型时期特有的一种财政现象，是从 20 世纪末我国开始实行土地有偿使用制度之后衍生出的一个概念，较多学者对土地财政开展过研究，但并未对其概念形成精确且统一的认识。刘守英和蒋省三（2005）认为地方政府在预算外主要靠土地出让收入，在预算内主要靠城市建设用地扩张带来的税收，这种模式称为土地财政。刘红梅等（2008）、杜雪君等（2009）认为出让土地作为地方政府重要财政来源是土地财政的主要内涵。周飞舟（2010）认为土地财政是土地出让、银行贷款、城市建设、土地征收之间的一个为地方政府带来财政收入、不断滚动增长的循环过程。陈国富和卿志琼（2009）指出，土地财政不仅包括基于土地产生的财政收入，而且需要将相关的利益分配关系考虑在内。满燕云（2010）、何杨和满燕云（2012）认为土地财政主要是指出让国有土地所获得的相关收益。骆祖春（2012）认为土地财政是指地方政府为了缓解财政压力，以收入、资源控制和政治收益的综合利益最大化为目标，以城市扩张为核心，通过征收土地、出让土地的巨大价格剪刀差，获取的土地资产收益及其延伸收益，以及由此形成的地方财政收支与利益分配体系。娄成武和王玉波（2013）综合了相关研究概念，认为土地财政是中国社会经济转型的特殊产物，内涵不仅包括基于土地的财政收支与利益关系，而且强调土地出让收入占比较高的运行状态。

学界对土地财政的概念并不统一，笔者梳理众多文献之后发现，很少有文献专门讨论土地财政的定义。现有文献关于土地财政的定义均是在分析土地财政相关问题之前对土地财政的含义进行界定，为其后续的研究明晰概念、奠定基础。在这种背景下，学者从不同角度去阐述土地财政的定义，大概可以分析如下几类：第一，土地财政的概念侧重土地财政收入，收入衡量的口径存在差别；第二，土地财政的概念不仅包括财政收入，而且涉及财政支出活动；第三，土地财政的概念不仅包括财政收支活动，而且涵盖围绕土地的利用与管理所产生利益关系。可见，随着对土地财政的理解逐渐加深，土地财政的涵盖的内容也越来越丰富。

目前多数学者对土地财政理解主要基于土地财政收入视角，这是土地财政在最初被提及时所赋予的含义（赵燕菁，2019b）。梳理现有文献，土地财政收入的理解可以划分为三个口径，即小口径、中口径和大口径（骆祖春，2012）。小口径的土地财政收入是地方政府出让建设用地使用权获得的土地出让金收入（陈国富和卿志琼，2009；雷根强和钱日帆，2014；杜雪君等，2009；文雁兵，2015；陈志勇和陈莉莉，2010）；从我国土地租税费制度理解，小口径土地财政就是"租"，对应的是土地有偿使用收入，这是狭义口径的土地财政，也是社会民众理解和媒体关注较多的含义（骆祖春，2012；陈英楠等，2017）。中口径土地财政收入包括土地出让收入、土地直接相关的税收收入、土地间接相关的税收收入和政府部门收费（吴灿燕和陈多长，2009；陈志勇和陈莉莉，2010）；从我国土地租税费制度理解，中口径土地财政同时包括"租""税"和"费"，中口径的土地财政收入在很多研究中被称为广义口径的土地财政收入（王克强等，2012；李尚蒲和罗必良，2010；杨圆圆，2010）。大口径的土地财政不仅包括"租""税"和"费"，而且包括土地隐性收入，即土地抵押贷款收入（刘守英和蒋省三，2005；罗必良，2010；骆祖春，2012），但是限于数据来源，大口径的土地财政在研究中进行分析的相对较少。

2. "后土地财政"

"后土地财政"的概念源于学者发现土地财政不可持续的特征，地方政府对土地财政收入的依赖度表现出下降趋势，并且依赖土地财政收入的地方政府债务风险增加。陈志勇和陈莉莉（2010）认为土地财政衍生的社会经济问题逐渐暴露土地财政的脆弱结构和不可持续性。汪利娜（2009）认为土地财政与地方政府举债还债相互依存，然而，土地财政具有不稳定性和不可持续性。刘锦（2010）认为依赖土地财政会驱使地方政府不断扩张城市规模，形成恶性循环，导致财政风险。唐在富（2012）指出，土地资源有限导致土地出让收入不可持续、土地融资缺乏监管持续膨胀导致失控风险增加以及与土地紧密相关的房地产泡沫和收入分配不均构成了土地财政的主要风险来源。杨林和刘春仙（2014）指出，随着土地财政带来的土地资源代际分配不均、地方政府投融资风险增大，土地财政的不可持续性凸显。吕炜和许宏伟（2012）通过分析地方政府土地出让收入占地方财政决算收入的比重来衡量土地财政的发展阶段，并认为随着可利用的土地资源逐渐枯竭，地方政府可以获得的土地出让金和土地融资获得的资金将出现大幅下滑，同时随着房价和地价的下调，土地财政必然随之下降，中国将进入"后土地财政"时期。

　　基于土地财政显现的疲态、风险以及不可持续的特征，一些学者观察到地方政府的土地财政面临的现实条件和制度环境正在发生变化，预示后土地财政时代逐渐来临。叶剑平（2012）认为随着财政、土地制度逐渐完善，房地产调控效果越来越明显，土地财政赖以生存的制度环境和市场环境正在发生根本变化，而且与此紧密相关的土地投融资、地方政府债务风险增大，"后土地财政"时期或将到来。郭贯成和汪勋杰（2013）认为受到土地资源禀赋的约束，地方政府不可能无限供应城市建设用地，地方政府通过经营土地维持财政收入的模式必然不可持续。张景华（2013）认为随着征地、拆迁成本上升，土地出让收入降低，土地出让净收入随之下降，一些大中城市正在进入"后土地财政"时代。刘明慧和党立斌（2014）认为随着形成环境和制度逐渐发生变化，土地财政正在逐渐迈向后土地财政时代。白彦锋和乔路（2016）认为随着我国经济发展进入新常态，持续多年的、为城镇化做出巨大贡献的土地财政渐显疲态，系统性的财政风险增加，土地财政可能已经走向"后土地财政"时期。

　　在相关研究的基础上一些学者对后土地财政进行了定义。孙少芹和邢戬（2012）认为后土地财政的概念是相对的，是指地方政府不能继续依赖土地财政收入维持财政支出的情形。王玉波（2013，2014）也认为后土地财政是一个相对的概念，指受财政、土地、房地产政策制度变化和土地资源的约束，当前阶段的土地财政模式难以维持长久，当土地相关的财政收入不再是地方政府的主体收入来源时，就意味着"后土地财政"时期的到来。辛昱辰（2014）认为如果土地财政时期土地相关收入是地方财政增长的主要方式，那么"后土地财政"时期可以认为是不再以土地相关收入作为地方财政增长的主要方式。文雁兵（2015）指出，受各种制度约束和土地资源瓶颈的影响，地方政府土地财政收入急剧放缓，我国已经无法依靠持续的土地出让金和土地抵押融资维持地方支出，标志我国进入了后土地财政时代。

　　正如学者们对"后土地财政"的定义所言，"后土地财政时期"体现一个长期趋势，是一个相对概念，需要设定参照系。张平（2013）认为当土地财政对地方财力的支撑作用降低，类似 2010 年的"土地盛宴"很难再现，标志着"后土地财政"时代已经到来。辛昱辰（2014）认为 2011 年以来，随着土地出让金占地方收入的比重逐渐降低，这一时期可以看作土地财政逐渐退出，也可视为"后土地财政"时期。土地出让收入作为土地财政的缘起，是土地财政的主要构成部分，其占多大比例可以称为进入了"后土地财政"时期没有统一标准（刘明慧和党立斌，2014）。文雁兵（2015）指出地方政府的土地出让收入和财政收入的增速在近两年急剧放缓，是进入后土地财政时代的一个标志。白彦锋和乔路（2016）认为房地产业是后土地财政时代的重要标志，并用房地产开发投资、价格、国房景气指数等指标分析，发现从 2014 年开始，下降趋势明显，后土地财政特点凸显。

1.2.2　制度变化对地方政府土地财政和融资策略选择的影响

1. 土地财政时期制度变化下的土地财政和融资策略

（1）土地财政。改革开放至今，我国中央政府和地方政府之间的财税关系调整经历由"包干制"向"分税制"的转变，构成了我国财政体制变迁的主旋律（高培勇，2008）。为了扭转财政包干体制下两个比重持续下降的问题，分税制应运而生，地方政府财政压力骤增。我国特殊的城乡二元土地管理体制、征地制度等土地制度，为地方政府获得土地财政收入、缓解财政压力提供了工具和条件（Du and Peiser，2014；Huang and Du，2017；Tan et al.，2011；Ding，2007；刘凯，2018；钱忠好和曲福田，2004；Feng et al.，2015）。1998 年修改的《土地管理法》使地方政府成为土地供应的唯一主体，同年进行的住房商品化制度改革，带动房价和地价上涨（Wu，2015）。2002 年的招拍挂制度强制推行进一步有利于地方政府利用征收农用地转变为建设用地带来的差价，获得更多的土地财政收入（范子英，2015；刘守英，2017），弥补财政赤字（孙秀林和周飞舟，2013；吴群和李永乐，2010；Han and Kung，2015；Pan et al.，2015）。此外，在 1994 年修订的《预算法》形成的传统预算制度下，地方政府土地财政可以依据地方政府偏好自由量裁。这种预算体制主要有两大缺陷有利于土地财政收入的滋长，一个是软预算约束，另一个是预算缺乏公开透明性（Deng et al.，2013；Zhu et al.，2019；郭月梅和欧阳洁，2017；向辉和俞乔，2020；卢真和莫松奇，2020）。

（2）土地融资。地方政府以政府性融资平台和土地储备中心为载体，承诺以土地出让收入作为偿债资本或将土地作为主要抵押品向银行贷款或进行发债融资，即以土地为核心，撬动城市建设融资，弥补地方财政资金的不足（Chen et al.，2016；Zheng et al.，2014；杨继东等，2018；张莉等，2018）。1994 年分税制以后，部分地方政府成立了城市建设公司之类的投融资平台；1997 年《关于投资体制近期改革方案》颁布之后一直到 2008 年，地方政府通过投融资平台逐渐扩张，进行的项目融资也呈现缓慢增加的态势；2008 年，为应对国际金融危机，中央政府承诺在未来两年内增加 4 万亿元的财政支出，央行也放松了信贷政策（刘守英，2018；王瑞民等，2016）。2008 年下半年，各级政府投融资平台数量与规模骤增（杨继东等，2018）；融资平台替地方政府行使了土地储备和前期开发工作，产生的大量土地收益转化为公司利润与资产，融资平台的实质是地方政府采用公司运作的方式筹集资金（韩鹏飞和胡奕明，2015；陆铭，2016）。2009 年 3 月出台的《关于进一步加强信贷结构调整促进国民经济平稳较快发展的指导意见》对于地方政府通过融资平台融资举债产生了正向激励。有学者通过统计分析相关数据，认为中国地方政府融资平台的债务在 2010 年底已经达到 11 万亿元（Shih，2010）。2010 年《关于加强地方政府融资平台公司管理有关问题的通知》出台之后融资平台债务骤增的趋势放缓，该文件在一定程度上抑制了地方政府通过融资平台融资举债（刘守英，2018）。我国地方政府债务高度依赖土地市场，导致地方债务与土地财政风险交织，增加了债务风险管控难度（何杨和满燕云，2012）。2013 年 6 月底地方政府融资平台的政府性债务余额为 4.08 万亿元。[①]

"城投债"的一个重要特征是土地出让收入或者土地担保在发行"城投债"的过程中扮演重要角色，即其通常以土地使用权作为抵押物，或者承诺利用土地出让金偿还债务。杨继东等（2018）的研究表明，土地出让收入可以影响投资者对地方政府偿还城投债的还债能力，进而影响债务规模，其进一步实证表明，上一年的土地出让收入越多，本年度的城投债发行规模越大。李尚蒲等（2017）研究表明，土地抵押和土地出让收入显著影响城投债发行规模。向融资平台注入储备土地，并承诺用土地出让收入担保偿债是近些年地方政府常见的做法（张莉等，2018），土地抵押贷款是融资平台融资的重要组成部分，是资金的重要来源，因为土地是一种优质、可靠的抵押物，在金融行业甚至称土地为"风险系数低的货币"。与其他方式相比较，银行更倾向土地抵押贷款模式（张莉等，2019）。章和杰和沈佳（2019）研究表明土地出让收入和地方政府债券规模有长期均衡关系，土地出让收入增加能够显著推动地方政府债务规模扩大。张曾莲和严秋斯（2018）的研究表明土地财政和地方政府债务规模正相关。谢保鹏（2017）研究表明，地方政府土地出让收入是地方政府债务规模扩张的主要原因之一。刘德炳（2013，2014）的研究表明，土地出让金越高的地区越依赖以出让金还债，地方政府也越依赖出让金收入。田新民和夏诗园（2017）的研究表明土地出让金对于地方政府债务规模具有非常显著的推动作用。统计显示，2011 年全国土地抵押贷款率总体保持在 50%

---

① 数据来源：《2013 年第 32 号公告：全国政府性债务审计结果》。

左右，土地抵押贷款金额则达到 4.8 万亿元人民币。① 2013 年审计署统计数据显示，在被调查、审计的市级地方政府中，用土地出让收入承诺还债的比例高达 81%。孙超统计分析显示，2017 年 23 个省级地方政府中（剔除 4 个直辖市和 4 个自治区），有 17 个省份用土地出让金偿还 30% 以上的政府债务余额，占整体 74%，偿还 50% 以上债务余额的省级政府有 6 个，占 26%（孙超，2019）。土地出让收入和土地抵押相结合的土地融资，在城市基础设施建设方面尤其发挥了关键性作用（郑思齐等，2014）。通过以土地抵押或者土地出让收入为担保和偿债来源发行债券，为城市建设融资，这种融资行为具有放大效应，显著加快、推动了城市基础设施建设（张莉等，2018）。

　　（3）与土地相关的新型融资模式。随着国家出台文件明确要求剥离城投公司承担的地方政府融资职能，禁止其作为地方的融资平台，与此同时，又积极鼓励开展政府与社会资本合作的模式（PPP 模式）进行城市基础设施建设。PPP 模式是指政府采取股权合作的方式吸引社会资本共同参与城市基础设施建设和运营。地方政府对土地资源的控制在 PPP 融资模式中起到十分关键的作用（汪峰等，2019）。2015 年《政府和社会资本合作项目财政承受能力论证指引》规定用于 PPP 项目的一般公共预算支出为 10%。财政部数据显示，2018 年当年用于 PPP 项目的财政支出超过限额的县市数量为 23 个，2019 年为 66 个，2020 年底数量达到 186 个（张牧扬等，2019）。这些数据意味着一些地区的预算内收入的限额财政难以满足地区 PPP 项目的支出需求，② 因此，需要土地出让收入。中国财政科学院"土地资源在 PPP 项目中的运用"沙龙中，有专家提到，一些 PPP 项目建设具有较好的外部经济效应，可以显著带动周边土地资产的增值，将这些土地增值部分形成的财政收入作为 PPP 项目的付费来源无可厚非，尤其对于新城建设，土地财政依然是必不可少的手段（张琦，2018）。城市轨道交通领域的 PPP 项目也存在利用土地财政收入来平衡项目收益的情况，存在城市轨道交通"建设—亏损—卖地（补贴）—再亏损"的循环模式（马德隆和李玉涛，2018）。

　　（4）土地税收。税收是地方政府财政收入重要来源，但是由于税收收入遵循法定原则，并不能随地方政府主观意愿任意增加（徐进和张明，2019）。因此，土地税收与土地财政、土地融资存在区别，地方政府从土地直接或间接

---

　　①　数据来源：《中国城市发展报告（2011）》。
　　②　2018 年 5 月 4 日，《筑牢 PPP 项目财政承受能力 10% 限额的"红线"——PPP 项目财政承受能力汇总分析报告》，http://jrs.mof.gov.cn/zhengwuxinxi/gongzuodongtai/201805/t20180504_2885865.html。

获取的相关税收完全在预算范围内，地方政府没有自由裁量权，并且土地税收的周期较长、与土地直接相关的税收规模与土地财政和土地融资相比显得非常小。吴灿燕和陈多长（2009）通过测算浙江省数据发现，土地直接相关税收（除房地产税外）在财政收入中的占比仅有10%，而房地产营业税、建筑业税和增值税等与土地间接相关的税收占比却非常高。上海土地直接税收占到土地财政相关总收入的27%，土地间接税收占到48%（余振和杜德斌，2013）。地方政府通过开发城市土地，不断获取大量土地出让收入及土地相关税收收入（Liu et al.，2016；Tao et al.，2010；陈宇琼和钟太洋，2016）。李慧（2014）研究表明，地方政府经营土地获得土地出让收入的同时，土地相关税收也增加了，但税收增加的速度慢于出让收入。吴群和曹春艳（2015）分析了地方政府对土地相关税收的偏好行为。

实际上，现有关于土地税收的研究主要集中在土地财政的分析中，土地税收只是作为广义土地财政的一小部分内容（骆祖春，2012；王克强等，2012；李尚蒲和罗必良，2010；杨圆圆，2010），并且很多研究均未对土地相关税收展开分析，一方面是因为数据来源有限，另一方面是因为其不能反映地方政府土地财政行为的精髓，即地方政府没有自由裁量权，其自身利益目标很难迅速在土地税收的相关行为上得到实现，尤其在地方官员任期有限情况下，该行为显得效率较低（吴群等，2015）。

2. "后土地财政"时期制度变化下的土地财政和融资策略

对于"后土地财政"时期制度变化情境下的地方政府土地财政和融资策略选择研究相对较少，本节将其梳理成以下四个方面。

（1）一些研究对"后土地财政"时期的财税、融资制度变化对地方政府土地财政和融资行为产生的影响进行了分析。在土地财政方面，2008年12月的中央经济工作会议提出结构性减税的政策。"营改增"是"结构性减税"政策的延续，是"结构性减税"的重头戏（高培勇，2013）。2012年1月1日，"营改增"在上海率先启动试点改革。现有研究显示，"营改增"短期内减税效应明显（Cui，2014；Du，2015；Fang et al.，2017；Wang et al.，2019；赵方和袁超文，2016；胡怡建和田志伟，2014），"营改增"显著增加地方政府财政压力（Wang et al.，2019；Wang et al.，2015；Zhang and Li，2014；卢洪友等，2016）。何代欣（2016）研究表明"营改增"后，地方政府财政收入将被大幅削减并将告别税收高速增长的阶段。李升（2015）分析了土地财政与财政体制关系，指出"营改增"后，如果其他配套改革不能同步进行，土地财政地位将更为突出。王健等（2017）基于新一轮财税改革内容"营改增"分析了其对地方政府土地财政的影响并考虑了新时期土地资源的约束，即建设用地控制指标的约束。张蕊（2017）研究表明新《预算法》降低了软预算约束，进而降低了地方政府财政努力的程度。赵海娇（2016）从新《预算法》构建全口径预算体系的目标的角度，对土地出让收支出具进行分析并提出完善其管理制度的政策建议。

在土地融资方面，成涛林（2015）认为2014年8月以来的一系列法律法规对地方政府融资平台带来极大挑战，城投债发行难度增大，发行成本上升。赵琦（2016）认为随着《关于加强地方政府性债务管理的意见》和新《预算法》的实施地方融资平台失去了生存空间和原有功能。李蕊（2016）认为新《预算法》使融资平台失去政府信用背书以及土地财政支撑，亟待转型。丁崇泰等（2018）认为《关于加强地方政府性债务管理的意见》和新《预算法》对地方政府融资平台影响巨大，掀起了地方政府退融资平台热潮，并且融资平台纷纷需要找转型方案，实现自我造血，避免被解散的命运（胡恒松和鲍静海，2017）。李经纬（2015）分析了新《预算法》和相关配套政策法规对地方融资平台的转型与发展的影响。竹志奇等（2018）的研究表明新《预算法》对于地方政府债券的市场化程度有显著提升。温来成和马昀（2019）的研究表明新《预算法》的实施导致了财政透明度较低的省份城投债发行利率显著上升。

（2）一些研究对"后土地财政"时期的土地制度变化对地方政府土地财政和融资行为产生的影响进行了分析。对于新一轮土地制度改革，刘守英（2017）认为新一轮土地制度改革有利于中国告别"以地谋发展"模式。王星月和吴九兴（2016）分析了"三块地"改革的集体建设用地入市对土地财政的影响，认为集体建设用地流转入市可以打破地方政府垄断供给的现状，降低土地价格，减少土地出让收入，打破原有形成的土地财政平衡；祝天智（2014）、冯青琛和陶启智（2014）、王玉波（2106）、吕萍等（2018）得出类似结论。陈震等（2018）认为土地出让金是地方政府消极应对集体建设用地入市制度改革的一个重要原因。邓蓉（2017）分析了征地制度改革对县域财政的影响，认为征地制度改革将对土地财政产生较大的冲击。

（3）一部分研究分析了"后土地财政"时期土地财政收入减少，以及地方政府财政如何维持。王玉波（2014）指出，"后土地财政"时期实现城镇化仍然需要土地财政进一步发挥其积极功效，针对不同区域提出了转型过渡的方案，并且对"后土地财政"时期地方财税体系如何构建进行了深入研究（王玉波，2013）。朱立宇（2016）指出"后土地财政"时期土地出让金减少、财政收入随之下降,地方政府权利与责任的失衡将进一步扩大,扩围房产税税收可以有效替代土地出让金。刘明慧和党立斌(2014)认为"后土地财政"时期对减弱地方政府对土地出让收入的依赖以及更合理地配置土地出让收入提供了治理思路。杨林和刘春仙(2014)认为,"后土地财政"时期为了保障财政可持续性,应该注重改良土地批租制、涵养税本、规范地方政府财税金融体制并且进行土地确权。孙少芹和邢戬(2012)认为"后土地财政"时期迫切的问题是需要找到合适的可持续的财政收入来源,比如增加地方税收比例。贺蕊莉(2011)认为"后土地财政"时期地方政府财政行为中风险较大的有过度拆迁、过度举债和滥用税收排斥等,应建立地方税收体系使地方土地财政收入冲动得到缓解。

(4)一些研究分析了"后土地财政"时期可能会存在债务危机,以及如何化解。叶剑平(2012)指出,随着"后土地财政"时期的到来,土地投融资的主体会逐渐从政府转向市场,这是一个制度逐渐完善,各个主体权、责、利逐渐清晰的过程。白彦锋和乔路(2016)指出,随着土地财政日显疲惫,"后土地财政"时期正在到来,未来国家财政和融资的可持续机制面临挑战。李祺(2015)指出,"后土地财政"时期土地财政难以为继,应该改革现有土地财政制度,优化土地财政结构,寻找土地财政替代品,推动其转型,实现财政和融资的可持续发展。文雁兵(2015)认为,"后土地财政"时期,土地财政应从传统的"卖地赚钱"缓解财政压力的模式转向可持续的土地财政利用模式,从传统的高度依赖土地资源的土地融资向可持续循环的"信用融资"转变,从时间空间不均衡的"土地收入"向可以实现代际和区域更加公平的"土地基金"转变。辛昱辰(2014)认为"后土地财政"时期的地方政府债务问题仍然存在,并且风险日益增加,主要表现在地方财权事权依然不匹配,尚不规范,软预算约束激励地方过度举债,融资渠道单一且存在机制缺陷,偿债意识淡薄、能力不强。张平(2013a)认为,"后土地财政"时期为了保证地方财政的可持续性,需要进一步提高地方政府的财政收入能力和化解地方政府的隐性债务风险。张平(2013b)认为"后土地财政"时期地方政府债务发展形势不容乐观,地方政府缺乏主动偿债的动机,因此必须提升地方政府的财政能力、弥补相关制度缺陷,防止债务风险向中央转移。王蓓(2013)研究表明,地方政府在"后土地财政"时期存在偿债能力不足的问题,应当加强债务管理,完善财权事权相关制度。

1.2.3 土地行为及其影响因素研究综述

本书主要分析地方政府土地财政和融资策略发生变化的情况下,地方政府在土地抵押与土地出让行为、建设用地出让方式（拍卖与挂牌）行为上做出的响应。本节主要关注两方面的土地行为：土地抵押与土地出让行为、建设用地出让方式（拍卖与挂牌）行为。

1. 土地出让行为与土地抵押行为

（1）土地出让行为。现有研究关于土地出让行为的研究比较丰富，本节从土地出让的用途规模、价格以及市场化与政府干预机制方面进行综述。

在土地出让的用途规模方面，现有研究主要集中在分析土地制度、财政激励和晋升激励等对地方政府供应建设用地总规模以及各种用途规模的影响，用途规模变化主要表现在大量供给工业用地、少量供给商住用地。有学者认为土地制度变革对土地利用规模存在显著影响（Wu et al.，2018），郭志勇和顾乃华（2013）认为土地制度是城市外延扩张的"土壤"，财政激励和晋升激励显著促进建设用地规模扩张（Lichtenberg E and Ding，2009；踪家峰和杨琦，2012；孙建飞和袁奕，2014；李永乐和吴群，2013）。张莉等（2017）以土地制度为出发点分析了地方政府减少工业用地比例和提高商住用地比例的行为策略，谢冬水（2018）进行了类似的研究。刘凯（2018）认为中国现行土地供给制度不是最优，商住用地供给数量不足，一些研究得出类似结论（Yan et al.,2014）。范剑勇等（2015）研究认为在中国快速城镇化与经济发展过程中，地方政府扮演积极角色，具体表现为在土地市场上倾向扩张工业用地供应而相对缩减住宅用地供应。饶映雪和戴德艺（2016）研究表明，地方政府供应的工业用地过量。师展（2012）认为土地制度产生的土地红利是地方政府供给土地的制度基础，对财政盈余的偏好越强，居住用地出让的比重越大，对经济发展偏好越强，工业用地出让的比重越大，有研究得出类似结论（Huang and Du，2017）；严金海（2018）研究表明城市商住用地供应行为主要受地方财政赤字压力的影响；王健等（2015）、彭山桂等（2016）研究表明地方政府竞争激励地方政府出让更多的工业建设用地；张莉等（2011）研究表明财政和晋升两个方面的激励是地方政府土地出让行为形成的重要原因。

在土地出让的价格方面，主要集中在分析地方政府采取差异化的价格策略。地方政府一般以略高于土地开发成本的价格向工业企业供地，有时以低于土地成本的价格甚至零地价供地来招纳和留住有实力的企业（Chen et al.，2018；Chen et al.，2018；Huang and Du，2016；蒋省三等，2007）。吴群和曹春燕（2015）的研究表明，地方政府为了在招商引资中获胜，往往采用低价供地的策略，导致了工业用地的价格无法呈现市场化的趋势，吴宇哲（2007）、王健等

（2015）、彭山桂等（2015）支持类似的结论。李学文和卢新海（2012）认为工业用地低价出让，可以促进制造业发展，使农村人口向城镇流动，有利于高价出让商住用地。工业用地低价供给，而商业及住宅用地的价格由市场决定，高价出让商住用地的收入成为地方政府收入的重要来源（Lin and Yi，2011；Su et al.，2010；Yew，2012；赵扶扬等，2017；王彦博和沈体雁，2018），较多研究均认为地方政府倾向采用较高的价格出让商住用地（蒋震，2014；雷潇雨和龚六堂，2014；谢冬水，2018）。而价格差异的影响因素，与土地出让用途规模的影响因素大致相同，即财政激励、晋升激励以及土地制度缺陷（Su et al.，2010；Yew，2012；Huang and Du，2016；蒋震，2014；雷潇雨和龚六堂，2014；吴群和曹春燕，2015；谢冬水，2018）。

土地出让的市场化机制。在现有研究中，强调土地问题需要加强土地市场建设的研究较多（Liu et al.，2016；Yan et al.，2014），曲福田和吴郁玲（2007）认为市场是配置资源的基础手段和有效方式，土地市场化的提升有利于土地集约利用。一些研究表明土地市场发育可以显著缓解城市用地扩张、缓解土地错配（Huang and Du，2016；Huang et al.，2017；高燕语和钟太洋，2016）。赵爱栋等（2016）认为土地要素市场化改革有利于工业用地效率提高，但需要规范地方政府土地出让行为，建立良好的土地市场生态。陈志刚和王青（2013）研究表明，中国土地市场化改革可以抑制违法用地的扩张，范建双和任逸蓉（2018）也支持该结论。钱忠好和牟燕（2013，2015）认为，要真正找到开启中国土地市场化加速改革的钥匙，一方面要改革和完善征地制度，另一方面要继续中国经济结构的转型和升级，深化财税体制改革，赋予地方政府特别是基层政府更多的、与事权相匹配的税权。

土地出让的政府干预机制。李艳虹（2004）认为城市土地出让需要政府干预，应完善城市土地储备制度加强政府干预。土地商品的特殊性、市场失灵理论是政府宏观调控土地一级市场的前提和理论基础（陈哲，2010；李艳虹，2004）。陈茵茵（2008）利用经济学手段分析政府干预土地资源配置中与市场机制的特征与差别，认为政府对土地资源的规划与利用进行干预是合理且必要的。有学者认为政府干预土地出让是一把双刃剑（Tian and Ma，2009）。也有一部分学者认为，政府干预会带来许多负面影响，王媛和杨广亮（2016）认为政府配置土地资源为当地带来的增长效应和土地利用效率均十分有限。谭荣（2010）认为政府对土地征收与出让进行干预导致农地非农化过度，并降低城市和农村的土地使用效率。黎东升和刘小乐（2016）认为基层组织对土地流转过程的干预程度会对农户的期望收益产生负影响。唐鹏等（2018）认为地方政府干预农转非和土地出让并主导收入在不同主体之间的分配是导致地方政府依赖土地财政的根本原因。

（2）土地抵押行为。土地抵押行为相关研究相对较少，主要集中在以下几个方面。

一是融资功能。刘守英和蒋省三（2005）调研东南沿海县市发现，每年数百亿元的基础设施投资中90%与土地相关，通过土地抵押贷款渠道获得的融资占60%。郑思齐等（2014）研究表明土地价格上涨使得地方政府能够利用土地出让和土地抵押贷款两种收入渠道带动并扩大城市基础设施投资规模，较多研究均得出类似结论（Liang et al.，2016；杨继东等，2018；张莉等，2018，2019；汪峰等，2019）。刘元春和陈金至（2020）研究表明土地抵押的杠杆效应为城市快速发展缓解了信用饥渴。

二是融资机制。土地储备是地方政府重要的资产，土地价格上涨通过抵押品效应可以提升地方政府的债务融资能力（Barro，1976；Stiglitz and Weiss，1981）。土地在融资过程中的抵押品机制分析受到较为广泛的关注（Benmelech and Bergman，2008），金融机构和土地储备制度对土地这种抵押品非常青睐，对土地金融的繁荣产生显著影响（Kiyotaki and Moore，1997），房地产升值可以通过抵押渠道影响企业投资（Chaney et al.，2012；Gan，2007）。徐鹏程（2017）指出地方融资平台有财政收入、股权、债权等多种资产，但最重要的资产均与土地抵押存在关联。有研究分析了土地抵押与城投债对于融资和城市化的贡献（郭峰，2015；Wu，2019），郑思齐等（2014）、王贤斌等（2014）认为地方政府借助融资平台注入实现"注入土地－土地抵押－城市建设－土地升值－土地出让－还债"的循环运行模式，较多研究均得出类似结论（Liang et al.，2016；杨继东等，2018；张莉等，2018，2019；汪峰等，2019）。融资平台通过招拍挂获得土地之后，地方政府通过各种形式返回出让金（高哲理，2017）。

三是土地抵押融资的制度基础。刘守英（2018）认为土地有偿使用制度的建立能够使土地通过抵押获取未来土地使用价值，因而显著提升了土地的资产价值。赵燕菁和宋涛（2019c）认为我国的特殊土地制度使得地方政府可以利用土地在规划范围内进行抵押获得银行贷款。谢保鹏等（2017）认为财政压力、城镇化任务繁重、财税体制改革滞后等因素是地方政府举债的重要影响因素。毛捷和徐军伟（2019）认为财政制度、金融制度和土地制度是地方政府举债的基础，在制度变迁的过程中，融资平台将土地资产抵押给金融机构的融资模式应运而生。

四是土地抵押融资的风险防范。刘尚希（2004）研究显示融资平台过高的土地抵押债务和抵押率蕴藏一定的危机，有研究得出类似结论（Pettersson-lidbom，2010）。一些研究分析了土地抵押对城投债市场的影响，并指出土地抵押与地方政府债务规模迅速扩张显著相关，需要从土地价格波动角度防范债务风险（Ang et al.，2016；杨继东等，2018）。张莉等（2019）研究发现地方政府的举债动机导致土地抵押获得的金额以及土地抵押率在融资平台显著高于非融资平台，这种差异存在一定风险。从物权法原理看，融资平台不对储备土地享有实际物权，从债法原理角度看，利用储备土地作为抵押财产缺乏合法性和有效性（湛栩鸥，2019；崔建远和陈进，2014；张誉琼，2015）。这为融资平台利用土地抵押贷款、发债融资的行为埋下了隐患。

2. 出让方式

关于出让方式的研究，早期的研究主要集中在区分协议与招拍挂出让方式的差异，近期的研究较多关注挂牌与拍卖出让方式存在的差异。在区分协议与招拍挂出让方式方面，工业用地出让主要倾向于协议方式低价出让（陶然等，2007；吴宇哲，2007），因为协议出让方式相比于其他方式，市场化程度较低，透明性较弱（Cai et al.，2013；吴群和曹春艳，2015a；张莉等，2013），地方政府可以采用协议出让的方式引入资本，促进工业发展（杨其静等，2014）。商住用地出让采用"招拍挂"的方式进行出让，抬高商品住宅价格（Li，2014；李学文和卢新海，2012；张小宏和郑思齐，2010）。"招拍挂"的出让方式市场化程度较高，可以充分利用市场的竞争机制，抬高商住用地价格，获得土地巨额出让收入（严金海，2018；张小宏和郑思齐，2010）。

在关注挂牌与拍卖出让方式存在差异方面，张占录（2011）指出"招拍挂"三种出让方式之间存在显著差别，不同城市在不同时期可能偏好不同的出让方式。越来越多的学者注意到挂牌存在一定程度的政府干预，与市场化程度较高的拍卖有显著区别（Cai et al.，2013；Wang and Hui，2017；王媛和杨广亮，2016）。从挂牌出让的流程来看，挂牌本质是一种两阶段拍卖（Cai et al.，2013；Wang and Hui，2017；王媛和杨广亮，2016），政府可以在第一阶段设置门槛、实施干预而达到土地定向供应。一些学者指出，挂牌方式提供给竞标者充分的信息获取和思考时间，有利于其报出理性价格，而且这种方式只需要一个竞标者参与即可成交，兼具协议出让方式的特点（李明月和胡竹枝，2003；张淑娟和刘艳芳，2006；李茂华，2008）。从挂牌出让的动机来看，一些学者认为，挂牌出让方式是在房地产市场过热，中央进行调控时，地方政府配合、辅助中央政府对土地市场进行降温，因为挂牌价格相对拍卖低，可以减缓土地价格的上涨速度（赵娅，2012）；一些学者认为，挂牌出让可以干预经济增长（Cai et al.，2013），引入对城市发展具有正向溢出效应的企业（王媛和杨广亮，2016；赵文哲和杨继东，2015）。从拍卖出让的动机来看，为获得更多的财政收入，缓解财政压力，是地方政府更加倾向拍卖出让方式的原因，因为拍卖方式的价格要高于挂牌（王媛和杨广亮，2016；赵娅，2012）。王健等（2018）基于"营改增"分析了地方政府商住用地出让行为，认为地方政府倾向挂牌出让方式（王健等，2018）。

1.2.4　研究述评

现有研究对"土地财政"和"后土地财政"的概念进行了探讨，并分析了土地财政时期的一些制度变化对土地财政和融资策略的影响以及对土地行为的影响，例如，1994 年的分税制、1995 年《预算法》建立的预算体系、土地有偿使用制度建立等。近年来，一些学者对传统土地财政和融资策略的可持续性和面临的危机进行了研究，对新一轮财税、融资和土地制度变化（"营改增"、新《预算法》和"三块地"改革等）可能对地方政府土地财政和融资策略产生的影响进行了探索性研究，并探索了如何化解地方政府面临的财政和融资危机等问题，这些研究对本书具有较好的借鉴作用和指导意义，然而，纵观现有研究，尚存以下不足。

（1）虽然一些研究对"后土地财政"的概念进行了界定，但是由于数据的时间长度不足、现势性差以及数据来源的限制，很少有研究全面、详细地分析包含最近几年的、较长时间的土地财政和融资相关数据，进而指出"后土地财政"时期的具体起始点；缺乏在起始点界定的基础上，对"后土地财政"时期发生的与土地财政和融资相关的制度变化进行详细梳理。

（2）不少学者关注"后土地财政"时期的地方政府土地财政和融资问题，其中，多数研究关注的是财政和融资面临的危机和化解方案以及在新时期地方政府财政和融资体系重新构建的问题。虽然有零星的文献对"营改增"和"三块地"等制度变革对土地财政收入的影响进行了研究，也有文献分析了新《预算法》对地方政府债产生的影响，但均存在不足。从研究内容看，导致财政压力增大的"营改增"对土地财政影响的研究，均未考虑建设用地指标的约束；"营改增"对土地融资影响的研究凤毛麟角；"三块地"改革对土地财政收入的影响仅进行定性分析，缺乏定量分析；从建立全口径预算、加强财政透明度建设角度分析新《预算法》对地方财政影响的研究较多，但是分析其对土地财政影响的研究较少；从剥离融资平台为地方政府融资职能、鼓励地方政府发行债券和 PPP 融资角度分析新《预算法》对地方政府债影响的研究较多，但是区分城投债和地方政府债券的研究较少，并且对 PPP 融资模式的分析也主要为定性分析。从整体上看，制度变化对地方政府土地财政和融资的影响缺乏全面分析，即"后土地财政"时期的财税、融资和土地制度变化对地方政府土地财政和融资策略的影响研究仍然缺乏，只有将这些制度变化对土地财政、土地融资和新型融资的影响放在同一个框架下中进行分析，才能系统、全面考察地方政府的土地财政和融资策略选择变化。

（3）在土地行为和影响因素方面，土地出让和土地抵押行为研究相对较多：一些研究分析了在土地制度和财政、晋升等制度激励的作用下，地方政府土地出让的用途规模、价格、市场化、行政干预等行为；一些研究分析了土地抵押行为产生的制度基础，更多研究分析土地抵押的融资功能、运行机制和风险防范。在土地出让方式方面，早些年的研究关注协议与"招拍挂"的区别，近些年一部分研究关注挂牌与拍卖的区别。这些研究奠定了本书的研究基础，但是从"后土地财政"时期地方政府土地财政和融资策略选择视角分析其土地行为响应的研究十分匮乏。

（4）整体而言，现有研究缺乏将制度变化、土地财政和融资策略选择与土地行为响应放在一个分析框架下，依据多个具体制度变化分别对策略集合中每一个行为的影响以及土地行为响应，系统地考察其逻辑关系和影响机制，进而揭示具有普遍规律性的"后土地财政"时期地方政府土地财政和融资策略新机制。

鉴于此，本书以"后土地财政"时期为研究切入点，基于"制度变化—策略选择—行为响应"的分析框架，构建一个制度变化对地方政府土地财政和融资策略选择影响及其土地行为响应的理论分析框架。首先，在精确界定"后土地财政"的内涵与起始点的基础上，对"后土地财政"时期发生的与土地财政和融资相关的制度变化进行详细梳理。其次，分析梳理出的每一个制度变化对地方政府土地财政和融资策略集合中每一个行为的影响及土地行为响应，并开展实证，进而全面、系统地解释"后土地财政"时期制度变化背景下的地方政府土地财政和融资策略选择和在此基础上产生的土地行为响应，揭示"后土地财政"时期地方政府土地财政和融资策略新机制。其中，制度变化包括财税、融资与土地制度变化，主要包括"营改增"、新《预算法》、新增建设用地指标约束、"三块地"改革；土地财政和融资策略包括土地财政、土地融资和新型融资；土地行为响应包括土地抵押和土地出让行为响应、地方政府出让建设用地方式（拍卖和挂牌）行为响应。

1.3　研究目标与内容

1.3.1　研究目标

本书基于"制度变化—策略选择—行为响应"这一逻辑主线，构建制度变化背景下地方政府土地财政和融资策略选择及土地行为响应的理论分析框架，揭示"后土地财政"时期财税、土地和融资制度变化对地方政府土地财政和融资策略选择的影响及由此引发的地方政府土地行为响应，进而揭示"后土地财政"时期制度变化下地方政府土地财政和融资策略新机制。

具体来说，试图回答以下三个方面的理论及现实问题。

（1）界定"后土地财政"时期的起始点，理清"土地财政"时期和"后土地财政"时期与地方政府土地财政和融资策略选择紧密相关的财税、土地和融资制度发生了哪些变化。

（2）明确"后土地财政"时期制度变化对地方政府土地财政和融资策略选择有何影响，即财税、土地和融资制度变化分别对土地财政和融资策略中具体行为的影响，进而揭示"后土地财政"时期制度变化下地方政府土地财政和融资策略的变化。

（3）揭示"后土地财政"时期地方政府土地财政和融资策略选择下地方政府土地行为是否做出响应、如何响应，进而提炼"后土地财政"时期地方政府土地财政和融资策略的新机制。

1.3.2　研究内容

基于前述三个方面的研究目标，本书的研究内容主要包括如下三个方面。

（1）界定"后土地财政"时期的起始点，梳理"土地财政"和"后土地财政"时期的制度变化。

本部分内容，第一，对"后土地财政"时期的起始点进行了界定。参照现有研究对后土地财政的定义，结合土地财政和融资相关的统计数据特征，对"后土地财政"时期的时间范围进行界定。第二，详细梳理"土地财政"时期和"后土地财政"时期发生的与土地财政和融资紧密相关的制度变化。重点分析"后土地财政"时期财税、融资制度与土地制度发生了哪些变化。财税制度主要关注：分税制后最大规模的税制改革"营业税改征增值税"（以下简称"营改增"）以及以新《预算法》为标志的预算制度改革；融资制度主要关注新《预算法》为标志的规范地方政府举债融资的制度变化；土地制度主要关注地方政府面临的新增建设用地指标约束增强以及改革土地征收、集体经营性建设用地入市等制度的"三块地"改革。

（2）"后土地财政"时期的制度变化对地方政府土地财政和融资策略选择的影响。

本部分内容主要分析财税、融资和土地制度变化对土地财政、土地融资和新型融资的影响，具体包括三方面内容。第一，分析"后土地财政"时期的制度变化对地方政府土地财政的影响。主要分析"营改增"、新《预算法》、新增建设用地指标约束增强和"三块地"改革等财税、融资和土地制度变化对土地财政的影响，土地财政指其狭义上的含义，即地方政府出让建设用地使用权获得出让金收入。第二，分析"后土地财政"时期的制度变化对地方政府土地融资的影响。主要分析"营改增"和新《预算法》对土地融资的影响，其中土地融资包括两个阶段的融资方式，第一阶段是地方政府利用融资平台公司发行的城投债，第二阶段是地方政府直接自主发行的债券。第三，分析"后土地财政"时期的制度变化对地方政府新型融资模式的影响。主要分析"营改增"和新《预算法》对新型融资模式的影响，新型融资模式即政府和社会资本合作（PPP）的融资方式。

（3）"后土地财政"时期的土地财政和融资策略选择导向下的地方政府土地行为响应。

本部分内容分析"后土地财政"时期地方政府土地财政和融资策略选择发生变化之后，地方政府的土地行为做出怎样的响应；主要分析两个方面的土地行为响应：一是地方政府土地出让和土地抵押行为响应，二是地方政府出让建设用地方式（拍卖和挂牌）行为响应。综合本书其他研究结果，可以揭示"后土地财政"时期地方政府土地财政和融资策略的新机制。

1.4 研究创新与不足

1.4.1 创新之处

本书可能存在的创新体现在以下三个方面。

在研究视角上，本书以"后土地财政"为研究视角，构建一个制度变化对地方政府土地财政和融资策略选择影响及土地行为响应的理论分析框架，以期从理论上解释新一轮（财税、融资与土地）制度变化背景下的地方政府土地财政和融资策略选择和土地行为响应，揭示"后土地财政"时期地方政府土地财政和融资策略的新机制，立意新颖，具有较高的前瞻性和科学价值。

在研究思路上，本书在"制度变化—策略选择—行为响应"的分析框架下，首先，分别详细、具体地分析了"后土地财政"时期与土地财政和融资紧密相关的制度变化；其次，分别分析上述制度变化对地方政府土地财政、土地融资和新型融资模式的影响，考察地方政府土地财政和融资策略变化；最后，分别详细、具体地分析土地财政、土地融资和新型融资对地方政府土地行为的影响，考察地方政府土地财政和融资策略变化下的土地行为响应。一方面，上述每一种制度变化对地方政府土地财政和融资策略选择的影响及其土地行为响应，均是对现有相关研究的进一步补充与深化；另一方面，综合并归纳每一个具体问题的研究结果，提炼出"后土地财政"时期地方政府土地财政和融资策略选择及其土地行为响应，进而揭示"后土地财政"时期，地方政府土地财政和融资策略的新机制。这种基于多个核心问题进行分析与研究，归纳具有普遍性和规律性机制的研究思路是本书的一个创新点。

在机制方面，区别现有研究，将"后土地财政"时期制度变化下地方政府土地财政、土地融资和新型融资如何变化及土地行为如何响应放在一个框架内全面、系统地展开分析，弥补了现有关于"后土地财政"时期制度变化下地方政府土地财政和融资策略选择及其土地行为响应的研究空缺，揭示了"后土地财政"时期，制度变化下地方政府土地财政和融资策略的新机制，具有创新性。

1.4.2　不足之处

本书分析"后土地财政"时期制度变化下地方政府土地财政和融资策略选择及其土地行为响应。这个时期可能存在多种制度变化，并且存在多种土地行为响应，而本书并未对全部制度变化和土地行为展开分析，主要分析了现有研究中关注较多的、与土地财政和融资关系紧密的制度变化和土地行为。

本书的实证分析全部是基于宏观层面统计数据的一般性分析，缺乏对不同地区、不同层级之间差异的分析，缺乏微观层面的典型案例剖析。

第2章 分析框架：制度变化—策略选择—行为响应

2.1 理论基础

2.1.1 新制度主义理论

1. 理论内容

新制度主义的一个核心观点是政府的行为选择并不是简单的行动主体利益最大化的过程，而是在现实制度约束下开展的。一旦制度环境的约束条件发生变化，政府的行为选择会随之做出相应的反应（March and Olsen，1984；叶托，2012）。

20世纪七八十年代开始，在行为主义和理性选择理论之后，西方社会科学领域"重新发现"制度分析在解释现实社会问题方面具有重要的地位和作用，其中的新制度主义理论非常重视制度在行动者理性选择过程中发挥的作用。新制度主义理论逐渐在行为主义理论和理性选择理论基础上形成并发展。20世纪五六十年代，科学主义和反理性思潮成为主流思想，导致制度逐渐退出主流的研究视野，行为主义成为主流的政治学理论。行为主义认为个体的偏好一定会通过行为表现出来，并且利益集聚机制能使其达到最佳效果，其强调利用科学技术手段，对研究对象进行量化和实证。但是行为主义存在很大的局限性，其强调的价值中立和科学手段导致脱离实际，无法解释很多现实问题。多数批评者认为，人的行为不同于自然科学、自然现象，牵涉到很多偶然性和变量，其行为不能通过实验重复验证，随后行为主义逐渐衰落，但是行为主义关注人的行为的主观能动性，使其成为理性选择和新制度主义的思想来源之一（高春芽，2012）。

理性选择理论与行为主义类似，也从行动者个体出发考察行为现象，与行为主义不同的是，理性选择理论将经济学分析方法运用到行为分析中。理性选择理论主要基于演绎法而取代归纳法，其假定存在一个自身利益最大化的个体，依据功利最大化原则计算个体在不同情景下可能采取的行动；理性选择理论主要是以理性人假设作为研究起点。如果经验研究的系统性是行为主义的核心解释力，那么逻辑一致的严密性则是理性选择理论的核心解释力，为考察现实中错综复杂的现象提供了有力且简洁的研究工具（高春芽，2012）。20世纪六七十年代形成的理性选择理论延续至今，是利用现代经济学的方法研究政治学取得的巨大胜利，也是对行为主义的补救。

新制度主义的兴起离不开对上述两种理论的深入思考与批判。在理性选择理论很好地解释一些现实问题之后，一些学者乐观地认为"经济分析是一种全能方法，适用于解释全部的人类行为"（加里·贝克尔等，1993），显然，这种判断过于理想化。一方面，理性人是在市场行为中提炼出来的，不能简单适用于社会、政治等各个领域，不能解释复杂的社会因素影响，因为人的决策行为并非完全基于经济考量，也考虑了其他非经济因素；另一方面，人的行为也并非完全取决于其意志，制度环境对其活动资源、活动空间有显著的约束作用，任何一个决策者，无论是企业家、普通人还是政治家，其行为选择都只能是在其所处的制度环境约束下做出的。就像研究制度经济学的学者批判古典经济学时认为"微观经济学是制度中性的，虽然这体现了新古典经济学的优势，但是也暴露了他的脆弱性"（弗鲁博顿·埃里克等，2012）。和新古典经济学类似，理性选择理论同样建立在相对静态且理想的环境中，这受到了制度学派的批判。新制度主义研究的起始点是1984年《新制度主义：政治生活中的组织因素》的发表，经过三十几年的发展，逐渐发展为一个理论流派，并日益成熟。新制度主义的发展类似库恩提到的"范式革命"（弗鲁博顿·埃里克等，2012），新制度主义的分析范式逐渐形成。虽然新制度主义的研究范式并未形成严密的体系，但是他们的研究路径共同点是，都认同制度可以塑造和约束行动者的行为（Peters，1999）。

总体而言，新制度主义研究范式的特征是"理性人假设作为研究起点，行动者作为研究中心"。一方面，虽然不同的制度环境会导致行动者做出不同的行为选择，但是其行为动机和基本出发点是追求利益最大化；另一方面，尽管新制度主义试图将制度结构和行为糅合在一起分析，但是行动者始终处于研究的中心，进而研究在不同制度环境下的激励机制如何通过行动者理性选择和精心计算来实现利益最大化的行为策略。

2. 该理论对本书的指导意义

根据新制度主义理论，制度在塑造、约束地方政府行为的同时，也会对地方政府行为提供激励，因此，制度变化必然是影响地方政府行为选择的重要因素。虽然新制度主义理论是在西方高度稳定、高度结构化的制度环境下出现的，中国的制度环境产生的影响可能不如西方那样清晰，但是探究制度背后的利益主体行为特征需要对行动者展开深入分析，因此以行动者为研究核心的新制度主义分析框架在中国的制度环境下也十分适用（李月军，2007）。我国当前处在转型期，制度化程度相对较低，地方政府会随着制度的约束与激励变化，根据自身利益最大化的原则通过精心计算和理性选择做出相应的行为变化。而当前的制度环境下，土地是地方政府可以垄断控制的核心资源；随着制度环境发生变化，作为地方政府价值取向重要手段的土地相关行为策略，必然会随之改变。该理论是本书构建"制度变化—策略选择—行为响应"分析框架的基础。

2.1.2　公共选择理论

1. 理论内容

公共选择理论是运用经济学的分析方法研究政府决策机制如何运作的理论，该理论是政治学和经济学的交叉学科，也被称为新政治经济学。公共选择理论的研究对象是公共选择问题。公共选择是将私人选择转变为集体选择的过程，也可以称作一种机制，是利用非市场决策手段对资源进行配置。经济人假设是公共选择理论区别于传统政治理论的最主要特征。政治学的传统假设是政府的目标是社会利益最大化，而公共选择理论认为政府官员等政治个体是自利的，是具有追求个人利益最大化行为动机的经济人。

2. 该理论对本书的指导意义

由于土地具有经济属性和公共属性等多重属性，涉及经济利益和公共利益选择问题，因此，土地相关行为适合用公共选择理论进行分析。土地作为一种自然资源，具有经济属性和公共属性等多重属性。土地的经济属性表现为：具有生产能力，能够产生经济价值；可以形成财产，并且具有资本和投资属性。土地的公共属性表现为：土地的配置与利用不仅需要满足经济利益最大化，而且必须从整体上考虑满足人类社会发展和资源可持续利用。由于地方政府具有经济人特性，理性人做出任何决定之前都会进行成本收益比较，以自身利益或目标最大化为前提。虽然理性经济人是一个假设，但是从应用角度看，是最接近实际的假设。因此，该理论可用于分析在制度变化下地方政府追求最大化的土地财政和融资策略选择。

在公共选择理论下，地方政府土地财政和融资相关的行为通过土地的经济属性和公共属性既能够实现自身利益最大化，也能够实现资源配置效用最优化等多元的目标。若地方政府过度追求利用土地的经济属性、一味追求自身利益最大化，而忽略公共属性去实现利益最大化，则需要进行适当的政策调控来约束和管制地方政府行为。因此，公共选择理论也可用于指导分析地方政府在建设用地指标约束下的土地财政和土地行为，因为指标约束是中央政府基于社会整体利益最大化的原则而制定，该理论中的政治学原理对此具有指导意义。

2.1.3 政府行为理论

1. 理论内容

政府行为是指为了实现政府职能，政府机构及其工作人员利用国家权力对国家社会进行组织、协调、领导的一系列活动的总称。它不仅包括政府各层次、各部门的行政执行、行政决策的运作过程，而且包含代表政府机构出现的个人行为。政府职能不仅是政府行为的逻辑起点，而且是政府行为的方向和基本任务，政府职能是指政府在特定时期社会经济发展过程中承担的义务和责任。政府行为是政府职能运行的外部表现，缺乏政府行为的实际操作，政府职能仅仅是空洞与抽象的描述。根据政府职能的内容，可以将我国政府的职能分为经济职能、社会职能和政治职能三大类，包括经济管理行为、社会管理行为、外交行为与国家军事行为等。

2. 该理论对本书的指导意义

政府行为理论是本书界定地方政府土地财政和融资相关行为的基础。从政府行为理论角度，本书关注的政府行为主要是其经济管理行为。市场经济中的政府行为就是指政府的经济管理行为，即政府经济职能的具体外化运作。土地的经济属性决定了土地具有经济功能，因此，基于土地产生的政府行为属于政府的经济管理行为。土地财政和融资相关行为是政府机构及其工作人员利用国家权力对土地资源进行运作的行为活动与社会经济发展紧密相关、存在问题也比较突出，本书即分析政府的经济管理行为中土地财政和融资相关的行为。由于政府行为是一种利用公共权力的行为，具有普遍性、强制性的特点，就本书而言，"后土地财政"时期，制度体系处于不断完善过程，地方政府利用公共权力在土地财政和融资中完成的行为，无论在法律规章制度范围之内还是在之外，而这些行为都在本书的研究范围之内。

2.1.4 财政分权理论

1. 理论内容

财政分权是指通过法律等规范形式，中央政府向地方政府下放财政权力，给予地方政府一定的税收权和一定的支出责任范围并让其自主决定收支的结构与规模。政府的多层级结构要求各级政府需要有自己的收入来源与开支，这就决定了财政分权的存在。在这种分权模式下，在理性经济人假设下，地方政府总是倾向在制度变化的情况下，调整行为策略，扩展收入来源，调整支出去向。

根据地方政府的动机不同，财政分权理论可以总结为两个版本。第一代财政分权理论将地方政府看成仁慈的、无私的，地方政府无条件为社会福利最大化服务，地方政府提供的公共品可以满足当地居民的偏好（Musgrave，1959；Oates，1972；Tiebout，1956）。第二代财政分权理论将地方政府视为是利己的，与社会经济人一样倾向实现自身效用最大化，甚至可能为自身利益损坏居民利益（Musgrave，1959；Oates，1972；Tiebout，1956）。第二代财政分权理论考虑了激励方面的内容，讨论的焦点从公共物品供给转向了政府行为。在国内外财政分权研究的基础上，将中国的政治集中和财政分权结合在一起，基于第二代财政分权理论所强调的地方政府所受到的激励在经济发展中的作用的同时，强调地方官员作为政治参与人，中央政府可以利用人事权激励地方官员去促进地方经济的发展，这就形成了财政分权（Blanchard，2001；傅勇，2007）。

2. 该理论对本书的指导意义

在财政分权的体制下，财政激励和政治激励构成的双重激励成为塑造我国地方政府土地财政和融资相关行为选择的体制基础（李永乐和吴群，2013；薛慧光，2012）。由于我国土地制度的特殊性，地方政府控制着土地一级市场的供给，形成了独特的政府垄断供给的土地出让机制。在政治集中、经济分权的制度框架下，地方政府有必要、有条件通过其拥有绝对控制权的土地出让机制实现自身的价值取向。在"后土地财政"时期，地方政府受土地资源的约束增加，中国式财政分权的制度未发生显著变化，在政治和经济的双重激励下，地方政府必然会在其可以控制的土地、金融等资源上做出相应的行为响应,来促进地区经济发展和公共物品的供给。因此,财政分权理论是本书的一个理论基础。

2.1.5 地租理论

1. 理论内容

地租理论是马克思在批判、继承古典经济学派的早期地租观点基础上提出的科学地租理论(毕宝德,2005)。地租理论的发展经历了三个重要阶段。一是古典经济学地租理论阶段,二是马克思主义地租理论阶段,三是当代地租理论阶段。古典经济学地租理论的典型学者与理论主要包括:配第把土地价值看作资本化的地租;魁奈指出生产领域才能产生、创造剩余价值;斯密认为地租是一种垄断价格,是使用土地应该付出的代价;李嘉图和杜能解释了级差地租,指出地租差异主要基于土地的位置和自然禀赋的好坏。马克思基于古典经济学地租理论并进一步完善,提出了绝对地租、级差地租和垄断地租的概念。当代地租理论基于新古典经济学理论,从土地的供需曲线特征解释土地价格。地租实质上是一种剩余价值,是土地所有人无偿占有土地使用者的剩余劳动而产生的,是土地所有权的经济实现方式,对指导经济运行和政策制定有重要意义。

2. 该理论对本书的指导意义

地租理论不仅在指导和实践我国的社会主义经济发展过程中具有非常重要的意义,而且为我国社会主义经济条件下土地有偿使用制度的建立提供了理论依据,是加强土地利用与管理的重要杠杆,是制定土地价格的重要依据,为确定征地补偿以及土地税收金额提供了客观标准。从绝对地租视角,地方政府依据土地所有权垄断成为获取绝对地租的主体;从级差地租视角,地方政府完善基础设施获取土地增值产生的级差地租。绝对地租和级差地租是地方政府土地财政和融资实现互动循环运行机制的基础理论(贾康和梁季,2015;贾点点,2018;唐鹏,2014)。

2.1.6 公债理论

1. 理论内容

(1)政府债务有利理论。马克思认为,在资本主义初期,公债是货币转化为资本的一个工具，是资本原始积累的重要手段，与重税、殖民、战争等共同作用，完成了资本主义产业革命，为手工业转变为机器工业提供了必要条件，使扩大再生产有了巨大的推力。正如马克思在《资本论》中提到的"越是随着预付资本的扩大，生产规模也越大，生产的全部发条也就开得越有动力"。除此之外，公债在客观上极大地推动了现代银行业和金融市场的发展，促进了商品经济和社会化大生产的快速发展。

随着资本主义日益发展，市场运行的内在机制逐渐暴露不稳定性。尤其 1929～1933 年经济大萧条之后，为了尽快摆脱危机并实现经济复苏，以凯恩斯为代表的一些经济学家开始主张经济需要政府干预，对公债的态度也发生了逆转，从否定到肯定。1936 年凯恩斯在《就业、利息和货币通论》一书中阐述并形成了凯恩斯的公债理论，即"公债是作为弥补财政赤字，解决有效需求不足的一个手段"。凯恩斯强调"举债支出"包括所有政府举债净额，不管是为了弥补预算不足，还是兴办资本事业，前者增加消费倾向，后者增加投资。

凯恩斯学派认为公债是政府调控市场的一种宏观工具，国家可以把公债用于财政支出扩张，从而提高社会总需求；公债增长往往带来国民生产总值的增长，即使在经济上升期，也需要发行公债，不仅增加投资和消费、减少失业，而且为政府的货币政策提供了回旋空间与工具。公债虽然是利用未来的税收作为偿债的来源，子孙承担了还债的责任，但是子孙后代享受了更好的基础设施，公债被各代分摊了，并未加重后代的偿债责任，因此公债发行是有利的。

（2）政府债务有害理论。古典经济学派认为公债发行会增长社会的奢侈风气，规模过大时往往会导致国家衰弱；政府如果过度为非生产性支出举债，容易导致私人生产性资本减少，损害长期经济增长能力。公共选择学派认为为增加公共消费而大规模发行公债会带来通货膨胀，意味着间接对虚增的利润进行征税，导致资本消耗；为政府消费发行公债等于用债务去弥补财政赤字，会导致可贷资金需求增加，提升利率，进而可能增加总储蓄量，但是私人部门可贷储蓄量下降，挤出私人投资。

2. 该理论对本书的指导意义

公债作为西方发达国家的成熟融资工具已经有一百多年的发展历史，对于资本强国的资本创造具有重要作用。中国过去二三十年，基于土地而衍生的财政和融资完成了甚至超越了资本强国上百年的资本创造。然而，土地是不可再生资源，随着城市用地不断扩张，基于土地的财政和融资模式很难长久持续。公债作为政府缓解财政压力、完善财政体制的重要手段，可以刺激社会消费、减少失业、促进经济增长，是加强国有资本运营的重要手段，得到众多发展中国家关注；"后土地财政"时期，尤其我国经济发展进入新常态，发行公债是政府可行的行为选择。公债理论也阐述了过度举债不利的一面，适度举债合理使用资金具有积极作用，过度举债或使用不当也会带来风险。因此，公债理论对于研究"后土地财政"时期地方政府降低土地依赖之后的融资行为具有理论指导意义。

2.2 "制度—行为"分析框架

2.2.1 制度环境：塑造或者约束行动者的行为

在新制度主义中，制度是指用来建立生产、交换和分配基础的政治、法律和社会的一系列基本规则。制度不仅是行动者精准计算和理性认知的思维习惯、在历史长河中留下的痕迹，而且是一系列的认知规定、符号系统和道德模板等汇合而成的文化特征。制度繁复而宏大，包含法律、宪法、行为准则和规范等正式制度，也包含习俗、惯例、思维方式、文化传统等非正式制度。在新制度主义中，制度指的是"管用的制度"，是那些影响行动者行为响应的制度。

制度能够影响行动者的利益判断，塑造行动者理性偏好，进而对其行为选择产生影响，换言之，它是行动者行为特征的塑造机制。新制度主义体系庞大，各个流派百花齐放。各个流派在制度的内涵、基本方法、理论假说等方面都可能存在很大差异，然而他们都强调制度对行动者具有非常强大的制约和塑造能力。新制度主义被分为历史制度主义、理性选择制度主义和社会学制度主义三个流派（彼得·霍尔等，2003）。历史制度主义认为制度是一定历史阶段的产物，通过塑造行动者的偏好或者目标，从而影响行动者的行为选择和行为过程。它强调制度产生与变迁过程中形成的"路径依赖"。理性选择制度主义把行动者看作特定的制度环境下的"理性经济人"，其偏好和目标是既定的、外生于制度的，他们依据功利最大化原则，演绎和计算行动者不同情景之下存在哪些可行的行为选择和行动方案。社会学制度主义认为制度通过塑造和教化行动者而对其进行制约。塑造行动者行为选择的机制主要是通过已经在社会中存在的认知符号、道德模板和符号系统在行动者社会化的过程中逐步内化到其内心世界。虽然上述三个流派从不同的路径进行分析，但是他们均是强调制度对行动者行为具有很强的约束和塑造能力。

新制度主义的一个核心观点是政府的行为选择不可以用简单的行动主体利益最大化来解释，考虑现实制度环境约束是十分必要的。一旦制度环境的约束条件发生变化，政府的行为选择会随之做出相应的反应（March and Olsen，1983），其分析框架可以抽象为图 2 – 1。新制度主义的"制度—行动者"的分析框架为研究者的相关科学分析提供了一个清晰的逻辑思路，这也成为本书的基本理论基础与工具。对于地方政府行为分析而言，"制度—行动者"分析框架具有极强的启发意义。地方政府作为一个特定制度环境下的行动者，其特定时期和特定情境下的行为模式均是基于对外在制度的认知和判断。显然，特定时期的制度环境是影响地方政府行为的重要因素。

图 2 – 1　"制度—行为"分析框架

2.2.2　制度环境对地方政府行为的影响

制度环境对地方政府存在一种激励机制。提供激励机制是制度的最重要功能之一，制度构建了人们在经济、社会和政治方面行为发生的激励结构（道格拉斯·诺思，1994）。制度被用来告诉人们该做什么，不该做什么，鼓励什么，提倡什么，限制什么，理性经济人会依据制度展示的内容来做出相应的行为决策。地方政府作为理性经济人，会在现行制度环境下根据利益最大化的原则做出自己的行为选择。

制度环境搭建了地方政府行为的边界和约束。任何制度都会对某种主体划定选择的空间和范围，对其行为做出限制。行为主体一般只能在这个空间、范围内做出行为选择。对地方政府而言，尽管它们有很强的自主性，行为选择空间不断增大，但是其行为都应该是在法律等规章制度的范围内，不得超越规定的红线。

制度影响主体行为的选择偏好。虽然行为主体都存在追求，但是行为主体的动机各不相同，因此其行为偏好会有所不同，也可以理解为行为主体获得的信息不一致，会做出不同的行为选择。行为主体的行为选择由一组目标或者效用共同决定，包括地位、权利、财富等多种因素构成的价值体系，制度因素在这一体系中决定着目标实现的难易程度以及目标替代函数，从而影响行为偏好的形成。在具体的制度安排下，行为主体都会根据制度释放的信息做出相应的行为选择。

2.2.3 "制度—行为"分析框架在中国的应用

探究制度背后行动者的行为选择，采用以行动者为中心的新制度主义分析框架在当前我国非常适合（李月军，2007）。例如，一些研究分析的改革开放以来我国经济上的财政分权和政治上的晋升考核的制度对地方政府行为的影响均是在"制度—行为"分析框架中进行的。财政分权方面，作为一种经济利益分配的制度，我国的学者在充分吸取西方财政分权相关理论的基础上，结合中国的特殊政治环境，从"制度—行为"的逻辑对分权后的地方政府行为变化进行了大量研究，一是财政分权提供了财政激励使地方政府推动经济转型和增长（Qian，1998；Qian and Weingast，1997），二是财政分权对财政支出偏好和土地出让行为偏好的影响研究（傅勇，2007；周飞舟，2010；吴群和李永乐，2010；张莉等，2011；唐鹏，2014）。在政治考核方面，主要针对考核制度对地方官员的激励与约束开展研究，就激励而言，有学者提出"晋升锦标赛"模式（郁建兴和高翔，2012；周黎安，2007；朱玉明，2006）。无论从政治视角还是经济视角，对于一些中国特色的制度环境对地方政府的激励和约束机制，学者均较多利用"制度—行为"分析框架进行阐述。

我国当前处在转型期，制度化程度相对较低，地方政府主要是通过利用不断完善却又尚未完善的制度，获取经济资源和政治资源。例如，我国的不断完善的、软化的制度环境造成了客观上的"模糊产权""产权残缺"和"软预算约束"等不规范的环境，为地方政府的经营土地和追求预算外收入、过度融资创造了条件，实际上是将土地权利转化为了收益权，地方政府掌握了土地，在一定程度上等于掌握了财政和货币等自主可控的权利，可以为实现自身目标服务。

实际上，地方政府在制度激励或者约束下利用某种资源做出相应的行为策略选择与响应，是地方政府与中央政府博弈的过程。在我国特定制度环境变迁下，核心行动者包括中央政府、地方政府和微观经济主体，其中，中央政府是制度制定者；地方政府作为理性主体，同时追求政绩和地方利益最大化，会利用制度的不完善和资源优势争取更大行动空间（沈荣华和王扩建，2011）。制度软约束给地方政府创造了行动拓展空间，我国很多制度的改革路径均是"摸着石头过河"，地方政府允许自主试验，这为地方政府的自主行为提供了条件。制度之间可能存在的不匹配，也给地方政府留下了扩展行动空间的余地。

　　结合制度环境赋予地方政府可利用的资源，基于"制度—行为"分析框架分析我国制度环境对地方政府行为影响的研究不少，其中，从财税、晋升考核和土地制度等方面分析地方政府土地财税策略选择和土地出让行为的研究比较多见。在财政分权方面，根据中国特殊的制度环境，分析了财政分权对地方政府行为变化的影响。比如 1994 年实行分税制改革后，地方政府面临"财权上移，事权下放"的窘境，被迫实施高价出让土地获得出让金来弥补财政缺口，得出类似结论的相关文献主要有周业安（2000）、周飞舟（2007）、陶然等（2007）、吴群和李永乐（2010）等。在土地制度方面，从改革开放以来建立的土地有偿使用制度，以及城乡二元土地制度的强化，可以发现土地逐渐演变为地方政府实现经济发展的核心资源，承担了城市化和资本积累的双重职能（党国英，2005）。

　　总体来看，无论是从经济视角，还是从政治视角，已有研究不仅对我国的制度环境对地方政府行为的激励机制和约束机制进行了比较全面的研究，而且考虑了制度环境赋予地方政府的可利用资源情况，包括自然资源、政治资源等，这使得地方政府会在缺少某种依赖已久的可利用资源的情况下，结合自身的利益偏好，选择最佳的策略组合实现"理性人"尽可能大的利益目标。然而，虽然一些学者借助"理性选择制度主义"对地方政府"经营城市"的制度基础或土地出让行为进行了研究，但是利用相关理论完整地解释"后土地财政"时期地方政府土地财政和融资策略选择以及土地行为响应的研究凤毛麟角。

2.3　"制度变化—策略选择—行为响应"分析框架

2.3.1　概念解析

1. 制度变化

　　制度是指用来建立生产、交换和分配基础的政治、法律和社会的一系列基本规则（Immergut M，1998）。制度不仅是行动者精准计算和理性认知的思维习惯、在历史长河中留下的痕迹，而且是一系列的认知规定、符号系统和道德模板等汇合而成的文化特征。制度繁复而宏大，既包含法律、宪法、行为准则和规范等正式制度，也包含习俗、惯例、思维方式、文化传统等非正式制度。前者以各种相关规章制度和政策文件进行表现，但各种法律、规定、通知文件之间难免存在疏漏甚至相互冲突之处。本书中的制度概念相对狭义，是指特定的制度安排，是在某些特定的社会、经济等领域界定个人和集体（尤其是地方政府和官员）应该遵守的行为准则，比如财税体制、金融制度和土地政策等，而不是完整的制度结构。这些制度安排构成了特定的约束或激励条件，直接影响行动者的行为策略选择。

制度变化（institutional change）是指新制度（或新制度结构）产生、替代或改变旧制度的动态过程（道格拉斯·诺思，1994）。财税制度、金融制度与土地制度的产生、替代与改变逐渐塑造了地方政府土地财政和融资策略目前所显示的格局（刘守英，2018；毛捷和徐军伟，2019；赵燕菁和宋涛，2019c；张莉等，2019），而现阶段，我国的这些制度正在逐渐发生变革，因此，本书的制度变化主要指财税制度变化、融资制度变化与土地制度变化。

2. 土地财政和融资策略

策略在汉语词典中有两个比较常见的解释，一是可以实现目标的方案集合，另一个是根据形势发展而制定的行动方针和斗争方法。本书的土地财政和融资策略指的是根据特定的制度环境，为了实现特定的目标，地方政府在土地财政、土地融资和新型融资之间基于不同侧重的选择而形成的一个行为组合，可以从以下方面对该概念进行理解。

（1）土地财政和融资策略是一组由地方政府实施的行为集合，并不是单一的行为，是多种行为有所侧重选择的组合；（2）这种策略是根据制度变化，为了实现目标而做出的行为组合；（3）这种策略组合是在土地财政、土地融资和新型融资之间有所侧重的选择；（4）土地财政是狭义口径的土地财政，就是地方政府出让建设用地使用权获得的土地出让金收入，强调高价出让商住用地获得巨额出让金收入缓解财政压力（Tao et al.，2010；周飞舟，2006；曹广忠等，2007；陶然等，2007）；（5）概念中的融资包含土地融资和新型融资两种模式，其中，土地融资是指依靠围绕土地产生的收入或潜在收益作为偿债来源的发债融资方式（杨继东等，2018；张莉等，2019）。

本书依据制度环境变化将土地融资划分为两个阶段。第一阶段土地融资主要考虑地方政府将土地注入融资平台通过平台公司发行的城投债；随着融资平台的融资职能逐渐被剥离，地方政府被允许直接发行债券；第二阶段土地融资主要考虑地方政府直接发行的债券，有研究指出地方政府债券依然依赖土地出让金（章和杰和沈佳，2019；张曾莲和严秋斯，2018；谢保鹏，2017）。新型融资主要是指政府与社会资本合作融资模式（PPP），该模式在我国起步较晚，在 2014 年以后国家密集出台文件鼓励支持 PPP 模式之后才迅速崛起，融资规模从 2013 的 913 亿元达到 2015 年的 28081 亿元，并逐年递增，有研究指出 PPP 融资与土地出让收入显著正相关（马德隆和李玉涛，2018；张琦，2018；汪峰等，2019）。

3. 土地行为

（1）土地。《管子·水地篇》有言"地者，万物之本源，诸生之根蔓也"。马克思认为"土地是一切生产和存在的源泉"。英国经济学家马歇尔认为土地是大自然无偿赠予人类的物质和力量并以陆地、水、空气、光热等形式存在（A. Marshall，1964）。美国著名经济学家、土地经济创始人伊利（R. T. Ely，1982）认为经济学中的土地是指自然资源或者自然的各种力量，包括土地表面和土地"上下"的东西。一般来讲，土地是被作为自然资源进行定义的，而实际上，绝大多数的土地资源都在现实经济活动中投入了大量的人类劳动，进行长期的开发、改造与使用形成各种成果，土地在更多的情况下是一种社会资产，为人类社会带来增值价值。现实中的土地不仅是单纯的自然综合体，而是由多种因素结合人类活动而形成的自然－经济综合体。各个学科对土地的定义角度不同，在政治学、经济学、法学等学科领域更侧重土地的资产和权利属性，而不是自然资源属性。

兼顾土地资源与资产两方面的概念，目前比较一致认可的是土地是地球陆地表层特定地段的自然经济综合体。土地既是为人类提供产品和活动场所的重要自然资源，又是可以增值、产生巨大财富的生产性资本或经济资产（王万茂，2003）。本书的土地更多地侧重土地的经济属性。

（2）行为。行为是人在客观和主观因素相互作用影响下产生的外显活动，是一种完整的行动过程。不同学科对行为的认知的侧重点各不相同。例如，哲学家认为行为是日常生活中人们表现出的一切活动；生理学家把行为定义成人体的器官受外界刺激做出的反应；心理学家不同学派有不同观点，行为主义心理学把人对刺激做出的全部反应都称为行为，有外显和内隐行为之分；格式塔心理学认为行为由外部客观环境和人的主观因素共同决定，是受内在心理意识支配而形成的外部活动；现代心理学家把有机体在外部显现的活动均称作行为。

人的行为受动机支配，一般具有如下特点。目的性，指行为是一种有计划的、自觉的、有目标的意识活动。能动性，即环境或者刺激作用于人体感官，经由大脑思维过后，人做出的能动反应。可度量性，即人的行为通过外部活动来表现，其突出的外显性可以通过观察和记录进行量化处理。可预见性，指人的行为方式和行为结果在一定程度上是可以被预见的。复杂性，包括两个方面：行为发生主体本身是复杂的，行为产生的外部环境是复杂的。

（3）土地行为。土地行为，顾名思义就是人类在主客观因素作用下，以土地作为反应物产生的外显活动。显然，土地行为包括很多内容，例如土地供给行为、土地管理行为、土地利用行为、土地开发行为、土地规划行为等，这些都是在各种因素作用下，人类以土地作为反应物表现出的外显活动。土地行为除了具有行为的一般特性（目的性、能动性、可预见性、可度量性、复杂性）之外，还具有自身一些特点：土地行为是人地交互行为，它是人做出的反应，但是反应物的客体是土地；土地行为是在特定的社会、经济、政治、法律框架下产生的，不同的目标和主客观因素会对土地行为产生显著影响；土地行为存在多种维度，包括经济、技术、政策、法律等多种手段。

土地是一个复杂的自然经济综合系统，土地行为的变化不仅受自然、社会经济以及政策制度的影响，而且受到土地行为主体能动的影响，不同的土地活动参与者存在不同的目的和行为方式，土地行为主体可以划分为政府、用地单位和个人三个不同类型。在我国的社会体制下，政府是公共管理的主体，是土地的管理者，组织和个人是土地的终端使用者。在计划经济时期，用地单位和个人的土地行为受到体制约束较强；在市场经济时期，土地行为的自主性日益增强，但是仍然离不开政府制定的方针政策和制度环境。

本书的土地行为主要分析政府的土地行为，由于政府存在结构层次，各级政府的行为存在差别，所以，主要分析地方政府土地行为。地方政府的土地行为包括供给、利用和管理等多种行为，但是为了更清晰、简洁地反映地方政府土地财政和融资策略变化下地方政府的土地行为响应，本书选取在现有研究和现实活动中，与土地财政和融资策略选择过程直接相关的、有助于实现地方政府利益目标的土地行为。具体而言，本书分析的土地行为主要包括两个方面：地方政府土地抵押和土地出让行为、地方政府出让建设用地方式（拍卖和挂牌）行为。

2.3.2 分析框架

制度在塑造、约束地方政府行为的同时，也会对地方政府行为提供激励，尤其我国当前处在转型期，地方政府会随着制度的约束与激励变化，根据自身利益最大化的原则通过理性选择做出相应的行为变化。在我国现有的制度环境下，土地是地方政府可以垄断控制的核心资源，当制度环境发生变化，作为地方政府价值取向重要手段的土地相关的行为策略，必然会随之改变。本书研究框架如图 2－2 所示，在上述新制度主义"制度—行为"分析范式的基础上，按照"制度变化—土地财政和融资策略选择—土地行为响应"的分析框架，分析"后土地财政"时期制度变化对地方政府土地财政和融资策略选择的影响，并分析地方政府土地行为响应，进而揭示"后土地财政"时期地方政府土地财政和融资策略新机制。

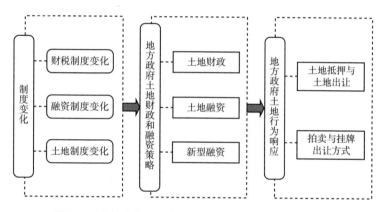

图 2－2　"制度变化—策略选择—行为响应"分析框架

（1）梳理制度变化，重点是梳理"后土地财政"时期的制度变化。"后土地财政"是本书的切入点，需要在界定"后土地财政"的内涵与起始点的基础上，梳理该时间点以来发生的制度变化。本书梳理"后土地财政"时期发生了哪些与土地财政和融资紧密相关的制度变化，包括财税制度、融资制度和土地制度，即需要梳理哪些是"管用的制度"；因为在新制度主义中，制度是"管用的制度"，是那些影响行动者行为方式的制度。新制度主义政治学认为一旦制度环境产生的约束或者激励条件发生变化，地方政府的行为会随之做出反应。梳理制度变化有助于了解地方政府行为面临哪些激励机制或者边界和约束机制，是塑造行动者行为的制度环境分析，是本书分析框架的逻辑起点。

（2）"后土地财政"时期的制度变化对地方政府土地财政和融资策略选择的影响，具体而言，分别分析财税制度变化、融资制度变化和土地制度变化（"营改增"、新《预算法》、建设用地指标约束增强和"三块地"改革）对土地财政、土地融资和新型融资模式的影响。这部分内容分析制度对行动者产生的激励和约束，同时，分析这种制度环境赋予地方政府可以充分控制的资源，进而分析制度发生变化的情况下，地方政府如何利用可以控制的资源、选择何种策略。

（3）分析地方政府土地财政和融资策略选择下地方政府土地行为响应，具体而言，分别分析土地财政、土地融资和新型融资模式下地方政府的土地抵押和土地出让行为响应、出让建设用地方式（拍卖和挂牌）行为响应。分析在特定的制度环境下地方政府围绕掌控的资源做出的策略选择会产生怎样的行为响应，这些行为响应是由地方政府的利益目标和策略选择的效用共同决定的。在具体的制度安排下，行为主体都会根据制度释放的信息、地方政府的利益目标以及策略的效用在其可充分控制的核心资源上做出相应的行为选择，即行为响应。综合并归纳上述研究结果，可以揭示"后土地财政"时期地方政府土地财政和融资策略的新机制。

第3章 "后土地财政"的内涵与时间起始点

"后土地财政"是本书分析的切入点,只有明晰了"后土地财政"内涵与时间起始点,才能进行下文的制度变化以及一系列的策略选择和行为响应分析。因此,本书首先对"后土地财政"的内涵与起始点进行界定并对其特征进行简要分析。

3.1 土地财政的缘起

我国以国有建设用地使用权出让收入为基础的土地财政,最初是借鉴学习香港地区的"土地批租"制度。香港实行"土地批租"制度有其特殊历史原因,简言之,香港(殖民)政府不拥有土地所有权,不能出让土地,只能从清政府批发土地使用权,进而转让批发给地产商,通过买卖剪刀差获取财政收入。香港土地财政最高峰时占财政收入之比达到35.4%,并一度成为政府第二大财政收入来源。2000年开始,香港特区政府开始改革土地批租制,土地出让收入占财政收入之比逐渐降低。"土地批租"制度可以使政府迅速获得可观的财政收入,不仅可以改善城市基础设施建设,而且可以缓解政府在其他方面的征税压力。

20世纪80年代末,深圳效仿香港进行国有土地使用权有偿使用制度改革,并于1987年12月在全国第一次采用拍卖方式出让土地,此后,国有土地有偿使用出让制度迅速在很多城市推开。1988年修改后的《土地管理法》增加了"国家依法实行国有土地有偿使用制度"的规定,由此确定了中国的土地征收和使用权出让制度。1998年的住房制度改革全面激活中国住房市场。2002年出台的招拍挂出让国有土地使用权规定进一步从政策上确定了市场化的土地出让方式。上述土地相关制度改革是土地财政形成的重要制度基础。

顾名思义，土地财政，既涉及土地又涉及财政，除了上述土地相关制度，我国的财政制度同样对土地财政的形成具有重要影响。具体而言，政府为改善自身财政状况，缓解中央财政能力逐渐变弱的困境，于 1994 年推行了分税制改革。分税制改革后，中央财政收入在总财政收入中的比重由分税制改革前的 20% 左右迅速上升到 60% 左右，与此对应，地方财政收入在总财政收入中的比重，由分税制改革前的 80% 左右迅速下降到 40% 左右，此后的十年间一直在这个水平徘徊，如图 3－1 所示。中央政府在改革中央－地方财权结构的同时，并未对事权结构进行相应的调整，形成了"财权上移""事权留置"的局面（吴群和李永乐，2010），造成了地方财政收入和支出间的缺口，导致地方财政赤字规模逐年膨胀。日益严重的财政赤字迫使地方政府寻找解决方法。我国特殊的土地制度为地方政府弥补财政缺口提供了工具和条件（钱忠好和曲福田，2004），同时，我国财政制度对预算外资金收入的运作模式并未进行有效规范，这为地方政府利用土地资源获取财政收入提供了可乘之机。在这一背景下，土地成为地方政府解决财政赤字问题的突破口。但由于城市存量土地交易费用较高，地方政府不得不将矛头指向增量土地（刘守英和蒋省三，2005）。在征地过程中，地方政府利用制度安排给予的优势地位，把土地从村集体所有转变为国家所有，将土地使用权"出让"给用地单位。这就使得地方政府通过采取"非饱和供给模式"高价出让商住用地，获得巨额土地出让金收入以弥补财政缺口的土地财政模式成为可能。

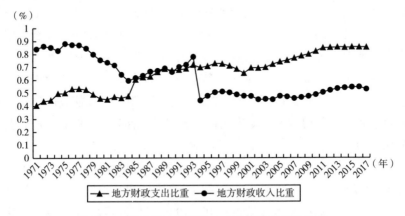

图 3－1　地方政府财政收支占总财政收支的比重

资料来源：国家统计局网站。

基于土地财政的发展历程与形成机制，较多文献对土地财政的概念进行了研究（刘守英和蒋省三，2005；陈国富和卿志琼，2009；杜雪君等，2009；陈志勇和陈莉莉，2010；雷根强和钱日帆，2014；文雁兵，2015），比较一致的观点是：土地财政是地方政府依靠出让土地使用权的收入来维持地方财政支出，即依靠出让增量土地产生的土地出让金来满足财政需求。该定义是土地财政的狭义口径，是土地财政在最初被提及时所赋予的含义，是土地财政最核心的内容（赵燕菁，2019b），该定义也是本书土地财政所侧重的含义。下文对"后土地财政"进行的界定主要以该定义作为参照。

3.2　"后土地财政"的内涵

"后土地财政"的研究起源于学者发现土地财政不可持续的特征，地方政府对土地财政收入的依赖度表现出下降趋势。土地出让收入的载体是土地资源，受到土地资源有限性的约束，无论征收增量土地还是挖掘城市存量土地，都会随着征收、拆迁的补偿成本逐渐增加而导致净收益逐渐降低；依赖土地价格"剪刀差"的土地出让收入很难再成为地方政府的主体财源。随着财税制度和预算体制的完善以及土地制度的改革，土地财政的制度基础正在发生变化，土地财政的生存空间逐渐被压缩。同时，依托土地出让收入的土地融资风险加剧，地方政府举债制度逐渐完善，通过储备土地抵押融资的模式逐渐受到约束，更加规范的政府债逐渐从幕后走到台前，新型融资方式（政府与社会资本合作模式 PPP）也被大力鼓励与支持。无论从土地财政依赖的土地资源约束、赖以生存制度环境正在瓦解，还是从其他建设资金来源对土地财政的替代，地方政府对土地财政收入的依赖性明显下降。

根据现有研究对"后土地财政"的解释，本书与多数研究一致，认为"后土地财政"时期体现一个长期趋势，是一个相对概念，需要设定参照系。参照王玉波、刘明慧和党立斌等人的分析（王玉波，2013，2014；刘明慧和党立斌，2014），本书认为，"后土地财政"是相对于以土地出让收入为主体收入的土地财政的相对概念。因此，"后土地财政"的定义主要以土地出让收入为主体的土地财政为参照系，并考虑其与土地融资规模的结构，当以土地出让收入为主体的土地财政在整个财政和融资结构中占比明显降低时，表明进入了"后土地财政"时期。本书对"后土地财政"进行如下定义："后土地财政"是一个相对的概念，指受财政、土地、房地产、金融等政策制度变化和土地资源约束的影响，以土地出让收入为主的土地财政模式难以维持长久，当土地相关的财政收入不再是地方政府的主体收入来源时，以土地出让收入为主体的土地财政在整个财政和融资结构中占比明显降低，意味着"后土地财政"时期已经开始。

3.3　"后土地财政"的起点

　　已有研究很少有详细分析较长时间跨度的土地财政和融资数据进而指出"后土地财政"时期的具体起始点，主要因为"后土地财政"时期是近些年的一个社会经济时期或者现象，缺少最新的、较长时间的可观测数据并且短期数据存在波动，很难将"后土地财政"时期进行明确界定。本书相对已有研究的优势是收集了比较具有现势性的数据，可以考察较长时间的趋势，能够更好地界定"后土地财政"时期的起始点。

　　根据本书对"后土地财政"的定义，通过分析以土地出让收入为主体的土地财政在整个地方政府财政和债务、融资结构中占比，本书将"后土地财政"时期的起始点设置为 2012 年，原因如图 3 - 2 所示，总体上可以明显看出，土地出让收入与地方政府财政收入和债务融资规模的比值均在 2012 年出现骤降，这些比值甚至低于 2002 年。2002 年，国土资源部发布《招标拍卖挂牌出让国有土地使用权规定》要求经营性商业、住宅等建设用地必须通过招拍挂方式出让，这是土地财政繁荣时期的重要节点。具体看图 3 - 2 中的各条曲线，首先，地方政府的土地出让收入与地方融资平台的城投债、地方政府发行的债券、PPP 融资规模和地方政府财政总收入的比值，在 2011 年为 0.54，2012 年骤降为 0.23，而该比值在此前五年（2007～2011 年）的均值为 0.49，此后五年（2012～2016 年）的均值为 0.21；其次，地方政府的土地出让收入与地方政府财政总收入的比值，在 2011 年为 0.61，2012 年骤降为 0.26，该比值的在此前五年（2007～2011 年）的均值为 0.54，此后五年（2012～2016 年）的均值为 0.28；再次，地方政府的土地出让收入与地方政府一般预算内财政收入的比值，在 2011 年为 0.61，2012 年骤降为 0.46，该比值的在此前五年（2007～2011 年）的均值为 0.54，此后五年（2012～2016 年）的均值为 0.47；最后，地方政府的土地出让收入与地方融资平台的城投债、地方政府发行的债券的比值（次坐标轴），在 2011 年为 4.67，2012 年骤降为 1.86，该比值在此前五年（2007～2011 年）的均值为 4.24，此后五年（2012～2016 年）的均值为 1.34。土地出让金收入、地方预算收入、城投债、地方政府债券和PPP 融资的绝对规模如图 3 - 3 所示，可以直观看出财政和融资的变化趋势，与图 3 - 2 的内容和相关解释基本一致。

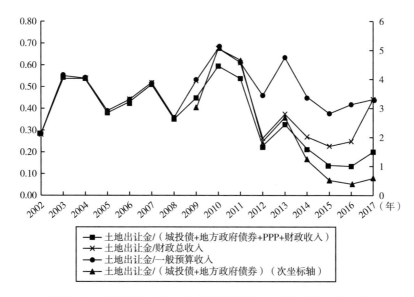

图 3 - 2 土地财政在地方政府财政和债务、融资规模中的占比

资料来源：根据中国土地市场网、《中国统计年鉴》《中国财政统计年鉴》、Choice 金融终端、财政部 PPP 库公开信息平台等相关资料整理。

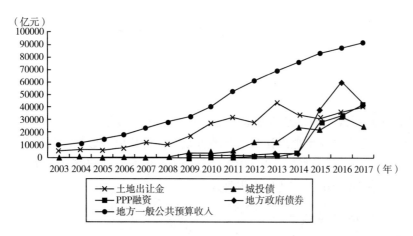

图 3 - 3 全国地方政府的多种类型财政收入和融资发债总规模

资料来源：根据中国土地市场网、《中国统计年鉴》《中国财政统计年鉴》、Choice 金融终端、财政部 PPP 库公开信息平台等相关资料整理。

　　本书对"后土地财政"时期起始点的界定与现有研究基本一致，说明该时间点作为"后土地财政"时期的起始点是能够被普遍认可的。吕炜和许宏伟（2012）认为土地财政分为起步、发展和退出阶段，起步期是 1994～1999 年，发展期是 2000～2011 年，随着土地资源枯竭，土地开发成本升高，土地出让金收入大幅下滑、占地方财政决算收入比重开始下降，2011 年以后中国进入"后土地财政"时期。辛昱辰（2014）认为 2011 年以后，随着中央改革相关政策与制度、调整宏观经济，土地资源面临的约束骤增，土地出让收入占地方政府的决算收入比重明显回落，土地财政逐渐退出，也就是"后土地财政"阶段的开始。现有研究中，很多学者均提到"后土地财政"时期时，均是按照"后土地财政"时期的特征或所处的制度环境进行的描述，没有确切到进入"后土地财政"时期的具体时间点。例如，叶剑平（2012）分析了土地财政赖以生存的制度环境，发现其正在发生根本变化，这些变化意味着土地财政逐渐消失在历史舞台的聚光灯下，"后土地财政"时期即将到来。王玉波（2013，2014）、辛昱辰（2014）、张平（2013b）等学者均有类似的描述。一个共同点是，这些分析均采用 2011 年以前的数据，并且观察到 2011 年前后土地财政的制度环境正在发生变化，例如，王玉波（2013b）指出国务院 2010~2013 年发布的一系列房地产调控政策变化以及观察到耕地资源存在显著的瓶颈约束之后认为"后土地财政"时期的序幕已经被拉开。张平（2013b）分析了分税制以来到 2011 年前三个季度的数据及相关政策制度环境，认为"后土地财政"时期已经到来。

3.4 　"后土地财政"的特征

1. 土地出让收入占比降低

"后土地财政"时期地方政府土地出让收入占一般预算收入、占地方财政总收入以及地方政府土地出让收入与地方政府债的比值等数据均显著降低。从上文图 3 - 2 可以明显看出，从 2012 年开始这些比值出现骤降，上文 3.3 节对此有详细的描述与解释，此处不再赘述。

2. 土地征收规模减小

"后土地财政"时期地方政府征收土地的面积开始逐渐减少。如图 3 - 4 所示，可以看出，2012 年以前，地方政府征收土地的总面积和征收农用地面积均呈现逐渐上升的趋势，而在 2012 年以后出现明显下降。地方政府土地财政主要得益于低价征收农用地高价出让给开发商而获取的中间差价。随着建设用地指标约束、节约集约利用土地、存量盘活等政策的影响逐渐加强，地方政府利用新增建设用地的行为受到抑制。地方政府征收土地面积减少、土地财政蓬勃发展的态势受到抑制，这是"后土地财政"时期的重要特征之一。

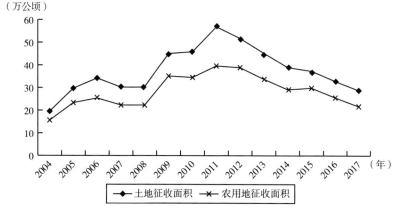

图 3 - 4　土地征收面积

资料来源：历年《中国国土资源统计年鉴》。

3. 土地出让成本增加

"后土地财政"时期地方政府土地出让成本显著增加。从图 3 - 5 可以看出，土地出让成本性支出与土地出让收入之比在 2012 年之前基本在 65% 上下，而 2012 年以后该比值主要在 80% 上下，说明"后土地财政"时期地方政府土地出让成本显著增加。土地出让成本主要是地方政府在征收和储备环节预先支付的成本，包括征收补偿和土地前期开发整理等成本性支出，土地出让金回收之后需要首先将这部分收入支付给被征地的居民或企业。成本上升的原因主要是征地成本增加，这也是"后土地财政"时期的一个重要特征。

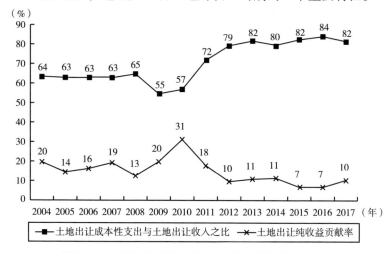

图 3 - 5　土地出让成本占比与土地出让纯收益贡献率

资料来源：根据《中国国土资源统计年鉴》和财政部官网相关数据计算而得。

4. 土地纯收益贡献率降低

"后土地财政"时期地方政府土地出让纯收益的贡献率显著降低。土地出让纯收益的贡献率指土地出让净收入与地方政府一般预算收入的比值。如图 3 - 5 所示，2012 年以前，地方政府土地出让纯收益的贡献率，在 2004 ~ 2011 年均值为 19%，而在 2012 ~ 2017 年均值仅为 9%，贡献率大约从 1/5 骤降至 1/10。这也是"后土地财政"时期的重要特征之一。

3.5　本章小结

本章对土地财政的缘起进行了简要的梳理，进而根据现有相关文献对"后土地财政"的内涵进行了分析，并对"后土地财政"时期起始点进行了界定。参照本书以及现有研究对"后土地财政"的定义，结合 2002 ~ 2017 年与土地财政和融资以及地方财政收入相关的统计数据特征，界定"后土地财政"时期的起始点为 2012 年。该结果与多数研究界定的"后土地财政"时期开始的时间节点一致，说明 2012 年作为"后土地财政"时期的起始点是能够被普遍认可的。基于土地出让收入、地方财政收入等相关统计数据的变化趋势，本章分析了"后土地财政"特征，主要包括：土地出让收入占比降低、土地征收规模减小、土地出让成本增加、土地纯收益贡献率降低。

第4章 不同时期土地财政和融资相关制度变化

本章详细梳理了土地财政时期和"后土地财政"时期与土地财政和融资紧密相关的财税、土地和融资制度变化。本书按照"制度变化—土地财政和融资策略选择—土地行为响应"的分析框架开展分析,其中,制度是那些"管用的制度",是那些影响行动者行为响应的制度。因此,需要梳理哪些是"管用的制度"。通过梳理土地财政时期的制度变化,一方面有助于了解土地财政和融资的来龙去脉、把握地方政府策略选择的制度诱因、厘清制度变化和土地财政和融资策略之间的关系;另一方面,有助于清晰地理解"后土地财政"时期发生了哪些与土地财政和融资相关的制度变化,为后文分析"后土地财政"时期的地方土地政府财政和融资策略选择以及土地行为响应奠定了基础。

4.1 财税制度变化

4.1.1 土地财政时期财税制度变化

我国改革开放到分税制改革以前(1979~1993年)的财税体制属于放权让利、分灶吃饭的"财政包干"阶段,这个时期内先后经历1980年、1985年、1988年三次财税体制改革,逐渐调整中央和地方之间的财政分配,中央的财政收入占比逐渐下降(吴群和李永乐,2010)。为了缓解困境,中央于1994年实行了分税制改革。分税制改革主要带来两方面变化,一个是中央政府的财政有了明显改善,中央财政占总财政收入的比例从1993年的31.6%上升到1999年以后的一直高于50%,另一个是地方政府财政逐渐紧张(阎坤和张立承,2003),因为分税制调整了中央和地方政府之间的财权,但是对事权并未调整，即"财权上移、事权滞留甚至增加"。1994~2002年属于地方收入的个人所得税和企业所得税增长明显，随后2002年中央将这两个税种划为央地共享税（中央占60%，地方占40%）。收入逐层向上集中、支出责任逐层下放导致地方政府收支严重不均衡，促使地方政府突破预算寻找其他财政收入来源。

较多研究指出1994年分税制导致的财政压力增大是地方政府追求土地财政收入的一个重要原因（周飞舟，2006；吴群和李永乐，2010；孙秀林和周飞舟，2013；郭贯成和汪勋杰，2014），但是这并不足以解释地方政府对土地财政趋之若鹜，因为如果不存在其他强有力的激励机制，地方政府完全可以依收入来决定办多少事，而不必寻找其他收入来源。有研究指出地方政府面临的激励机制主要来源于官员晋升考核（周黎安，2007）。在这种制度情境下，地方政府作为理性经济人倾向于利用制度安排赋予地方政府的资源实现利益最大化。分税制改革之后，出让土地获得的财政收入完全属于地方政府并且不受预算约束，在一系列制度环境下，地方政府土地财政相关策略与行为偏好逐渐形成，并且依赖性逐渐增强。

4.1.2 "后土地财政"时期财税制度变化

以2013年十八届三中全会审议通过《中共中央关于全面深化改革若干重大问题的决定》（以下简称《全面改革决定》）和2014年6月中共中央政治局审议通过的《财改总体方案》为标志，我国新一轮财税体制改革开启了新征程。《全面改革决定》明确了财政制度改革基本目标，《财改总体方案》规定了改革的具体任务。本轮财税体制改革在我国全面深化改革过程中扮演了"探雷器"或"先行军"的重要角色，目前在税收制度改革、预算管理制度改革和财政体制改革三个方面取得显著进展。

1. 税收制度改革

税收制度是现代财政制度的核心部分之一，其改革自然是要向现代税收制度的方向进行。通过与现代税收制度进行对比与借鉴，基于中国目前的发展阶段与主要矛盾，可以明确我国财税制度存在的主要问题以及最迫切需要解决的问题是不够完善、不够健全并且不利于促进社会公平（高培勇和汪德华，2016）。在这个基本判断的前提下，以目标和问题导向相统一为基础，2013年和2014年的《全面改革决定》和《财改总体方案》把"建立公平统一、调节有力的现代财税制度"作为我国税收制度的改革目标，并以该目标为导向，本轮改革的任务可以概括为"六税一法",即间接税(增值税、消费税、环境税、资源税)和直接税(房地产税和个人所得税)六个税种以及修订一部法律即《税收征管法》。

(1)"营改增"全面实行。2012 年启动"营改增"试点,逐渐在行业和地区扩围,2016 年 5 月 1 日开始在全国范围全面实行,所有的营业税纳税人全部纳入改革,从改革前缴纳营业税变为全部缴纳增值税,营业税成为"历史"。"营改增"的全面实行,意味着 1994 年分税制改革之后一直尚未完成的增值税改革的两大任务,"扩围"及"转型"被完成了,该改革减少了市场扭曲,促进了服务业发展,逐渐实现具有中国特色的现代增值税制度并趋于定型,实现与国际主流税制接轨(高培勇和汪德华,2016)。这是迄今为止我国税制改革最大规模的行动。

(2)资源税改革稳步推进。2014 年煤炭资源税的从价计征改革在全国范围逐步实现,并且天然气、原油资源税的税率也进行了调整。2016 年《关于全面推进资源税改革的通知》指出 2016 年 7 月 1 日开始全面扩大资源税的征收范围、从价计征、清费立税的相关改革。消费税的征收范围逐步增加。2015年消费税对涂料、电池开始征税,随后先后提高燃油消费税三次,但是饱受社会争议(汪德华,2015)。税收征管体制改革启动。2015 年 12 月公布的《深化国税、地税征管体制改革方案》,明确提出了地税和国税合作但不合并的改革思路,要求理顺职责划分,创新服务机制,转变征管方式。

(3)总体来看,"六税一法"的改革任务在间接税领域的改革相对顺利,在直接税方面的改革非常缓慢(高培勇,2015)。"营改增"的改革任务已经完成,资源税的改革顺利,消费税改革启动了一部分,但是尚未出台主要的改革任务方案,税收征管体制的改革已经启动,但是尚未完成相关法律的修订工作,环境税、个人所得税和房产税的改革尚处于方案制定阶段。

2. 预算管理制度改革

预算管理制度同样是构成现代预算制度的核心部分之一,现代预算制度是本轮改革的方向。通过与现代预算制度进行对比与借鉴,基于中国目前的发展阶段与主要矛盾,"不透明、不公开、不适应国家治理现代化的要求"是我国预算制度存在的最迫切需要解决的问题。在这个基本判断的前提下,以目标和问题导向相统一为基础,2013 年和 2014 年的《全面改革决定》和《财改总体方案》把"建立全面规范、公开透明的现代预算管理制度"作为我国预算管理制度的改革目标(高培勇和汪德华,2016)。

预算管理制度改革是此次财税制度改革着手最早、力度最大的改革，以新《预算法》实施为标志取得了显著成效。与新《预算法》配套，国务院先后出台了《关于加强地方政府性债务管理的意见》《关于深化预算管理制度改革的决定》《关于批转财政部权责发生制政府综合财务报告制度改革方案的通知》《关于改革和完善中央对地方转移支付制度的意见》等。财政部也配套出台更详细的政策文件。在这些政策的指导下，我国现代预算管理制度的基本框架初步形成（朱炳玲，2017）。具体来说，在以下几个方面取得了进展。

（1）全口径预算体系逐步建立，即政府全部收支纳入预算统一管理，这是预算管理体系建立的一项基础要求。在具体措施方面，新《预算法》将预算外资金的相关内容全部删除，而用全口径预算替代，并明确提出政府收支需要全部纳入预算（第4条），各层级的政府、部门和单位的支出必须按照经过批准的预算来执行，不得支出没有经过预算批准的财政（第13条），从而全口径预算体系的建立有了法律依据。全口径预算体系从纵向上来看，是每一级政府存在一级预算，从横向上来看，就是预算组成，包括"四本预算"：一般公共、国有资本经营、政府性基金以及社会保险基金四个方面的预算。

（2）预算更加公开透明。新《预算法》对预算如何公开进行了全面细化的规定，包括预算公开的时间、内容、法律责任和解释说明等。对于预算的公开时限，明确指出本级政府和相关单位的预算和决算需要在批复或者批准之后的20天内公开。对于公开预算的内容，不仅包括政府本级预算，也要包括部门、单位的预算；不仅包括预算，也要包括决算和预算调整；与此同时，新《预算法》尤其重视对政府采购的预算公开、对社会各界广泛关注的政府债务、"三公"经费的相关情况做详细的解释说明。对于预算公开主体的规定是，政府的预算由政府本级公开，部门的预算由部门自己公开。总之，新《预算法》规定的预算公开不只是公开草案，而是从编制到执行、决算等各个环节的全部过程的公开，也不只是政府单一层面的公开，而是各级政府、各个部门的全方位公开。政府预算被曝光在阳光之下，从以往的"黑箱"逐渐变成了"透明箱"（唐瑞亭，2014）。

人大预算审查监督制度逐步完善。在总结近些年我国各个层级的人大预算审查监督经验的基础上，新《预算法》针对实践过程中社会各界反映强烈的问题，做出了一些比较具体的规定，主要是围绕人大怎样才能有效行使预算的审查权和监督权。首先，对预算草案提出了细化的要求。针对实践中预算编制太过粗糙、"看不清、弄不懂"这些问题，新《预算法》规定应当按照经济和功能划分类别，进而对一般公共预算草案进行分类编制，使具体支出的用途和支出方向分别被反映到预算中，实现按项编列功能的分类、按款编列经济的分类，将两者结合才能反映支出预算的全貌。此外，对编制转移支付的草案也提出了明确的要求。其次，预算的初步审查制度需要完善。由于预算审查需要很强的专业性，但是人大的会期是有限的，鉴于此，新《预算法》对预算草案的初步审查制度进行了完善，指出预算草案、决算草案和预算修改调整方案均需要纳入初步审查范围，由县级人大常委会或者专门的委员会构建审查机构，并对审查的时限提出明确要求。最后，对于预算审查的重点内容、有关程序以及执行监督的相关规定均进行了进一步的明确。

3. 财政体制改革

财政体制改革是国家治理层面需要处理的一个基本关系，中央与地方关系调整自然需要与国家治理现代化的目标相符；财政体制改革是现代财政制度的重要组成部分，改革的目标指向国家治理现代化背景下的央地关系新格局。鉴于现行财政体制存在央地关系"不合理、不清晰"的突出矛盾与主要问题，《全面改革决定》和《财改总体方案》的目标是充分激发中央政府和地方政府的积极性（习近平，2016；高培勇和汪德华，2016），绘制财政体制改革新蓝图。

本轮改革关于中央财政和地方财政关系的内容被归纳为两个方面，一方面是要进一步厘清央地之间的收入划分，另一方面是要进一步理顺各级政府之间的事权，进而构建事权与支出责任相符合的制度体系。

（1）2016 年国务院印发的《全面推开营改增试点后调整中央与地方增值税收入划分过渡方案》，规定增加的增值税收入以"五五分成"的比例在央地进行划分。在 2012 年"营改增"个别城市试点的初期，原缴纳营业税的改交增值税后，增值税一直 100% 划归地方政府。这种交税方式导致同样的增值税采取两种办法在央地划分，不仅不可持续，更不利于企业的经营。鉴于此，2015 年的预算报告提出要调整央地收入划分①，2016 年的预算报告再一次提到需要抓紧制定调整央地收入划分的过渡方案。② 2016 年的《全面推开营改增试点后调整中央与地方增值税收入划分过渡方案》规定 2016 年 5 月 1 日起，以 2014 年为基数，将增加的增值税收入以"五五分成"的比例划分给央地收入。该制度的落地对于缓解"营改增"后地方政府财政压力增大有重要意义，同时兼顾了中央和地方的利益。

---

① 财政部：http://www.mof.gov.cn/zhengwuxinxi/caizhengxinwen/201503/t20150304_1197667.htm。
② 财政部：http://www.mof.gov.cn/zhuantihuigu/2016ysbgjd/index.htm。

（2）从 2014 年以来，我国每年的预算报告都会提出央地事权与支出责任划分相关的改革内容，而且所用的语言表述逐年加强。例如，2014 年的表述是抓紧研究调整央地事权和指出责任（财政部，2014），2015 年的表述是研究提出合理划分央地事权和指出责任的指导意见（财政部，2015），2016 年的表述是研究推进央地事权和支出责任划分改革（财政部，2016）。2016 年 8 月 16日，在社会各界高度关注下，国务院印发《关于推进中央与地方财政事权和支出责任划分改革的指导意见》，指出到 2020 年基本完成核心领域的改革，逐步形成央地财权和支出责任法律化、规范化的清晰框架，并且细化了十八届三中全会涉及事权和支出责任划分的原则和要求，但是该项改革的进展缓慢（高培勇和汪德华，2016）。

4.2　土地制度变化

4.2.1　土地财政时期土地制度变化

土地财政时期与土地财政和融资行为紧密相关的土地制度变化主要是城市土地有偿使用制度和土地征收制度（靳相木和丁静，2010；黄小虎，2012；吴群等，2015），本节主要对这两个制度进行梳理。

（1）城市土地有偿使用制度。改革开放以来，城市土地使用制度安排与变迁大致经历了无偿到有偿的变化。1987 年《土地管理法》规定了有偿出让和划拨两种土地使用模式，土地有偿使用制度逐渐建立。1988 年，土地使用权可以转让的规定写入《宪法》。《城镇国有土地使用权出让和转让暂行条例》的发布进一步明确了城镇土地使用权可以出让和转让，出让方式有招标、拍卖和协议三种，并且授权市、县人民政府负责土地使用权的出让。1998 年修改《土地管理法》，规定实行国有土地有偿使用制度。《招标拍卖挂牌出让国有土地使用权规定》要求商业、住宅等经营性建设用地必须采用招拍挂的方式出让。《国务院关于深化改革严格土地管理的决定》要求工业用地必须实行招拍挂制度。《国务院关于加强土地调控有关问题的通知》进一步要求工业用地必须采用招拍挂且不得低于公开的最低标准。2007 年，《物权法》规定若一块土地上有购买意向的买家大于等于两个，则必须采用拍卖等公开竞价方式。随着一系列政策制度的出台、法律法规的完善，有偿使用的制度逐渐完善。城市土地有偿使用制度的建立直接导致地方政府垄断土地一级市场，可以获取土地出

让收入（蒋省三等，2007；黄小虎，2012；刘守英，2017，张莉等，2019）

（2）土地征收制度。1982 年《宪法》将原 1954 年《宪法》中的国家以公共利益为目的可以依法对土地征用的相关条款重新增加了进来，并进一步增加相关内容，首次提出城市土地归国家所有，农村土地归集体所有，形成了两种土地所有制共存、分治的结构。① 1987 年实施的《土地管理法》存在多种通道实现农村土地转为非农建设用地，规定为了公共利益可以进行土地征用，但是公共利益并未明确界定。② 1992 年，国务院出台《关于发展房地产业若干问题的通知》，开始对集体建设用地的政策进行调整，集体土地必须通过征收为国有土地并出让才能进行开发建设。1998 年修订《土地管理法》从法律层面收紧农地进行非农建设的通道，禁止集体所有土地通过出让、出租和转让等方式流转进行非农开发建设；沿袭了以公共利益为目的的征地原则，这部法律对土地转用有两方面重大影响，一个是开始实施用途管制制度，另一个是规定任何个人和单位需要土地进行开发建设，都必须按照法律规定申请或购买国有土地使用权，③ 自此征地成为农地转非农用地的唯一合法途径。征收制度的建立，使地方政府在垄断建设用地供给的基础上，能够通过征收途径获取更多增量土地，利用征转之间的价格"剪刀差"获得巨额利润（Lichtenberg and Ding，2009；吴群和李永乐，2010；谭荣，2010；孙秀林和周飞舟，2013）。

随着征地制度在现实操作中暴露的问题越来越多，多年来一直在探索征地制度改革。2001 年国土部开始启动改革征地制度，2003 年以后中央提出推进征地制度改革，十六届三中全会、十六届五中全会、十六届六中全会均提出相关改革措施。2006 年中央 1 号文件、2008 年中央 1 号文件等均对征地制度改革提出明确要求，2010 年国土部在 11 个城市试点征地制度改革，但是由于试点时间短、范围小，征地制度改革基本未见成效。

4.2.2　"后土地财政"时期土地制度变化

1. 新增建设用地指标约束增强

建设用地指标约束是地方政府"利用"建设用地面临的重要制度约束。

---

① 1982 年 12 月 4 日，第五届全国人民代表大会第五次会议通过《中华人民共和国宪法》，并公布施行。

② 1986 年 6 月 25 日，第六届全国人民代表大会常务委员会第十六次会议通过，1986 年 6 月 25 日中华人民共和国主席令第 41 号公布《中华人民共和国土地管理法》于 1987 年 1 月 1 日起施行。

③ 1998 年 8 月 29 日，中华人民共和国第九届全国人民代表大会常务委员会第四次会议修订通过《中华人民共和国土地管理法》。

《中华人民共和国土地管理法》《中华人民共和国土地管理法实施条例》《中华人民共和国城市房地产管理法》以及《土地利用总体规划管理办法》等法律法规,规定我国任何使用土地的单位和个人均必须严格按照土地利用总体规划使用土地。土地利用规划就是对特定的区域内土地的开发、利用、治理、保护在空间、规模和时间上做的总体布局和安排,规划期限一般为 15 年,其中,建设用地指标是土地利用在数量、规模方面进行规划的重要手段,就是国家对特定的区域和期限内的可以利用建设用地的额定土地面积的控制规模。地方政府作为建设用地使用权的供应主体,需要依法在符合规划、计划的控制指标范围内供应建设用地。《全国土地利用总体规划纲要(2006~2020)》将新增建设用地规模、城乡建设用地规模等纳入土地利用约束性指标。其中,新增建设用地指标的内涵是对新增建设占用农用地和未利用地的规模进行控制,规定特定的时间和空间范围内建设用地增加的数量。众所周知,我国城市用地外延扩张特征明显,新增建设用地是城镇化过程中建设用地的主要来源,并且是土地财政的重要土地来源(Wu et al.,2015;刘守英,2018;王健等,2020b)。

然而,地方政府面临的新增建设用地指标约束越来越大。2014 年 3 月 21 日发布的《国家土地督察公告》揭露 2013 年某些省份的建设用地规模已超过 2020 年的规划指标的事实。2013 年以后全国国土资源工作会议多次强调"严控增量、盘活存量"等向存量要发展的思路,并且出台多个文件强调控制新增建设用地规模增加。2013 年 12 月 26 日,国土资源部下属的中国土地勘测规划院发布的《中国土地政策蓝皮书(2013)》称 2014 年新增建设用地规模将显著降低,因为国土资源部将全面推行节约集约土地利用政策,用地规模实行减量供应和总量控制,减少新增建设用地供应,增加存量建设用地供应。

2014 年 2 月 13 日,国土资源部发布《关于强化管控落实最严格耕地保护制度的通知》,强调加大土地利用规划计划管控力度,逐步减少新增建设用地计划指标,重点控制东部地区三大城市群建设用地规模,对耕地后备资源不足的地区相应减少建设占用耕地指标,并规定除生活用地和公共基础设施用地之外,原则上不再安排新增建设用地给 500 万以上城市人口的特大城市中心城区。2014 年 3 月 27 日,国土资源部第一次部务会议通过《节约集约利用土地规定》,全文都在强调盘活存量,如何集约利用土地。2014 年 3 月 16 日,中共中央国务院印发《国家新型城镇化规划(2014–2020 年)》,3 月 19 日,鉴于社会对于新型城镇化是否会掀起新一轮造城运动,国土资源部原副部长王世元强调,新型城镇化发展始终以保护耕地作为基础和前提,始终坚持最严格的耕地保护制度,并且要逐步减少新增建设用地计划指标,尤其是东部地区;清华大学政治经济学研究主任蔡继明提道："现在国土部每年下达给地方新增的建设用地指标不过六七百万亩，但是各地报上来的建设用地的需求却超过一千万亩。"2014 年 9 月 12 日，国土资源部印发《国土资源部关于推进土地节约集约利用的指导意见》明确未来一段时期节约集约利用土地的主要目标，首当其冲的就是建设用地总量要得到严格控制，并且实现"逐步减少新增建设用地规模"，同时"着力盘活存量建设用地"；此外，该文件还指出"对近五年平均供地率小于 60% 的市、县，除国家重点项目和民生保障项目外，暂停安排新增建设用地指标"，并提出合理安排 300 万 ~ 500 万城区人口的大城市的新增建设用地，从严控制 500 万以上城区人口的特大城市新增建设用地规模。

由此可见，2013 年以后，在《国家土地督察公告》揭露 2013 年某些省份的建设用地规模已超过 2020 年的规划指标的事实、全国国土资源工作会议多次强调"严控增量、盘活存量"、国土资源部出台多个政策文件明确要求"减少增量、节约集约利用"的背景下，地方政府面临的建设用地指标压力将会越来越大。

2. "三块地" 改革

2013 年 11 月召开的十八届三中全会对土地制度改革进行了重要部署，主要内容包括如下方面：农村集体经营性建设用地符合用途管制和相关规划的前提下可以出让、租赁和入股，实现入市过程与国有建设用地同价、同权；将征地程序进一步规范，征地范围缩小并严格界定，确保被征地农民的多元、合理保障机制；将国有土地有偿使用的范围扩大，划拨方式的非公益用地减小等。① 2014 年 12 月，标志新一轮土地制度改革正式起航的《"三块地"试点意见》由中央全面深化改革领导小组审议通过。2015 年 2 月全国人大常委会决定授权试点地区在 2017 年 12 月 31 日之前，暂停实施《土地管理法》和《城市房地产管理法》的相关法律规定。②

2015 年 3 月，自然资源部（原国土资源部）召开会议对"三块地"试点工作进行培训与部署，提出正式启动"三块地"试点工作，随后发布实施细

---

①　第十八届中央委员会第三次全体会议通过《中共中央关于全面深化改革若干重大问题的决定》。

②　《关于授权国务院在北京市大兴区等三十三个试点县（市、区）行政区域暂时调整实施有关法律规定的决定》。

则，并印发试点工作通知。① 2015 年 6 月，自然资源部会同发改委、原农业部等多个相关部门，逐一详细地研究、批复试点地区的改革实施方案。2016 年 9 月之前"三块地"分别在一个地区试点，即每个地区只试点一项改革，其中 3 个试点进行征地制度改革，其余两项改革均在 15 个县市进行试点。2016 年 9 月开始，土地征收和集体经营性建设用地入市均逐渐扩围到 33 个试点，2017 年 11 月宅基地制度改革也扩围到 33 个试点。为了更好地与修改《土地管理法》工作做好衔接，实现"三块地"改革的整体性、协同性和系统性的综合效益，2017 年 11 月十二届全国人大常委会第三十次会议授权试点延长到 2018 年 12 月 31 日，2018 年 12 月十三届全国人大常委会第七次会议将"三块地"改革试点延长至 2019 年 12 月 31 日。试点实施过程中，中央和国务院对此非常重视，每年均出台重要文件，尤其每年中央 1 号文件，均对"三块地"改革工作提出新的要求，明确新的任务。2019 年 8 月 26 日《中华人民共和国土地管理法》的修改决定由全国人大常委会表决通过并于 2020 年 1 月 1 日生效。"三块地"的试点改革经验被吸收到此次修改的《土地管理法》中，在"三块地"方面做出较多具有突破性的规定。具体而言，"三块地"改革主要包括如下内容。

一是完善土地征收制度。针对过于宽泛的土地征收范围、缺乏规范性的征收程序、存在较多漏洞的被征收土地农民的保障机制等问题，需要将土地征收的范围缩小，探索并制定详细的土地征收范围的目录，对公共利益用地进行严格界定；加强土地征收程序的规范性建设，公开土地征收相关信息，健全征地矛盾纠纷调控机制，建立评估社会稳定风险制度；构建多元、合理、规范的被征地农民保障机制。

二是形成集体经营性建设用地可以流转入市的制度。鉴于集体经营性建设用地的权能残缺，不可以和国有建设用地一样同权同价、采用同等交易规则、同等入市等问题，本轮改革要建立更加完整的集体经营性建设用地的产权制度，使其具有出让、入股和租赁的权能，并且要明晰其入市的途径和范围，建立配套的、更加健全的市场交易体系和服务监管规则。

三是建立更加完善的宅基地制度。鉴于当前的制度环境下，农户宅基地申请困难、利用效率低、退出阻碍多等诸多问题，本轮土地制度改革要完善宅基地的取得方式、完善其权益保障；对于宅基地超标、一户多宅等情况尝试有偿

---

① 《农村土地征收、集体经营性建设用地入市和宅基地制度改革试点实施细则》《关于深化统筹农村土地制度改革三项试点工作的通知》。

使用制度；探索落户城市的农民转让宅基地或者自愿有偿退出宅基地的路径。

4.3　融资制度变化

中国财政科学研究院赵斌等将我国改革开放以来地方政府的举债融资经历划分为三个阶段（赵斌等，2019），也是三种模式，第一阶段是改革开放初期到 1993 年前后，主要依靠集资和收费，第二阶段是 1994 年前后到 2014 年前后，主要依靠地方政府的融资平台进行贷款或者发债，第三个阶段是 2014 年前后至今，主要通过发行地方政府债券以及探索政府与社会资本合作的模式（PPP 等）。现有研究中也存在其他划分方式，但是将 2014 年作为分界线是较多学者一致认可的（王蒋姜，2019；毛捷和徐军伟，2019）。驱动地方政府融资举债模式不断演化的背后始终是地方政府存在资金缺口。在巨额资金缺口的驱动下，每一种模式都与当时的特定金融制度、财政制度和土地制度等现实背景、制度、政策紧密相关（毛捷和徐军伟，2019）。由于第一阶段与土地财政关系并不大，本节主要介绍 2014 年前后的融资制度变化，即第二阶段（1994年前后至 2014 年前后）和第三阶段（2014 年前后至今），分别在土地财政时期和"后土地财政"时期进行梳理。

4.3.1　土地财政时期融资制度变化

1994 年前后至 2014 年前后，随着分税制的实施以及改革逐步推进，虽然1995 年的《预算法》禁止地方政府直接发行债券，但是地方政府逐渐拥有了成立融资平台间接融资举债的市场化条件和支持举债融资的财力基础，即土地出让金和地方独享税、共享税等收入（王朝才和赵斌，2018）。融资平台的贷款和发债逐渐成为地方政府筹集城市开发建设资金的主要来源。尤其在 2008年金融危机之后，中央政府推行 4 万亿元的经济刺激计划来应对危机，2009年 3 月出台《关于进一步加强信贷结构调整促进国民经济平稳较快发展的指导意见》来配合"四万亿"计划，鼓励支持地方政府搭建融资平台。此后，融资平台在全国各地如雨后春笋，迅速扩张。随着信贷规模的骤增，财政和金融风险增大，2010 年 1 月国务院第四次全体会议，温家宝总理要求把尽快制定融资平台风险防控措施作为当年宏观调控的重点工作。2010 年 6 月 10 日，《国务院关于加强地方政府融资平台公司管理有关问题的通知》对地方政府融资平台的具体含义进行了详细的解释，进一步强调要妥善处理不规范的融资平台以及预防潜在财政和金融风险的措施。2010 年之后，随着对融资平台的整顿与管理日益加强，融资平台的发展逐渐趋于平缓。

同样，在上述的时间段，地方政府发行债券的制度以及规模也在逐渐发生变化。沿着"代发代还""自发代还""自发自还"的路径逐渐试点、逐渐深化改革。"代发代还"阶段主要是 2009～2010 年，2009 年财政部印发《2009 年地方政府债券预算管理办法》，规定财政部代理发行省和直辖市政府债券并代偿还本息。"自发代还"试点阶段主要是 2011～2013 年，在前两年"代发代还"地方政府债券基础上总结经验，财政部 2011 年印发《2011 年地方政府自行发债试点办法》，2013 年印发《2013 年地方政府自行发债试点办法》，规定地方政府债券试点地方发行，财政部代理还本付息。"自发自还"试点阶段主要是 2014 年，财政部在 2014 年 5 月印发《地方政府债券自发自还试点办法》，指出在国务院批准发债规模的范围内，地方政府自行组织债券的发行和偿还本金、支付利息。

4.3.2 "后土地财政"时期融资制度变化

2012 年至今，融资制度关键性的转变发生在 2014 年发布的一系列规章制度之后，尤其 2014 年的新《预算法》和《关于加强地方政府性债务管理的意见》搭建起了地方政府举债融资机制的基本法律制度框架，[①] 融资平台为地方政府融资的功能被剥离，地方政府被赋予自主发行债券的权利，并且政府与社会资本合作的融资模式受到政策的大力鼓励与支持。

在地方政府融资平台举债融资方面，剥离融资平台为地方政府融资职能和推动平台转型是主基调。2014 年 8 月全国人大常委会审议通过的新《预算法》、2014 年 9 月和 10 月 1 日国务院先后发布《关于加强地方政府性债务管理的意见》和《关于深化预算管理制度改革的决定》两个文件，均明确指出融资平台为地方政府融资发债的职能必须被剥离。2014 年 10 月 23 日财政部发布《地方政府存量债务纳入预算管理清理甄别办法》，明确要求甄别、清理融资平台的债务，或转化为政府债务，或者转化为 PPP 模式的企业债务，厘清之后，新增的融资平台债务不再属于政府债务，二者之间划清界限。2015 年

---

① 财政部负责人回答记者提问时提到，见 http://www.gov.cn/zhengce/2017－08/02/content_5215468.htm。

12 月，财政部印发的《关于对地方政府债务实行限额管理的实施意见》要求推动融资平台进行市场化转型，并鼓励、支持利用政府购买服务。2017 年 4 月，财政部等五个部委联合印发《关于进一步规范地方政府举债融资行为的通知》，进一步明确融资平台市场化的渠道，并要求地方政府不得为融资平台的债务进行担保，不得用土地出让收入偿还融资平台公司的债务，不得将公益资产、储备土地注入融资平台公司。2018 年的《关于加强国有企业资产负债约束的指导意见》以及《关于规范金融企业对地方政府和国有企业投融资行为有关问题的通知》等文件进一步对融资平台隐性债务及融资资金来源等具体问题进行规范。

2013 年十八届三中全会以后，我国市场化改革加速，地方政府融资举债、筹集建设资金的方式的市场化趋势逐渐明显，地方政府的责任与权利越来越清晰。在这样的背景下，以 2014 年新《预算法》和《关于加强地方政府性债务管理的意见》为标志的一系列政策文件规定允许地方政府自主发行债券，并鼓励、支持地方政府与社会资本开展合作的融资模式。此后，地方政府债券、政府和社会资本合作模式（PPP）发展为地方政府的两个最重要的举债融资模式（赵斌等，2019）。

在地方政府发行债券方面，2014 年 8 月全国人大常委会通过新《预算法》，取消了对地方政府发行债券权利的限制，地方政府被赋予了自主发行债券的权利，地方政府债券从幕后转到台前，全面登上了历史舞台；与此同时，2014 年 9 月，国务院印发《关于加强地方政府性债务管理的意见》规定纳入地方政府存量债务的可以采用发行地方政府债券形式替换，并且该文件明确了地方政府债券应该如何发行，如何监管以及如何偿还等基本问题，这标志着地方政府发行债券的模式进入了新阶段。财政部在 2015 年 3 月和 4 月先后印发了《地方政府债券一般债券发行管理暂行办法》和《地方政府专项债券发行管理暂行办法》，随着一般债券和专项债券的推出，我国正式建立了地方政府债券体系。

随后几年国务院及相关部委陆续发文规范地方政府债券及发行机制等问题。2015 年 12 月，财政部印发《关于对地方政府债务实行限额管理的实施意见》，对地方政府债务额度分地区进行了限制。2016 年财政部印发《关于做好 2016 年地方政府债券发行工作的通知》，2017 年 4 月 26 日，财政部等五个部委联合印发《关于进一步规范地方政府举债融资行为的通知》等文件对地方政府规范举债融资、担保等行为提出了明确要求，2018 年 2 月财政部发布《关于做好 2018 年地方政府债务管理工作的通知》，对地方政府债券管理提出了详细的管理原则。在专项债券方面，2017 年 6 月财政部发布的《地方政府土地储备专项债券管理办法（试行）》明确地方政府土地储备专项债券一种是依靠项目对应的土地出让金收入偿还的、为土地储备而发行的地方政府专项债券。2017 年 6 月，财政部和交通运输部联合印发《关于印发地方政府收费公路专项债券管理办法试行的通知》，对收费公路的专项债券发行与管理办法进行了规范，2017 年 7 月财政部发布《关于试点发展项目收益与融资自求平衡的地方政府专项债券品种的通知》鼓励发展项目收益专项债券，2018 年 8 月《发关于做好地方政府专项债券发行工作的意见》对专项债券的发行进度、程序、市场化水平、透明度、资金使用等方面作了进一步的明确。

在新型融资（尤其是 PPP）方面。政府和社会资本通过市场机制和引入社会资本可以有效弥补公共服务的资本需求，缓解融资平台的债务压力。十八届三中全会鼓励探索社会资本参与城市基建的运营与投资之后，2014 年国家部委密集出台文件从宏观制度到微观操作鼓励支持 PPP 项目推进，2014 年 5 月，财政部 PPP 领导工作小组成立，9 月，财政部出台《关于推广运用政府和社会资本合作模式有关问题的通知》，要求积极稳妥示范和推广 PPP 项目。随后，财政部出台《政府和社会资本合作模式操作指南（试行）》、国家发展改革委出台《关于开展政府和社会资本合作的指导意见》等从识别到运营为 PPP 项目提供详尽操作指引规章文件。国务院对 PPP 项目的建设与发展也多次发文鼓励支持，如 2014 年《关于加强地方政府性债务管理的意见》《关于深化预算管理制度改革的决定》和《关于创新重点领域投融资机制鼓励社会投资的指导意见》。

此后，中央又相继发文，进一步规范 PPP 的融资模式，加强整治，避免带来新的风险。2015 年 5 月，国务院发布《关于在公共服务领域推广政府和社会资本合作模式指导意见的通知》，进一步强调 PPP 模式是弥补财政缺口的重要手段，将融资平台债务逐步转化为 PPP，并逐渐增加 PPP 融资的比例，在一定程度上可以缓解和防范债务风险，推进地方政府融资的市场化转型。2017 年 4 月财政部等五个部委联合印发《关于进一步规范地方政府举债融资行为的通知》、2017 年 5 月财政部印发《关于坚决制止地方以政府购买服务名义违法违规融资的通知》对地方政府融资举债行为进行进一步的规范，并明确禁止地方政府以 PPP、购买服务等名义变相举债。2017 年 11 月财政部印发《关于规范政府和社会资本合作（PPP）综合信息平台项目库管理的通知》强调加强 PPP 项目库管理，防止 PPP 项目演变为新的融资平台，规范的政府和社会资本合作模式通过借助社会资本有效解决了建设资金不足等问题。大力发展 PPP

模式，真正落实利益和风险公平共享与分担，是中央政府大力鼓励和支持的，对于地方政府也是大有可为的。2019 年 3 月财政部印发《关于推进政府和社会资本合作规范发展的实施意见》进一步规范了 PPP 模式，保证其健康、长期、可持续发展（夏博，2019）。

4.4　本章小结

制度变化作为"制度变化—土地财政和融资策略选择—土地行为响应"分析框架的逻辑起点，本章详细梳理了土地财政时期和"后土地财政"时期与土地财政和融资紧密相关的财税、土地和融资制度变化，其中"后土地财政"时期的融资制度变化是本书关注的重点。本章梳理了现有研究中分析较多的、实际发生的、与土地财政和融资相关的主要制度变化，认为"后土地财政"时期与土地财政和融资紧密相关的财税、土地和融资制度变化主要包括：导致财政压力进一步增大的"营改增"；以新《预算法》为标志的建立全口径、全面规范、公开透明的预算制度变化；以新《预算法》为标志的剥离融资平台为地方政府融资发债的职能、允许地方政府自主发行债券并鼓励支持政府和社会资本合作融资的融资制度变化；加强节约集约利用、地方政府面临新增建设用地指标约束压力增大的土地制度变化以及完善土地征收、建立集体经营性建设用地入市制度的"三块地"改革。下面是更加详细的梳理结果。

在财税制度方面，土地财政时期主要制度变化是 1994 年分税制。"后土地财政"时期的主要制度变化包括导致财政压力进一步增大的"营改增"，以及以新《预算法》为标志的建立全口径、全面规范、全面公开透明的预算制度改革。

在土地制度方面，土地财政时期 1988 年对《宪法》的修改、1990 年国务院出台《城镇国有土地使用权出让和转让暂行条例》、1998 年对《土地管理法》的修改，逐步建立了国有土地有偿使用制度，并且规定国家以公共利益为目的，可以依法进行土地征用。"后土地财政"时期的主要制度变化包括：随着 2013 年全国层面现状建设用地突破 2020 年规划指标被《国家土地督察公告》披露，2014 年初，国家密集出台一系列政策文件要求"严控增量、盘活存量"，压缩新增建设用地指标，地方政府面临新增建设用地指标约束压力增大；"三块地"改革，完善土地征收制度，建立集体经营性建设用地入市制度，建立更加完善的宅基地制度。

在融资制度方面，土地财政时期，1995 年施行的《预算法》规定地方政府不得发行地方政府债券，2009 年 3 月《关于进一步加强信贷结构调整，促进国民经济平稳较快发展的指导意见》鼓励支持地方政府搭建融资平台。"后土地财政"时期，2014 年 8 月通过的新《预算法》、2014 年 9 月国务院出台的《关于加强地方政府性债务管理的意见》等均指出融资平台为地方政府融资发债的职能必须被剥离，同时规定允许地方政府自主发行债券，并鼓励支持政府与社会资本合作的融资模式。

第5章 "后土地财政"时期制度
变化下的土地财政

上一章详细分析了"后土地财政"时期发生的与土地财政和融资紧密相关的财税、融资和土地制度变革,即"营改增"、新《预算法》、新增建设用地指标约束增强和"三块地"改革。本章重点分析这些制度变化对地方政府土地财政和融资策略选择产生的影响。土地财政和融资策略选择是地方政府在土地财政、土地融资和新型融资之间有所侧重的选择。参照相关文献(雷潇雨和龚六堂,2014;胡深和昌冰洋,2019;王梅婷和张清勇,2017;王媛和杨广亮,2016),识别策略选择的研究方案如下:在分别分析不同制度变化对土地财政和融资策略集合中每一个行为(土地财政、土地融资和新型融资)影响的基础上,考察土地财政和融资策略集合中每一个行为的变化,进而汇总并归纳地方政府土地财政和融资策略的变化,揭示地方政府在土地财政、土地融资和新型融资之间有所侧重的选择。由于该部分内容相对较多,将这部分内容分为两章(第5章和第6章)进行分析:第5章主要分析制度变化对地方政府土地财政的影响,第6章主要分析制度变化对地方政府土地融资和新型融资的影响。

本章通过分别分析"营改增"、新《预算法》、新增建设用地指标约束和"三块地"改革对土地财政的影响,归纳出"后土地财政"时期制度变化情景下地方政府土地财政行为的变化趋势。本章的土地财政,是狭义口径的土地财政,即地方政府出让建设用地使用权获得的土地出让金收入,前文概念界定对此进行了解释。

5.1 "营改增"下的土地财政收入:
建设用地指标约束

2008年12月的中央经济工作会议提出结构性减税的政策。"营改增"是

"结构性减税"政策的延续,是"结构性减税"的重头戏(高培勇,2013)。2012年1月1日,"营改增"在上海率先启动试点改革。此后,逐渐实现广度和深度"双扩围"。① 2016年5月1日,在中国全面推行。随着"营改增"扩围,减税效应逐渐明显。减税的效果不仅体现在纳税人的税负下降,更体现在政府税收收入、财政收入的减少。财政部统计数据显示,受全面推开"营改增"改革的影响,2016年5~12月将改征增值税与营业税合并计算的税收收入同比下降17%。② 已有研究表明,"营改增"后地方政府税收收入明显减少(Cui,2014;Cui,2014;Fang et al.,2017;Wang et al.,2019),短期内,"营改增"显著增加地方政府财政压力(Wang et al.,2019;Wang et al.,2015;Zhang and Li,2014;卢洪友等,2016)。赵方和袁超文(2016)、胡怡建和田志伟(2014)认为"营改增"短期内减税效应明显;何代欣(2016)研究表明"营改增"后,地方政府财政收入将被大幅削减并将告别税收高速增长的阶段;李升(2015)分析了土地财政与财政体制关系,指出"营改增"后,如果其他配套改革不能同步进行,土地财政地位将更为突出。

较多研究表明财政压力和晋升激励是地方政府追求土地财政收入的重要原因(Ding, et al.,2014;Lin and Yi,2011;Ye and Wang,2013;Ye and Wu,2014;吴群和李永乐,2010;谢冬水,2016)。财政压力视角的分析逻辑:分税制改革后,地方政府面临的财政压力增大,选择土地财政收入作为弥补财政收支缺口的重要工具(吴群和李永乐,2010;周飞舟,2006)。晋升激励视角的分析逻辑:在"基于GDP增长的晋升锦标赛"激励下,地方政府具有较强的内在动机获取土地财政收入,将土地财政收入用于补贴工业用地的开发成本,支撑工业发展,带动经济增长(曹广忠等,2007;周黎安,2007)。虽然两种逻辑中的激励机制不同,但两者的共同点是地方政府均将土地财政收入作为财政收入的重要工具(杜雪君等,2009;陶然等,2009)。

在现有制度条件下,财政压力和晋升考核机制激励地方政府寻求土地财政,但是这种机制已经达到相对平衡(杨继东和杨其静,2016)。当前,晋升考核机制没有发生显著变革,然而财政压力却由于"营改增"发生了较大变化(卢洪友等,2016;何代欣,2016)。现有研究分析了"营改增"对财政压力的影响,也分析了财政压力对土地财政收入的影响,但是对于"营改增"是否影响土地财政收入的研究仍然存在不足。因此,本节将检验"营改增"

---

① 2012年9~12月在北京、江苏、安徽等八省市逐渐开展"营改增";2013年8月起"营改增"的行业逐渐扩围;2016年5月中国所有地区和行业全面开展"营改增"。

② 财政部官方网站 http://gks.mof.gov.cn/zhengfuxinxi/tongjishuju/201701/t20170123_2526014.html。

带来的财政压力是否打破上述平衡，是否进一步增加地方政府对土地财政的依赖。

与此同时，2014 年 3 月 21 日发布的《国家土地督察公告》揭露 2013 年某些省份的建设用地规模已超过 2020 年的规划指标。国土资源部时任副部长王世元强调，为了守住新型城镇化过程中的耕地红线，新增建设用地规划指标需要逐步缩减。2014 年初国家密集出台《关于强化管控落实最严格耕地保护制度的通知》《节约集约利用土地规定》《国土资源部关于推进土地节约集约利用的指导意见》等一系列政策文件要求"严控增量、盘活存量"，压缩新增建设用地指标。那么，随着建设用地突破规划控制指标，地方政府受到建设用地规划指标限制的压力逐渐增大，其出让建设用地获得土地财政的行为是否会受到影响？目前尚且不存在关于土地利用规划或建设用地控制指标与土地财政之间关系的研究。国外现有相关研究主要集中在分析规划对建设用地扩张的约束作用方面（Bengston and Youn，2006；Siedentop et al.，2016；Gennaio et al.，2009；Frenkel，2004；Carruthers，2002；Kline，2000）。国内的研究主要集中在分析规划实施效果的评价以及对耕地保护的影响（吕晓等，2015；Zhong et al.，2012，2014，2018；Shao et al.，2018；Deng et al.，2018；Cai et al.，2009；Tan and Beckmann，2010；金浩然等，2017；王万茂和王群，2011）。因此，本节主要研究"营改增"对土地财政收入的影响，并分析这种影响是否受到建设用地控制指标的约束。

5.1.1　分析框架

地方政府过度依赖土地财政收入与财政压力和晋升考核紧密相关已得到较多学者认可（Ding et al.，2014；Lin and Yi，2011；Ye and Wang，2013；Ye and Wu，2014），这种机制在缺乏重大制度等变革的情况下会保持一种相对平衡的状态。本节主要分析"营改增"后，地方政府财政压力骤增是否导致其进一步增加土地财政收入，在此基础上，考虑建设用地控制指标的影响，分析框架如图 5-1 所示。第一阶段是"营改增"对地方政府财政压力的影响，分别从收入和支出视角进行分析；第二阶段是财政压力对土地财政收入的影响，这部分研究已经得到众多学者的理论与实证支撑（陶然等，2009；吴群和李永乐，2010），但是已有研究均未考虑建设用地控制指标的影响，因此第二阶段重点考虑建设用地控制指标的作用。

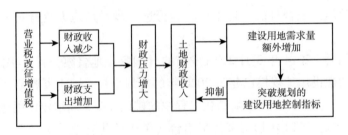

图 5 - 1 "营改增"下的土地财政收入：建设用地指标的约束

1. "营改增"对地方政府财政压力的影响

短期内，"营改增"对地方政府财政收入的影响主要包括以下几个方面：第一，"营改增"后，增值税覆盖所有商品和服务，打通了抵扣链条，消除了重复征税，降低了企业税负，地方政府面临税收收入减少的压力（Liao，2015；赵方，袁超文，2016）；第二，"营改增"后，地方政府第一大税种营业税转变为增值税，原本全部归地方政府所有的财源变为央地共享，这种归属变化会对地方财政产生显著减收效应（Zhang and Li，2014；Li et al.，2016；何代欣，2016）；第三，城市维护建设税、教育费附加及地方教育附加是依附在原营业税、增值税等主体税种而征收的，由于"营改增"减收效应，这些附加税必然会出现减收（高培勇，2013）。

税收是地方政府财政收入重要来源，所以"营改增"后地方政府面临财政减收的压力。国家税务总局统计表明，2016 年 5 月"营改增"全面推开至2017 年 9 月累计减税金额达到 10639 亿元。[①] 从图 5 - 2 可以看出，2012 年末，即"营改增"试点逐步扩围时，地方政府财政收入第一次出现大幅下降；2016 年 5 月，即"营改增"全面推开时，地方政府财政收入第二次骤降。显然，"营改增"全面推开后对地方财政收入的影响远大于试点期间（高培勇，2013）。

"营改增"改革表现为"非帕累托改变"的特征，新税制运行后并没有使制度制定者和制度接受者收益增加，为了减少改革的阻力，政府必须进行各种有形或无形的投入。"营改增"过程中，这种投入主要有两个方面，第一，地方政府补偿改革后税负增加的部分纳税人。调查资料显示，全国试点地区约有5% 的企业税负出现上升（张炜，2014）；国家税务总局数据显示，我国全面实施"营改增"以来，税负增加的企业大概为 1.3%。原则上改革对企业产生

---

① 见 http：//www.chinatax.gov.cn/index.html。

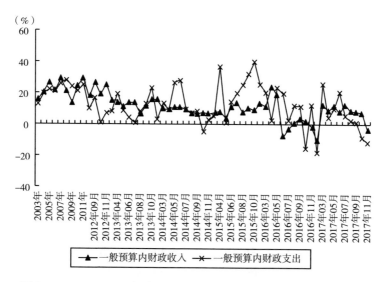

图 5 - 2　2003 ~ 2016 年地方财政收入、支出同比增长率的月份趋势

资料来源：根据中华人民共和国财政部网站财政收支相关资料整理。

的税负变动需要市场自主消化，但为了缓和利益矛盾、保护试点企业免受重大损失以及加速改革进程，根据改革试点方案，[①] 试点地区的地方政府需要设立专项财政资金弥补"营改增"后税负增长企业的损失。第二，税务部门征收成本上升（张炜，2014）。一方面，"营改增"将多年来形成的国税、地税征管模式打破；另一方面，"营改增"后增值税税率的分档增加，征收管理难度增大，税务部门必须投入更多的人、财、物来确保"营改增"顺利推进，造成支出增加（Liao，2015）。如图 5 - 2 所示，2011 年以前地方一般预算内公共财政收入增长率均大于支出，2008 ~ 2009 年出现例外主要原因是金融危机爆发，地方政府进行大量投资刺激经济；2012 年下半年开始"营改增"试点以后，地方财政支出增长率出现逐渐大于收入的趋势，随着改革逐渐扩围，越来越多的月份呈现支出增长率大于收入增长率的现象，而且超额的数值也有增大的趋势。

　　由上述分析可知，短期内，"营改增"导致地方政府财政收入减少、支出增加，地方财政压力增大。从图 5 - 3 可以看出，全国地方公共财政支出减去地方公共财政收入，即地方政府财政赤字从 2012 年的 748.37 亿元大幅增至 2013 年的 2709.26 亿元、2015 年的 12236.07 亿元，并且存在逐渐扩张的趋势。

----

　　① 见《营业税改增值税试点方案》。

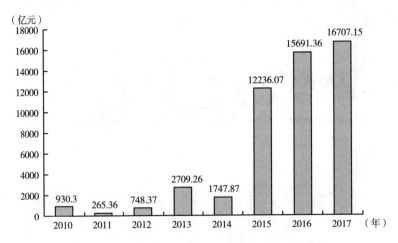

图5-3　全国地方公共财政支出减去公共财政收入

注: 地方公共财政收入包括一般公共预算收入和中央税收返还和转移支付。

资料来源: 根据《中国财政统计年鉴》整理。

2. 财政压力对土地财政收入的影响

虽然所有地方政府在财政分权体制下都有动机增加土地财政收入来缓解财政压力, 但这种机制已经达到相对平衡状态, 只有发生重大的政策转变而导致地方政府财政压力进一步增加时, 地方政府利用土地获得财政收入的行为才会出现明显变化 (杨继东和杨其静, 2016)。现有很多研究显示, 地方政府土地财政收入是缓解财政压力的重要工具 (Cao et al., 2008; Ding et al., 2014; Lichtenberg and Ding, 2009; Lin, 2007; Yu et al., 2016), 所以很容易理解"营改增"后, 地方政府显著地增加土地财政收入。而且, 由于"营改增"改革了原有约束现代服务业发展的财税体制, 释放的改革红利有利于吸引更多的资源和资本流向产业附加值高的第三产业, 为地方政府出让更多土地获得财政收入创造了条件 (王健等, 2017)。如图5-4所示, "营改增" (2012年) 后地方政府土地财政收入骤增。

然而, 由于土地资源的有限性, 地方政府不可能无限制地供应建设用地 (王健等, 2019a)。《全国土地利用总体规划纲要》 (以下简称《纲要》) 规定了全国以及各个省份在一个规划期内可以新增的建设用地数量。虽然地方政府可以通过其他途径例如"增减挂钩""指标买卖"来增加建设用地指标 (Tan and Beckmann, 2010; Zhou et al., 2017), 但是通过其他途径获得的建设用地指标尚处于探索完善阶段, 存在较多前置限定条件和阻力, 其规模远小于

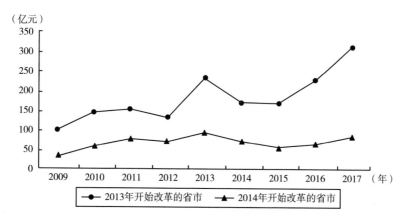

图 5 – 4　省市层面地方政府土地财政收入

资料来源：根据《中国国土资源统计年鉴》相关数据整理。

《纲要》规定给各个省份、城市的指标。① 2014 年 3 月 21 日发布的《国家土地督察公告》揭露 2013 年某些省份的建设用地规模已超过 2020 年的规划指标的事实。如表 5 – 1 所示，截至 2013 年，全国建设用地现状总面积为 3745.6 万公顷，已经突破 2020 年的规划指标，超出 21.6 万公顷。虽然规划本就存在多种不确定因素，存在突破亦是正常，但是仅用 8 年时间就消耗完原本规划 15 年的用地量，大大超出了规划范畴（王万茂，2002）。国土资源部时任部长姜大明、副部长王世元多次强调，为了守住新型城镇化过程中的耕地红线，要逐步缩减新增建设用地规划指标。

表 5 – 1　　　　　　**中国建设用地实际面积与规划面积**　　　　　单位：万公顷

地区	中国建设用地现状面积			《纲要》规划 2010 和 2020 年建设用地指标		2020 年规划面积与 2013 年实际建设用地面积差值	
	2008 年	2010 年	2013 年	2014 年	2010 年	2020 年	2020 ~ 2013 年
全国	3305.60	3385.02	3745.60	3811.42	3374.00	3724.00	– 21.60
北京	33.80	—	35.30	35.55	34.80	38.17	2.87

① 2013 年 10 月 23 日，国土资源部审议并原则通过 2013 年城乡建设用地增减挂钩指标分解下达方案，2013 年共批准 29 个省份开展增减挂钩试点。2016 年 2 月 17 日，《关于用好用活增减挂钩政策积极支持扶贫开发及易地搬迁工作的通知》首次明确国家级贫困县等可将增减挂钩节余指标在省域范围内流转使用。2018 年 3 月 26 日，《跨省域补充耕地国家统筹管理办法》规定深度贫困县用不完的建设用地指标可以由国家统筹调节发达省使用，而且文件规定"人均城镇建设用地水平较低、规划建设用地规模确有不足的，可以使用跨省域调剂节余指标少量增加规划建设用地规模"，即只能进行少量指标交易，因此本书并未对此展开深入的讨论。

续表

地区	中国建设用地现状面积			《纲要》规划2010和2020年建设用地指标		2020年规划面积与2013年实际建设用地面积差值	
	2008年	2010年	2013年	2014年	2010年	2020年	2020~2013年
天津	36.80	—	40.60	40.93	37.47	40.34	-0.26
河北	179.40	—	212.40	215.56	179.29	191.14	-21.26
山西	86.90	—	100.10	101.85	88.78	98.30	-1.80
内蒙古	149.2	—	157.6	160.2314	151.3	162.28	4.68
辽宁	139.90	—	159.80	161.21	143.30	155.64	-4.16
吉林	106.50	—	107.40	108.37	108.80	117.37	9.97
黑龙江	149.20	—	160.00	161.16	152.80	164.78	4.78
上海	25.40	—	30.20	30.51	25.90	29.81	-0.39
江苏	193.40	—	222.60	225.00	191.92	206.15	-16.45
浙江	104.90	—	124.10	126.61	102.34	113.26	-10.84
安徽	166.20	—	194.30	196.89	169.00	180.26	-14.04
福建	64.70	—	78.70	80.47	64.80	74.35	-4.35
江西	95.40	—	122.30	124.94	96.18	106.75	-15.55
山东	251.10	—	276.40	279.22	252.30	266.99	-9.41
河南	218.70	—	251.90	255.70	225.20	240.73	-11.17
湖北	140.00	—	163.20	167.56	143.30	155.71	-7.49
湖南	139.00	—	158.20	160.41	140.37	152.58	-5.62
广东	179.00	—	193.20	196.95	182.61	200.60	7.40
广西	95.40	—	118.10	120.02	100.16	112.61	-5.49
海南	29.80	—	33.20	33.67	31.80	35.71	2.51
重庆	59.30	—	63.80	65.01	61.86	70.44	6.64
四川	160.30	—	174.80	178.61	165.09	181.28	6.48
贵州	55.70	—	63.30	66.32	60.00	71.44	8.14
云南	81.60	—	99.40	104.80	83.12	94.82	-4.58
西藏	6.70	—	13.80	14.14	7.32	9.98	-3.82
陕西	81.70	—	90.80	92.84	84.63	93.90	3.10
甘肃	97.70	—	86.40	88.30	100.31	106.57	20.17
青海	32.70	—	33.70	33.67	34.32	39.14	5.44
宁夏	21.20	—	30.00	30.78	22.43	26.50	-3.50
新疆	124.00	—	150.10	154.13	128.50	149.40	-0.70

资料来源：根据《中国国土资源统计年鉴》《全国土地利用总体规划纲要》等相关资料整理。

　　2014 年初，国土资源部出台《关于强化管控落实最严格耕地保护制度的通知》《节约集约利用土地规定》《国土资源部关于推进土地节约集约利用的指导意见》等多个文件，均要求缩减新增建设用地指标。中国土地勘测规划院发布《中国土地政策蓝皮书（2013）》称国土资源部将全面推行节约集约土地利用政策，对用地规模实行减量供应和总量控制，2014 年新增建设用地规模将显著降低。从历年国土资源公报统计数据可以发现，全国建设用地实际供应总量从 2008 年到 2013 年持续增长，2014 年首次出现下降，同比减少 18.8%；2016 年 8 月 10 日，国土资源部召开的 2015 年度全国土地变更调查新闻发布会，国土资源部地籍管理司副司长冯文利指出为落实中央有保有压的调控政策，新增建设用地下降明显，2015 年全国新增建设用地总量较 2014 年下降了 292.8 万亩，降幅达到 27.4%。

　　因此，"营改增"后，虽然地方政府有增加土地财政收入的冲动，但是随着国家加强对建设用地指标控制，规划指标约束增大，地方政府增加土地财政收入的行为受到制约。如图 5 - 4 所示，在 2012 年下半年改革试点开展后，2013 年土地财政收入骤增，达到历年最大值，而随后的 2014 年和 2015 年土地财政收入又逐渐减少。

　　综上所述，"营改增"与土地财政收入之间存在以下逻辑关系："营改增"影响地方政府财政收入和支出而导致财政压力增大，激励地方政府增加土地财政收入，但土地财政收入增加的程度会受到建设用地控制指标的约束。基于上述分析，提出本书的待检验假说 5 - 1："营改增"对地方政府土地财政收入有正向影响，但影响程度受到建设用地控制指标约束。

5.1.2　模型与变量

1. 模型设定

　　较多研究表明土地财政收入具有较强的时间序列自相关，即当期的土地财政收入受到上一期的土地财政收入影响十分明显（Wang and Hui，2017；Wu et al.，2015；Xu et al.，2013）。因此，本章采用动态面板模型分析"营改增"对土地财政的影响，并考虑建设用地控制指标的约束作用。

　　利用动态面板模型检验"营改增"对土地财政收入的影响，借鉴相关研究（Liu and Alm，2016；Wang and Hui，2017；Wu et al.，2015；Xu et al.，2013；Ye and Wang，2013；雷潇雨和龚六堂，2014；张先锋和王敏，2016），为了避免遗漏变量带来的回归偏误，考虑多个制度变化共同对土地财政收入的影响，同时，为了突出核心解释变量"营改增"的影响，模型如下：

$$\ln LF_{it} = \alpha_0 + \alpha_1 \ln LF_{it-1} + \rho_1 BTV_{it} + \alpha_2 DUM_{it} + \sum_{j=1}^{6} \beta_j \times Control_{it} + \gamma_i + \mu_t + \varepsilon_{it}$$

$$(5-1)$$

在式（5-1）中，被解释变量 LF 表示地方政府土地财政收入，LF_{it-1} 表示滞后一阶的 LF，即上一年的土地财政收入；BTV^T 是"营改增"虚拟变量，如果城市 i 进行了"营改增"，那么 BTV = 1，否则 BTV = 0；DUM 表示其他制度虚拟变量。α_1 是 LF_{it-1} 的回归系数，即上一年土地财政收入对本年土地财政的影响程度，ρ_1 表示"营改增"对地方政府土地财政收入的影响，α_2 是其他制度虚拟变量的回归系数。Control 为一组控制变量；β_j 为控制变量的回归系数，α_0 是常数项，γ_i 代表地区固定效应，μ_t 代表时间固定效应，为了避免制度虚拟变量与时间固定效应存在多重共线性，采用控制国家时间趋势项代替时间固定效应，ε_{it} 是残差项。

借鉴相关研究（Bellou and Bhatt, 2013；Liu and Alm, 2016），考察"营改增"对土地财政收入的动态影响，建立如下模型：

$$\ln LF_{it} = \alpha_0 + \alpha_1 \ln LF_{it-1} + \sum_{n=1}^{3} \rho_n \times BTV_{it}^N + \sum_{j=1}^{6} \beta_j \times Control_{it} + \gamma_i + \mu_t + \varepsilon_{it}$$

$$(5-2)$$

其中，变量 BTV^N 是"营改增"第 N 年的年度虚拟变量（N = 1, 2, 3, …）。例如，当 N = 1 时，那么"营改增"第一年 BTV^1 赋值 1，其余年份赋值 0。ρ_n 表示"营改增"对土地财政收入的动态影响。值得注意的是，若该模型采取时间固定效应会导致其与解释变量（BTV^N）之间存在完全多重共线性，所以在式（5-2）中，用控制国家时间趋势代替时间固定效应。

为了检测建设用地控制指标在"营改增"影响土地财政收入过程中的约束作用，引入"建设用地控制指标"变量（BL）。借鉴相关研究（Liu and Alm, 2016；Yang and Yang, 2016，范子英和彭飞，2017），通过将 BL 和 BTV 变量的交互项（BTV × BL）加入式（5-1），可以识别"营改增"对土地财政的影响是否受到建设用地控制指标的约束。模型形式如下：

$$\ln LF_{it} = \alpha_0 + \alpha_1 \ln LF_{it-1} + \rho_1 BTV_{it} + \rho_2 BL_{it} + \rho_3 (BTV_{it} \times BL_{it}) + \alpha_2 DUM_{it}$$

$$+ \sum_{j=1}^{6} \beta_j \times Control_{it} + \gamma_i + \mu_t + \varepsilon_{it} \qquad (5-3)$$

式（5-3）中，交互项（BTV×BL）的系数 ρ_3 是本书感兴趣的回归系数，刻画了"营改增"对土地财政的影响是否受到建设用地控制指标的约束；其他变量及参数与式（5-1）相同。

进一步检验"营改增"对土地财政收入动态影响过程中，建设用地控制指标的约束作用，借鉴相关研究（Fang et al.，2017），将"建设用地控制指标"变量（BL）纳入动态效应模型，形式如下：

$$\ln LF_{it} = \alpha_0 + \alpha_1 \ln LF_{it-1} + \sum_{n=1}^{3} \rho_n (BTV_{it}^N \times BL_{it}) + \sum_{j=1}^{6} \beta_j$$
$$\times Control_{it} + \gamma_i + \mu_t + \varepsilon_{it} \tag{5-4}$$

2. 估计方法

采用系统 GMM 方法对上述模型进行估计。系统 GMM 估计是对上述设定的动态面板模型进行估计的主要方法，原因如下。首先，现有研究显示当动态面板的时间比较短时，OLS、FE 和 RE 方法估计的结果都是不一致的（Nickell，1981）。本书样本包含 232 个城市 2009~2016 年共 7 年的数据。因此，考虑相关学者提出的差分 GMM 或者系统 GMM 方法（Arellano and Bond，1991；Arellano and Bover，1995；Blundell and Bond，1998），这些方法适合"时间短、个体多"的动态面板数据，并且能在存在遗漏变量等内生性的情况下得到比较无偏的估计。

虽然差分 GMM 估计能够通过采用滞后一期的变量作为工具变量解决被解释变量和不可观测因素的异质性问题，但是这个问题在本书中不能得到很好的解决，因为土地财政收入变量的持续性非常强，即时间序列自相关较强并且全国各省差异非常大。更具体而言，一些时间序列数据的高可连续性会导致弱工具变量的问题，进而导致偏误和不准确（Barro，2000；Hauk and Wacziarg，2009；Blundell and Bond，1998）。因此，本书的计量分析方法主要采用相关学者提出的系统 GMM 估计（Arellano and Bover，1995；Blundell and Bond，1998）。

系统 GMM 估计通过结合水平方程和差分方程建立一个系统，同时引入差分项和水平项的滞后阶作为工具变量提升估计效率（Roodman，2009）。有研究表明工具变量的滞后期长度增长可以增加工具变量的外生性但是容易导致数量过多的工具变量进而导致弱工具变量问题（Roodman，2009）。为了限制工具变量的个数，并且避免模型过度识别，本书尽量减小工具变量个数，确保工具变量的个数小于城市个体的数量（Roodman，2009）。此外，采用两步估计法并进行 Windmeijer 修正，因为在系统 GMM 估计中，Windmeijer 修正可以增加两步估计的效率。

3. 变量选取

（1）被解释变量。被解释变量是土地财政（LF，亿元），用地方政府土地出让收入衡量，即每个城市每一年地方政府出让建设用地获得的土地出让金的总额（Chen and Kung，2016；Li and Kung，2012；Wu et al.，2015）。

（2）解释变量。BTV^T 是"营改增"虚拟变量，为实验组别虚拟变量和实验时点虚拟变量的交叉项，右上标 T 表示城市 i"营改增"的起始年份，如果城市 i 进行了"营改增"，即 $t \geqslant T$，那么 $BTV^T = 1$，否则 $BTV^T = 0$。考虑到研究营改增对土地财政的影响可能存在一定的时滞性，安徽省、湖北省、广东省、福建省、浙江省、江苏省等省份下辖的城市于 2012 年下半年逐渐开展"营改增"，本书设定其改革起始年份为 2013 年（Cao and Li，2017）；其余于 2013 年下半年开展"营改增"的省市，本书设定其改革起始年份为 2014 年（Li and Wang，2019；范子英和彭飞，2017）。

为检验"营改增"对地方政府财政收入的影响是否受到建设用地控制指标约束，引入"建设用地控制指标"变量（BL）表征地方政府受建设用地控制指标约束的大小，为了确保结果更加稳健，参考相关研究（Xu et al.，2015；Zhong et al.，2018；Zhou et al.，2017），设计两个变量衡量建设用地控制指标（BL），一个是连续变量，另一个是虚拟变量，方法如式（5 - 5）、式（5 - 6）所示。

$$BL1 = \frac{Statusquo_{it} - Target2020_i}{Target2020_i} \qquad (5-5)$$

$$BL2 = \begin{cases} 1 & if \ \dfrac{Target2020_i - Statusquo_{it}}{(Statusquo_{it} - Statusquo_{it-3})/3} < (2020 - t) \\ 0 & otherwise \end{cases} \qquad (5-6)$$

式（5 - 5）和式（5 - 6）中，$Target2020_i$ 表示地级市 i 土地利用总体规划中 2020 年的新增建设用地指标规划值，$Statusquo_{it}$ 表示地级市 i 在 2006 年至 t 年累计新增建设用地总量。建设用地控制指标 1（BL1）表示现状用地规模超过 2020 年规划指标数量越多，地方政府下一年面临的指标约束越大，即该比例越大地方政府面临指标约束越大；建设用地控制指标 2（BL2）是 t 年之后剩余的指标的可以使用年限与距离规划目标年（2020）的剩余年限之差，如果剩余指标可用的年限小于距离规划目标年（2020）的剩余年限，则地方政府面临较大指标约束，赋值 1，否则赋值 0，其中，过去的年平均消耗量采用的是前三年平均消耗的建设用地量。为了避免建设用地控制指标变量存在内生性，并且考虑建设用地指标压力逐渐增大，产生的约束可能存在一定的时滞性，本书所有模型涉及建设用地控制指标变量（BL）全部取滞后一阶值进行回归。

其他制度虚拟变量（DUM），主要考虑新《预算法》（Newlaw）虚拟变量，新《预算法》实施后，Newlaw = 1，否则 Newlaw = 0。

（3）控制变量。为了避免内生性，本书控制变量全部取滞后一阶数据进入模型。为避免解释变量个数过多导致多重共线性，本书尽量选择重要影响因素作为控制变量，借鉴相关研究（Chen and Kung，2016；Du and Peiser，2014；Liu and Lin，2014；Pan et al.，2015；Wu et al.，2019；Wu et al.，2015；Ye and Wu，2014；卢盛峰等，2017；吴群和李永乐，2010；余莎和游宇，2017），控制变量包括以下 6 个。

经济发展（GDP，万元/人），用人均 GDP 衡量（Chen and Kung，2016；Pan et al.，2015；Wu et al.，2015）。现有研究显示，经济发展对于土地财政收入有显著正向影响（Wu et al.，2015）。

人口数量（POP，万人），用城市年末全部户籍人口数量表示（Chen and Kung，2016；Ye and Wu，2014）。一些学者提出的经典城市经济学模型，强调人口规模是城市土地扩张的重要引擎（Brueckner and Fansler，1983）。

基础设施建设（ROAD，万平方米），用市辖区道路面积表示，由于道路面积只能获取市辖区数据，因此该变量采用市辖区层面（Chen et al.，2017；Du and Peiser，2014；Wu et al.，2019）。该变量在一定程度上可以表示基础设施对土地财政收入的影响，城市基础设施建设有助于地方政府出让商住用地，对土地财政收入有正向影响。

外商直接投资（FDI），用外商直接投资与 GDP 的比值表示。外商直接投资在地方经济发展中的占比在一定程度上可以衡量地方政府竞争（Wu et al.，2019；Gao，2019），地方政府竞争是地方政府依赖土地财政收入和城市用地扩张的重要影响因素（Chen et al.，2017；He et al.，2014；Wu et al.，2015；Xu，2011）。

土地市场（LM），用每种出让方式地块数的加权平均法来计算（Chen et al.，2015；Liu and Lin，2014），具体而言，用每种出让方式的价格作为市场化的权重，计算每种出让方式地块数的加权平均值。土地市场对土地出让收入有正向影响（Chen et al.，2015；Wu et al.，2015）。

不动产投资（REI，亿元），用房地产开发完成投资额表示，在一定程度上可以控制房地产市场的影响。不动产投资不仅与城市化和农地非农化直接相关（Cartier，2001；Deng and Chen，2019；Ye and Wu，2014），而且对土地财政有显著正向影响（Deng and Chen，2019；Ye and Wu，2014）。

5.1.3 研究样本与数据来源

1. 研究样本

本书采用 2009～2017 年中国 260 个地级市的面板数据验证上述假说。时间区间选取方面，（1）"营改增"改革试点开始于 2012 年，因此研究时间区间需要将 2012 年包括在内；（2）土地财政数据来源于中国土地市场网，该网站数据记录起始于 2007 年，考虑到 2008 年金融危机的影响，本书将起始时间点设定为 2009 年；（3）最近的数据只能收集统计到 2017 年，因此，时间区间设定 2009～2017 年。从地级市个体数量选取方面，由于考虑土地财政收入是否受到建设用地控制指标的约束，而建设用地指标数据来源于各个地级市土地利用总体规划文本，笔者查找中国全部 294 个地级市国土资源（规划局）局网站，共下载到 260 个地级市的、包含建设用地控制指标的土地利用总体规划，因此将研究个体设置为 260 个。

2. 数据来源与描述统计

土地财政（LF）数据来源于中国土地市场网（www.landchina.com），该网站是由自然资源部搭建，涵盖 2007 年以来全国各个市县土地一级市场每一宗交易记录，可以保证土地财政收入数据的权威性、科学性与准确性（Chen and Kung，2016；Jin et al.，2019；Qin et al.，2016）。根据已有研究（Jin et al.，2019；Qin et al.，2016），对收集的土地市场网数据进行处理，首先，剔除地块面积最大和最小值的 0.5%，然后，剔除遗漏重要信息的记录，例如城市名称、年份、面积等信息缺失。最终本书利用 260 个城市 2008～2017 年的 140 万条出让记录。土地市场变量（LM）变量数据也来源于中国土地市场网。

建设用地控制指标（BL）变量数据来源于中国土地市场网和 260 个地级市土地利用总体规划文本（2006～2020 年）。其余全部控制变量数据全部来源于《中国城市统计年鉴》。表 5－2 汇总了各个变量的衡量方法以及数据来源，表 5－3 对核心变量进行了描述统计分析。

表 5 - 2   本书变量名称、衡量方法和数据来源

变量名称	符号	衡量方法	数据来源
"营改增"	BTV	如果城市 i 进行了"营改增",那么 BTV = 1,否则 BTV = 0	——
土地财政收入	LF	地方政府土地出让收入,单位:亿元	中国土地市场网
建设用地控制指标 1	BL1	详见式(5 - 5)	中国土地市场网和 260 个地级市土地利用总体规划文本(2006 ~ 2020)
建设用地控制指标 2	BL2	详见式(5 - 6)	
经济发展	GDP	人均 GDP,单位:万元/人	《中国城市统计年鉴》
人口数量	POP	城市年末全部户籍人口数量,单位:万人	《中国城市统计年鉴》
基础设施建设	ROAD	市辖区道路面积,单位:万平方米	《中国城市统计年鉴》
外商直接投资	FDI	外商直接投资与 GDP 的比值	《中国城市统计年鉴》
不动产投资	REI	房地产开发完成投资额,单位:亿元	《中国城市统计年鉴》
土地市场	LM	每种出让方式地块数的加权平均法来计算	中国土地市场网
新《预算法》	Newlaw	新《预算法》实施后,Newlaw = 1,否则 Newlaw = 0	——
软预算约束指标 1	Soft1	地方政府本级预算支出规模与自有财力的决算数之差,单位:亿元	《中国财政统计年鉴》
软预算约束指标 2	Soft2	首先计算新《预算法》实施以前地方政府本级预算支出规模与自有财力的决算数之差的均值,然后将大于该均值的赋值 1,表示受到的软预算约束较大,否则赋值 0,表示受到的软预算约束较小	《中国财政统计年鉴》
财政透明度 1	Transp1	直接采用《中国财政透明度报告》发布的财政透明度数据	上海财经大学公共政策研究中心发布的历年《中国财政透明度报告》
财政透明度 2	Transp2	首先计算新《预算法》实施以前地方政府财政透明度的均值,然后将小于该均值的赋值 1,表示财政透明度较低,反之赋值 0,表示财政透明度较高	上海财经大学公共政策研究中心发布的历年《中国财政透明度报告》
城投债(第一阶段土地融资)	Platfbond	用城市 i 在第 t 年发行的城投债总规模表示,单位:亿元	Choice 金融终端
地方政府债券(第二阶段土地融资)	Govbond	用城市 i 在第 t 年发行的地方政府债券总规模表示,单位:亿元	Choice 金融终端

变量名称	符号	衡量方法	数据来源
政府和社会资本合作融资模式（新型融资模式）	ppp	用城市 i 第 t 年政府和社会资本合作的融资总规模衡量，单位：亿元	PPP 项目数据来源于财政部 PPP 库公开信息平台
国企占比 1	Guoqi1	使用 2012～2014 年全国各个省份的国企占比均值来划分国企占比的大小，大于平均值，表示国企占比较高，赋值 1，小于平均值表示国企占比较低，赋值 0	《中国国有资产监督管理年鉴》和《中国统计年鉴》
国企占比 2	Guoqi2	用国有企业从业人员数与私营企业和个体就业人数之比衡量	《中国国有资产监督管理年鉴》和《中国统计年鉴》
土地抵押	Mortgage	用城市 i 第 t 年土地抵押总面积衡量，单位：公顷	中国土地市场网
土地出让面积	Transfer	用城市 i 第 t 年土地出让总面积衡量，单位：公顷	中国土地市场网
土地出让与土地抵押的比值	Tran_Mortg	用土地抵押面积与土地出让面积比值表示	中国土地市场网
挂牌出让建设用地面积	Guapai	用城市 i 第 t 年地方政府挂牌出让建设用地的总面积表示，单位：公顷	中国土地市场网
拍卖出让建设用地面积	Paimai	用城市 i 第 t 年地方政府拍卖出让建设用地的总面积表示，单位：公顷	中国土地市场网
拍卖出让建设用地面积与挂牌出让建设用地面积的比值	Pai_Gua	城市 i 第 t 年地方政府拍卖出让建设用地总面积与地方政府挂牌出让建设用地总面积之比	中国土地市场网
挂牌出让商住建设用地面积	szGuapai	用城市 i 第 t 年地方政府挂牌出让商住建设用地的总面积表示，单位：公顷	中国土地市场网
拍卖出让商住建设用地面积	szPaimai	用城市 i 第 t 年地方政府拍卖出让商住建设用地的总面积表示，单位：公顷	中国土地市场网
拍卖与挂牌出让商住建设用地面积的比值	szPai_Gua	城市 i 第 t 年地方政府拍卖出让商住建设用地总面积与地方政府挂牌出让商住建设用地总面积之比	中国土地市场网
挂牌出让工业建设用地面积	gyGuapai	用城市 i 第 t 年地方政府挂牌出让工业建设用地的总面积表示，单位：公顷	中国土地市场网
拍卖出让工业建设用地面积	gyPaimai	用城市 i 第 t 年地方政府拍卖出让工业建设用地的总面积表示，单位：公顷	中国土地市场网
拍卖与挂牌出让工业建设用地面积的比值	gyPai_Gua	城市 i 第 t 年地方政府拍卖出让工业建设用地总面积与地方政府挂牌出让工业建设用地总面积之比	中国土地市场网

表 5 - 3 本书变量统计描述

统计层面	变量	平均值	标准差	最小值	最大值	观测值
地级市	BTV	0.479	0.500	0	1	2340
	LF	13.08	1.274	7.895	16.91	2340
	L. BL 1	0.499	0.396	− 2.210	0.990	2340
	L. BL 2	0.539	0.499	0	1	2340
	L. GDP	10.26	0.698	8.451	12.90	2340
	L. POP	5.920	0.614	3.784	7.244	2340
	L. ROAD	6.928	0.922	2.639	9.592	2340
	L. FDI	2.200	2.068	0	15.13	2340
	L. REI	4.664	1.189	0.476	7.930	2337
	L. LM	0.553	0.140	0.00400	0.987	2340
	Newlaw	0.333	0.472	0	1	2340
	Platfbond	2.051	2.034	− 2.303	6.990	2340
	ppp	4.849	6.283	0	16.51	2340
	Mortgage	5.112	2.248	− 5.991	16.84	1055
	Transfer	7.192	0.819	3.613	10.94	2340
	Tran_Mortg	2.070	2.175	− 11.28	12.38	1055
	Guapai	6.212	0.939	0.274	10.63	2338
	Paimai	3.446	1.942	− 4.234	10.66	1900
	Gua_stock	4.448	1.415	− 2.561	10.63	2330
	szPaimai	3.244	1.925	− 4.234	10.66	1837
	szGuapai	5.151	1.190	− 2.996	10.63	2331
	szPai_Gua	4.820	135.2	0	6323	2331
	gyPaimai	2.349	1.913	− 3.092	7.498	1028
	gyGuapai	5.596	1.038	− 2.705	8.947	2338
	gyPai_Gua	1.526	69.34	0	3353	2338
	L. LF	12.92	1.323	7.895	17.15	2340
	L. Platfbond	1.765	1.989	0	6.990	2340
	L. ppp	3.404	5.644	0	16.26	2340

续表

统计层面	变量	平均值	标准差	最小值	最大值	观测值
省级	BTV	0.470	0.500	0	1	234
	Newlaw	0.333	0.472	0	1	234
	LF	7.543	0.981	4.641	9.665	234
	Platfbond	5.488	1.301	1.792	8.667	223
	Govbond	3.002	3.865	0	9.429	234
	ppp	3.109	3.111	−1.145	8.181	234
	L.GDP	10.45	0.449	9.196	11.48	234
	L.POP	8.235	0.759	6.318	9.306	234
	L.ROAD	11.78	0.606	9.829	12.69	234
	L.FDI	0.282	0.412	0.0470	4.466	234
	L.REI	7.337	1.002	3.936	9.241	234
	L.LM	0.538	0.0890	0.237	0.832	234
	Soft1	7.598	0.519	5.853	8.621	234
	Soft2	0.564	0.497	0	1	234
	Transp1	0.317	0.145	0.140	0.777	234
	Transp2	0.410	0.493	0	1	234
	BL 2	0.568	0.496	0	1	234
	Mortgage	7.382	2.485	−0.596	16.81	190
	Transfer	9.602	0.932	6.131	11.26	234
	Tran_Mortg	2.413	2.441	−7.929	10.27	190
	Pai_Gua	0.145	0.443	0	6.431	234
	Paimai	5.795	1.963	−0.934	10.72	223
	Guapai	8.572	1.054	4.700	10.68	234
	szPaimai	5.508	1.956	−0.934	10.72	221
	szGuapai	7.671	1.018	4.288	10.66	234
	szPai_Gua	0.417	1.970	0	29.09	234
	gyPaimai	4.168	2.136	−2.113	8.037	196
	gyGuapai	7.897	1.280	1.629	9.765	234
	gyPai_Gua	0.0450	0.0910	0	0.756	234
	L.LF	7.394	1.033	4.197	9.665	234

续表

统计层面	变量	平均值	标准差	最小值	最大值	观测值
省级	L. Platfbond	2.093	3.476	0	9.429	234
	L. Govbond	5.285	1.369	1.792	8.667	209
	L. ppp	2.336	2.889	-1.145	8.181	234

注：（1）除了 BTV、Newlaw、BL2、Soft2、Transp2 等虚拟变量和 FDI、LM、BL1、Soft1、Transp1、Tran_Mortg、Pai_Gua、szPai_Gua、gyPai_Gua 等比值变量之外，其余所有变量均取自然对数后进行统计；（2）所有涉及价格因素的变量，均采用消除价格因素的数据，折算为 2008 年不变价；（3）为了消除控制变量的潜在内生性问题，将解释变量和控制变量取滞后一阶进行统计分析与回归分析，（L.）表示取变量的滞后一阶。

5.1.4 实证分析与解释

本节内容展示了利用两步系统广义矩估计方法（Two-step System GMM）的实证结果，分析了"营改增"对土地财政收入的影响，并考虑建设用地控制指标的约束作用。在进行结果分析之前，首先需要进行 AR（1）、AR（2）检验和 Hansen 检验来验证加入被解释变量滞后阶的必要性和工具变量的有效性，进而确保回归结果是合适的、稳健的（Arellano and Bond，1991）。

首先，检验模型中加入被解释变量滞后阶的必要性，即通过 AR 检验扰动项无自相关的假设。通过 AR（2）检验来验证随机误差项是否存在二阶自相关。从结果中可以看出包含被解释变量的二阶滞后作为解释变量，AR（2）检验的 p 值均大于 0.05，即扰动项差分不存在二阶自相关，可以接受扰动项无自相关的假设，意味着 GMM 估计是合适的（Arellano and Bond，1991）。因此，主要关注包括被解释变量滞后二阶的模型回归结果。

其次，使用 Hansen 检验对 GMM 估计过程中使用的工具变量进行过度识别检验。从包括被解释变量滞后二阶的模型回归结果，可以看出 Hansen 检验的 p 值均大于 0.05，无法拒绝"所有工具变量均有效"的原假设，意味着工具变量是有效的。所以，所有模型的回归结果中，包含被解释变量滞后二阶的模型的工具变量都是合理有效的。

总之，包含被解释变量滞后二阶的模型更高效，因此，本节主要分析模型中包含滞后二阶被解释变量的回归结果。表格中也列出了不包含滞后二阶被解释变量的回归结果，即只包含滞后一阶被解释变量的回归结果，在一定程度上作为一种稳健性检验。

1. "营改增"对土地财政收入的影响

利用两步系统广义矩估计方法,根据式(5-1)分析"营改增"对地方政府土地财政收入的影响,回归结果如表5-4中列(1)、列(2)所示。可以看出,核心解释变量(BTV)的回归系数均为正,但是没有在常规的统计显著水平下显著(在15%的统计水平下显著),可能的原因是营改增对土地财政的影响受到了建设用地控制指标的约束。加入建设用地控制指标变量(BL)作为控制变量,考察在控制建设用地指标约束的情况下营改增对土地财政收入的影响,与其他控制变量一样建设用地控制指标变量(BL)采用滞后一阶进入回归,结果如表5-4第(3)列至第(6)列所示。可以看出,在控制建设用地控制指标约束的情况下营改增对土地财政收入有显著正向影响。建设用地控制指标变量的回归系数为负,说明建设用地指标约束对土地财政有一定程度的负向影响。另外,考虑到新《预算法》的实施可能对土地财政收入产生影响,为了避免遗漏该变量造成回归偏误,将新《预算法》(Newlaw)作为控制变量进行回归,结果如表5-4中列(7)、列(8)所示,与第(5)列至第(6)列基本一致,说明回归结果是稳健的。

表 5-4　　　　　　　　　"营改增"对土地财政收入的平均影响

变量	(1)	(2)	(3)	(4)	(5)	(6)	(7)	(8)
	土地财政收入(LF)							
被解释变量滞后一阶	0.6467 *** (8.3220)	0.5915 *** (6.2648)	0.6901 *** (11.0541)	0.7004 *** (11.0495)	0.6294 *** (8.6347)	0.6233 *** (8.7977)	0.5965 *** (8.1601)	0.5899 *** (7.6754)
被解释变量滞后二阶	—	0.1061 (1.1263)	—	—	0.1062 (1.3259)	0.1319 * (1.7907)	0.0316 (0.4085)	0.0734 (0.9468)
营改增	0.1682# (1.4702)	0.1530# (1.5124)	0.2863 *** (2.6581)	0.2571 ** (2.3144)	0.2646 *** (2.9943)	0.2127 ** (2.2764)	0.2885 *** (3.3283)	0.2145 ** (2.2854)
外商直接投资	-0.0121 (-0.8336)	-0.0046 (-0.3755)	-0.0145 (-0.9912)	-0.0094 (-0.7758)	-0.0158 (-1.4329)	-0.0122 (-1.0062)	-0.0166 (-1.3817)	-0.0135 (-1.0175)
经济发展	0.3270 ** (2.0431)	0.3835 *** (2.8260)	0.2627 ** (2.0900)	0.2358 * (1.7967)	0.2607 ** (2.4499)	0.2449 ** (2.3937)	0.3699 *** (3.6127)	0.3295 *** (2.9817)
土地市场	0.5154 * (1.7061)	0.5988 ** (2.3419)	0.3878# (1.5160)	0.6375 ** (2.3772)	0.1704 (0.8054)	0.5537 ** (2.3451)	0.2229 (1.0118)	0.5617 ** (2.3253)
人口数量	0.4560 *** (2.7368)	0.4246 *** (3.1553)	0.3391 ** (2.5397)	0.3123 ** (2.2652)	0.3016 *** (3.0071)	0.2542 ** (2.4523)	0.4100 *** (4.2546)	0.3403 *** (2.9623)

续表

变量	(1)	(2)	(3)	(4)	(5)	(6)	(7)	(8)
	土地财政收入（LF）							
基础设施建设	0.0066 (0.0745)	-0.0589 (-0.6840)	-0.0395 (-0.5154)	-0.0475 (-0.6037)	-0.0258 (-0.4079)	-0.0389 (-0.6196)	-0.0588 (-0.8283)	-0.0586 (-0.7842)
不动产投资	0.1789** (2.2783)	0.1470** (2.0105)	0.2281*** (3.4043)	0.2424*** (3.4606)	0.1641*** (2.9468)	0.1727*** (3.1756)	0.2136*** (3.8420)	0.2240*** (3.5430)
建设用地控制指标1	—	—	-0.0116 (-0.1827)	—	-0.0107 (-0.2172)	—	-0.0606 (-1.0920)	—
建设用地控制指标2	—	—	—	-0.0941 (-1.1840)	—	-0.1325** (-2.0487)	—	-0.1220* (-1.7227)
新预算法	—	—	—	—	—	—	-0.8010*** (-6.8057)	-0.6526*** (-5.3984)
C	-2.8176* (-1.7644)	-3.3217** (-2.4336)	-1.9922# (-1.5148)	-1.7498 (-1.3072)	-1.9906* (-1.8966)	-1.8327* (-1.7708)	-1.7272# (-1.6124)	-1.6040 (-1.3616)
Year	YES	YES	YES	YES	YES	YES	YES	YES
N obs.	2337	2337	2337	2337	2337	2337	2337	2337
N cities	260	260	260	260	260	260	260	260
N Instruments	148	172	207	207	246	246	246	246
AB1 p-value	0.0000	0.0001	0.0000	0.0000	0.0000	0.0000	0.0000	0.0000
AB2 p-value	0.0093	0.7690	0.0108	0.0156	0.6272	0.9089	0.2414	0.4950
Hansen p-value	0.0577	0.0726	0.1210	0.1647	0.3791	0.3438	0.3062	0.3172

注：土地财政收入（LF）、经济发展（GDP）、人口数量（POP）、基础设施建设（ROAD）和不动产投资（REI）变量采用自然对数进入回归，经济发展（GDP）、人口数量（POP）、基础设施建设（ROAD）、外商直接投资（FDI）、土地市场（LM）、不动产投资（REI）和建设用地控制指标（BL1、BL2）变量均采用滞后一阶进入模型；这些结果采用两步系统广义矩估计方法（two-step System GMM），控制了时间趋势，括号内为 t 统计量；***、**、*、#分别表示在1%、5%、10%、15%的水平上显著；"—"表示空白。

资料来源：Stata 统计输出。

滞后一阶的土地财政（LF）变量回归系数显著为正，与已有研究（Wu et al.，2015）一致，说明土地财政有显著的时间序列自相关。控制变量的回归系数基本符合预期并且与已有研究基本一致（Chen and Kung，2016；Du and Peiser，2014；Liu and Lin，2014；Pan et al.，2015；Wu et al.，2015；Ye and Wu，2014），由于其不是本书关注的核心因素，不再展开解释。

为了进一步考察"营改增"对地方政府土地财政收入的影响，本节考察其动态影响，结果如表5-5所示。从第（2）列、第（4）列、第（6）列和第（8）列可以看出，"营改增"对地方政府土地财政收入影响的回归系数基本一致，并且在 2013 年显著为正，在 2014 年和 2015 年显著为负。回归系数在 2013 年显著为正，说明营改增对地方政府土地财政收入有显著正向影响；在 2014 年和 2015 年显著为负，可能的原因即在 2013 年部分省份的实际建设用地面积已经超过 2020 年规划指标，部分地方政府已经没有更多的建设用地指标来支撑土地财政收入，导致 2013 年以后土地财政收入减少，使 2013 年以后"营改增"对地方政府土地财政收入的影响呈负相关。

表 5 – 5   "营改增"对土地财政收入的动态影响

变量	(1)	(2)	(3)	(4)	(5)	(6)	(7)	(8)
	土地财政收入（LF）							
被解释变量滞后一阶	0.5832 *** (10.0738)	0.6598 *** (17.2928)	0.5744 *** (11.8142)	0.6085 *** (10.3600)	0.5893 *** (10.0955)	0.6526 *** (16.5964)	0.5730 *** (11.6365)	0.6136 *** (10.2474)
被解释变量滞后二阶	—	0.2233 *** (5.4815)	—	– 0.0361 (– 1.1302)	—	0.2198 *** (5.2844)	—	– 0.0311 (– 0.9532)
营改增^{2013}	0.4039 ** (2.5212)	0.7731 *** (4.2311)	0.3905 *** (5.0385)	0.4212 *** (4.9642)	0.4040 ** (2.2830)	0.7238 *** (3.6259)	0.3975 *** (5.0479)	0.4436 *** (5.2884)
营改增^{2014}	– 0.4493 *** (– 8.9987)	– 0.2343 *** (– 3.7546)	– 0.3544 *** (– 9.1730)	– 0.3516 *** (– 9.1100)	– 0.4351 *** (– 5.7182)	– 0.2518 *** (– 3.7511)	– 0.3431 *** (– 8.2000)	– 0.3307 *** (– 8.1717)
营改增^{2015}	– 0.6097 *** (– 9.1147)	– 0.3326 *** (– 3.9210)	– 0.4202 *** (– 7.8394)	– 0.3940 *** (– 6.4509)	– 0.5818 *** (– 5.5949)	– 0.3525 *** (– 4.0261)	– 0.4065 *** (– 7.0889)	– 0.3749 *** (– 6.1775)
营改增^{2016}	– 0.3852 *** (– 4.5743)	0.0665 (0.6703)	– 0.1582 ** (– 2.4183)	– 0.1341 * (– 1.8684)	– 0.3510 *** (– 2.7523)	0.0631 (0.6403)	– 0.1374 * (– 1.8972)	– 0.1257 * (– 1.7074)
营改增^{2017}	– 0.2949 *** (– 3.6607)	0.2976 *** (2.8724)	0.0261 (0.3604)	0.0402 (0.5387)	– 0.2478 * (– 1.8033)	0.2995 *** (2.8746)	0.0512 (0.6287)	0.0348 (0.4696)
建设用地控制指标 1	—	—	—	—	0.1627 (0.5439)	—	0.0777 (0.7665)	—
建设用地控制指标 2	—	—	—	—	—	0.1242 (0.5581)	—	– 0.1685 ** (– 2.0556)
控制变量	NO	NO	YES	YES	NO	NO	YES	YES
C	4.8275 *** (7.9441)	2.5143 *** (5.2169)	– 1.0054 (– 0.9398)	– 0.8868 (– 0.8499)	4.5409 *** (6.0891)	2.6968 *** (4.5169)	– 1.1131 (– 1.0167)	– 1.0072 (– 0.9451)
Year	YES	YES	YES	YES	YES	YES	YES	YES
N obs.	2340	2340	2337	2337	2340	2340	2337	2337

续表

变量	(1)	(2)	(3)	(4)	(5)	(6)	(7)	(8)
	土地财政收入（LF）							
N cities	260	260	260	260	260	260	260	260
N Instruments	49	48	252	252	49	48	252	252
AB1 p-value	0.0000	0.0000	0.0000	0.0000	0.0000	0.0000	0.0000	0.0000
AB2 p-value	0.5549	0.0722	0.5929	0.1429	0.5030	0.0740	0.5994	0.1927
Hansen p-value	0.0000	0.0000	0.2627	0.2478	0.0000	0.0000	0.2535	0.2333

注：土地财政收入（LF）、经济发展（GDP）、人口数量（POP）、基础设施建设（ROAD）和不动产投资（REI）变量采用自然对数进入回归，控制变量和建设用地控制指标（BL1、BL2）变量均采用滞后一阶进入模型；表中结果采用两步系统广义矩估计方法（two-step System GMM），控制了时间趋势，括号内为 t 统计量；*** 、 ** 、 * 分别表示在1%、5%、10%、15% 的水平上显著；"—"表示空白。

资料来源：Stata 统计输出。

2. 建设用地控制指标的约束

利用两步系统广义矩估计方法，按照式（5-3）考察"营改增"对地方政府土地财政收入的影响是否受到建设用地控制指标约束，回归结果如表5-6 中列（1）~（4）所示，无论建设用地控制指标采用 BL1 还是 BL2 回归结果基本一致，说明结果是比较稳健的。从结果可以看出，营改增（BTV）的回归系数均显著为正，说明"营改增"对土地财政收入的净影响显著，即进行"营改增"改革的城市土地财政增加数量明显大于未开展"营改增"改革的城市；交叉项（营改增×建设用地控制指标）的回归系数均显著为负，说明"营改增"后，受建设用地控制指标约束，地方政府土地财政收入显著减少。加入新《预算法》变量作为控制变量之后的回归结果如表5-6 中列（5）~（8）所示，与列（1）~（4）的结果基本一致，在一定程度上说明回归结果是稳健的。

表 5-6 建设用地控制指标的约束

变量	(1)	(2)	(3)	(4)	(5)	(6)	(7)	(8)
	土地财政收入（LF）							
被解释变量滞后一阶	0.6544 *** (6.6523)	0.2973 *** (6.3065)	0.6350 *** (7.5917)	0.4025 *** (7.2670)	0.5347 *** (7.1144)	0.3526 *** (8.7621)	0.5333 *** (8.9408)	0.3550 *** (6.5321)
被解释变量滞后二阶	—	—	0.1209[#] (1.6299)	0.1172 *** (3.5850)	—	—	0.0881[#] (1.5131)	0.0933 *** (2.8533)

续表

变量	(1)	(2)	(3)	(4)	(5)	(6)	(7)	(8)
	土地财政收入（LF）							
营改增	0.2305* (1.7898)	0.3350* (1.6659)	0.2757*** (2.7691)	0.1717 (0.9114)	0.3546*** (3.0194)	0.3043** (2.2047)	0.3427*** (3.6450)	0.2803# (1.3705)
建设用地控制指标1	0.2406* (1.7261)	—	0.1313# (1.4780)	—	0.0983 (0.8408)	—	0.1065 (1.2965)	—
营改增×建设用地控制指标1	−0.3002** (−2.4648)	—	−0.1816** (−2.1917)	—	−0.2315** (−2.1724)	—	−0.2199*** (−2.7102)	—
建设用地控制指标2	—	0.4247 (0.9981)	—	0.2668 (0.7950)	—	0.0981 (0.9045)	—	0.2857 (0.7126)
营改增×建设用地控制指标2	—	−0.2975 (−0.7154)	—	−0.2189 (−0.6670)	—	−0.0769 (−0.6825)	—	−0.3811 (−0.9817)
新预算法	—	—	—	—	−0.7176*** (−5.2161)	−0.7128*** (−4.6948)	−0.0340 (−0.7034)	−0.0758* (−1.8506)
外商直接投资	−0.0106 (−0.5462)	−0.0167 (−0.7294)	−0.0034 (−0.2877)	−0.0206 (−0.7649)	−0.0249# (−1.5985)	−0.0099 (−0.5457)	−0.0083 (−0.7397)	−0.0038 (−0.1694)
经济发展	0.2758# (1.4475)	0.2606* (1.6677)	0.2727** (2.4330)	0.1119 (0.6380)	0.5302*** (3.5389)	0.6158*** (4.1244)	0.3610*** (3.0916)	0.3015* (1.7160)
土地市场	−0.0616 (−0.2197)	1.3543*** (3.4433)	0.5290** (2.3429)	0.8449** (2.0489)	0.1582 (0.6128)	1.3011*** (4.3108)	0.6181*** (3.1181)	0.9654*** (2.6753)
人口数量	0.4422** (2.0895)	0.7018*** (3.3047)	0.3285*** (3.2879)	0.5439** (2.4061)	0.5842*** (4.1470)	0.7306*** (4.7826)	0.4131*** (3.8621)	0.7897*** (3.5548)
基础设施建设	0.0055 (0.0538)	−0.1302 (−1.2216)	−0.0417 (−0.6067)	0.0010 (0.0075)	−0.1152 (−1.2218)	−0.2107* (−1.8893)	−0.0610 (−0.8050)	−0.0095 (−0.0839)
不动产投资	0.2083** (2.3518)	0.6003*** (5.0707)	0.1236** (2.0326)	0.4099*** (3.2410)	0.2667*** (3.5946)	0.4402*** (5.2145)	0.2070*** (3.7776)	0.3519*** (2.9046)
C	−2.1734 (−1.1291)	−0.2530 (−0.1255)	−2.4396** (−2.2272)	−0.5078 (−0.2348)	−3.1348** (−2.1628)	−3.3909** (−2.0112)	−2.5824** (−2.2765)	−3.0728 (−1.4142)
Year	YES	YES	YES	YES	YES	YES	YES	YES
N obs.	2337	2337	2337	2337	2337	2337	2337	2337
N cities	260	260	260	260	260	260	260	260
N Instruments	141	143	201	125	191	237	264	151
AB1 p-value	0.0000	0.0000	0.0000	0.0000	0.0000	0.0000	0.0000	0.0000
AB2 p-value	0.0124	0.5387	0.7433	0.3408	0.0568	0.7535	0.5839	0.4889
Hansen p-value	0.0709	0.1701	0.1041	0.1405	0.0951	0.2615	0.4202	0.0752

注：土地财政收入（LF）、经济发展（GDP）、人口数量（POP）、基础设施建设（ROAD）和不动产投资（REI）变量采用自然对数进入回归，控制变量均采用滞后一阶进入模型；这些结果采用两步系统广义矩估计方法，控制了时间趋势，括号内为 t 统计量；***、**、*、#分别表示在 1%、5%、10%、15%的水平上显著；"—"表示空白。

资料来源：Stata 统计输出。

进一步，考察"营改增"对土地财政收入的动态影响过程中，建设用地控制指标的约束作用，本节引入"营改增"与建设用地控制指标的动态交互项（营改增^T×建设用地控制指标），结果如表 5 - 7 列 （1）~（4）所示，可以看出交叉项（营改增^T×建设用地控制指标）回归系数在 2013 年并不显著，说明建设用地控制指标的约束作用在 2013 年不明显。交叉项（营改增^{2014}×建设用地控制指标，营改增^{2015}×建设用地控制指标，营改增^{2016}×建设用地控制指标）回归系数全部显著为负，从 2014 年开始显著为负，并且系数绝对值从 2014 年到 2015 年逐渐增大。这些结果说明"营改增"对土地财政的影响受到建设用地控制指标的约束从 2014 年到 2015 年逐渐增大，可能的原因是随着 2014 年土地督察披露很多省份存在建设用地指标突破 2020 年规划情况，国家对建设用地指标控制力度加大，导致地方政府面临的约束力逐渐增大。但是表 5 - 7 结果显示交互项（营改增^T×建设用地控制指标）的回归系数绝对值在 2016 年开始减小，可能的原因是，2016 年国务院对《全国土地利用总体规划纲要 （2006 ~ 2020 年）》进行了修改，增加了 2020 年的控制指标，导致建设用地控制指标的约束逐渐降低。

表 5 - 6 和表 5 - 7 的回归结果支持了上文对表 5 - 4 和表 5 - 5 回归结果的解释，即建设用地控制指标的约束随着时间而变化，导致"营改增"对土地财政存在动态影响，呈现先正后负的变化。总之，表 5 - 4 至表 5 - 7 的回归结果说明"营改增"对土地财政有显著的正向影响，但是这个影响受到建设用地控制指标的限制。

表 5 -7   **建设用地控制指标约束的动态影响**

变量	(1)	(2)	(3)	(4)
	土地财政收入（LF）			
被解释变量滞后一阶	0.5791 *** (11.9436)	0.6350 *** (10.2069)	0.6767 *** (9.5135)	0.6152 *** (7.0530)
被解释变量滞后二阶	—	—	- 0.0008 (- 0.0101)	0.0306 (0.3713)
营改增^{2013}×建设用地控制指标 1	0.9282 *** (5.4320)	—	0.9885 *** (4.5623)	—
营改增^{2014}×建设用地控制指标 1	- 0.6615 *** (- 8.1405)	—	- 0.7137 *** (- 5.8133)	—
营改增^{2015}×建设用地控制指标 1	- 1.0357 *** (- 8.3488)	—	- 1.1485 *** (- 7.2465)	—

续表

变量	(1)	(2)	(3)	(4)
	土地财政收入（LF）			
营改增^{2016}×建设用地控制指标 1	−0.5490 *** （−3.6620）	—	−0.7253 *** （−4.3590）	—
营改增^{2017}×建设用地控制指标 1	−0.0240 （−0.1700）	—	−0.0716 （−0.4600）	—
营改增^{2013}×建设用地控制指标 2	—	0.2160 ** （2.0014）	—	0.1979 * （1.7765）
营改增^{2014}×建设用地控制指标 2	—	−0.5301 *** （−5.9726）	—	−0.5308 *** （−5.6631）
营改增^{2015}×建设用地控制指标 2	—	−0.5894 *** （−6.7386）	—	−0.6084 *** （−7.1963）
营改增^{2016}×建设用地控制指标 2	—	−0.2765 *** （−3.3053）	—	−0.2943 *** （−3.6949）
营改增^{2017}×建设用地控制指标 2	—	−0.1419# （−1.5231）	—	−0.1473# （−1.5492）
控制变量	YES	YES	YES	YES
C	−1.2722 （−1.0942）	−1.9597# （−1.6206）	−2.0810 * （−1.9585）	−2.0300 * （−1.6611）
Year	YES	YES	YES	YES
N obs.	2337	2337	2337	2337
N cities	260	260	260	260
N Instruments	217	217	217	217
AB1 p-value	0.0000	0.0000	0.0000	0.0000
AB2 p-value	0.4541	0.1235	0.2718	0.4183
Hansen p-value	0.0788	0.3516	0.1570	0.3462

注：土地财政收入（LF）、经济发展（GDP）、人口数量（POP）、基础设施建设（ROAD）和不动产投资（REI）变量采用自然对数进入回归，控制变量均采用滞后一阶进入模型；这些结果采用两步系统广义矩估计方法，控制了时间趋势，括号内为 t 统计量；***、**、*、#分别表示在 1%、5%、10%、15%的水平上显著；"—"表示空白。

资料来源：Stata 统计输出。

5.1.5　研究结果

"营改增"是中国新一轮税制改革的重要举措，社会各界对此次改革带来的减轻税负、深化分工与刺激经济增长寄予了厚望。由于"营改增"后地方政府面临更大的财政压力,在晋升考核体制和土地制度没有发生重大变革的情况下,"营改增"不可避免地对中国地方政府依赖已久的土地财政产生影响。与此同时,《全国土地利用总体规划纲要 (2006~2020 年)》中的 2020 年建设用地规划控制指标在 2013 年已经被突破,国土资源部出台《关于强化管控落实最严格耕地保护制度的通知》《节约集约利用土地规定》《国土资源部关于推进土地节约集约利用的指导意见》等多个文件均要求缩减新增建设用地指标,提高节约集约利用水平,土地财政收入难免会受到影响。

本章节基于已有研究以及宏观统计数据、经验事实进行理论分析,提出研究假说,建立计量经济学模型,利用 2009~2017 年 260 个地级市层面的数据,实证分析"营改增"后地方政府土地财政收入的变化,并考虑建设用地控制指标在该影响机制中的作用。研究发现:(1)"营改增"对地方政府土地财政收入有显著正向影响;(2)"营改增"后土地财政收入的增加受到建设用地控制指标的约束;(3)建设用地控制指标的约束作用在 2013 年以后开始凸显。

5.2 新《预算法》对土地财政收入的影响

税收制度和预算管理制度是新一轮财税体制改革的两个非常重要的内容 (高培勇和汪德华, 2016)。上节分析的"营改增"是完善我国财税体系的重要一环,除了以"营改增"为代表的税收制度改革之外,我国对预算管理制度也进行了重要改革。2013 年的《全面改革决定》和 2014 年的《财改总体方案》设定我国预算管理制度的总目标是建立更规范、公开透明的现代预算管理制度 (高培勇和汪德华, 2016)。

高培勇和汪德华 (2016) 指出预算管理制度改革是本轮财税体制改革动手最早、力度最大、推进最快、成效最显著的领域。2015 年正式实施的新《预算法》在实现现代预算管理目标的过程中,进行了两方面的重要改革。一方面,规范政府收支行为,强化预算约束;新《预算法》明确规定预算包括一般公共预算、政府性基金预算、国有资本预算、社会保险基金预算,并且要求政府的全部收支必须纳入预算管理,都必须规范透明、接受监督;经过人大批准的预算不经过法定程序不得进行调整;另一方面,新《预算法》明确了我国财政公开的标准,也是首次将我国的财政信息公开相关内容写进法律,为政府的财政信息公开提供了法律保障，对我国财政透明度建设提出了新要求。

现有研究表明，我国软预算约束体制和财政透明度低，为地方政府获得预算外收入的滋生与发展提供了政策温床（Deng et al., 2013；Zhu et al., 2019；郭月梅和欧阳洁，2017）。土地出让是一种有效获得财政收入的工具，能够给地方政府提供巨大的预算外财政收入（Lichtenberg and Ding, 2009；周飞舟，2007），2010~2016 年，地方政府土地出让收入占地方预算内财政收入比重均值达64%。① 有研究认为土地财政收入符合软预算约束的特征（Qin, 2010）。杨圆圆（2010）指出财政透明度较低是地方政府依赖土地财政的重要因素。赵合云（2011）研究表明地方政府偏好土地财政是地方政府财政透明度不高和软预算约束制度环境下的必然选择。卢真和莫松奇（2020）认为财政透明度达到一定程度时对土地财政具有显著的约束作用。郭月梅和欧阳洁（2017）研究指出，我国地方政府财政透明度越低，软预算约束越强，地方政府依赖预算外收入越明显。

显然，随着新《预算法》的正式实施，明确现代预算管理的目的在于规范政府收支行为，强化预算约束，加强预算透明度建设，土地财政依赖的财政体制"软预算约束"和"较低的财政透明度"正在逐渐被修改、完善，那么，地方政府的土地财政收入是否会受到新《预算法》实施的影响？硬化"软预算约束"和加强"财政透明度"建设是否会限制地方政府增加土地财政收入？现有研究主要集中在分析新《预算法》对于强化预算约束（王立勇和王申令，2019），加强预算透明度建设的影响（上官泽明和牛富荣，2020；杨翟婷和王金秀，2020），而缺乏在此基础上分析新《预算法》对土地财政收入的影响。本节依据现有政策文件、数据和现有研究构建理论分析框架，进而利用2009~2017年中国 260 个地级市数据构建计量经济学模型，对上述两个问题进行深入研究。

5.2.1 分析框架

本节的分析框架如图 5-5 所示，简言之，土地财政得益于预算体制的两大缺陷：一个是软预算约束，另一个是预算缺乏公开透明性。而新《预算法》改善了预算体制的两个缺陷，即硬化了预算约束并且增加了财政透明度。

软预算约束在 1980 年首次被提出，研究者认为，当一个组织面临入不敷

---

① 数据来源于《中国国土资源统计年鉴》和《中国城市统计年鉴》。

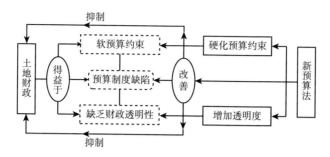

图 5 - 5 新《预算法》对土地财政收入影响

出，导致财政赤字，而该组织没有其他外部渠道可以获得财政支持时，可能面临破产或者关闭，此时称为该组织受到硬预算约束；相比较而言，如果该组织面临财政赤字，能够从其他外部组织获得财政支持缓解财政压力，则称为该组织受到软预算约束。换言之，一个组织受到软预算约束时，会努力寻找获得额外收入来缓解财政压力。软预算约束存在很多领域，财政管理的软预算约束就是财政预算对政府财政行为的约束不强，不足以制约政府倾向过度收支的行为（李承怡，2019），或者当地方政府无力缓解自身财政压力时，中央政府替其兜底的行为（Kornai et al.，2003）。相关研究表明，中国地方政府的软预算约束主要表现为依靠借贷、罚款、收费等方式获取预算外财政收入，因为中央政府给予地方政府的财政"补贴"，难以满足地方政府的财政需要（Jin and Zou，2003；周雪光，2005）。在预算体制上，软预算约束为地方政府获得预算外收入打开了政策缺口，而土地出让是一种有效获得财政收入的工具，能够给地方政府提供巨大的预算外财政收入（Wang et al.，2020；Shu et al.，2018）。有学者认为土地财政收入符合软预算约束的特征（Qin，2010）。虽然国务院出台文件加强对土地出让金管理，并要求将地方政府土地出让金纳入预算专户，2011 年出台文件要求将土地出让金全额纳入政府性基金预算，[①] 但是多数地方政府的土地出让金收支管理存在违规（郭月梅和欧阳洁，2017）。并且中央政府对于地方政府突破预算约束缺乏有效的责任追究机制，没有明确的执法主体、缺乏明确的法律责任以及有效的可操作性，客观上默认地方政府软预算约束的存在（赵合云，2011）。

财政透明即政府需要向公众准确、及时公开政府的财政收支和公共部门账户、财政政策取向、结构与功能，要求政府公开财政信息，显著提升公众的知

---

① 2010 年 6 月印发《关于将预算外资金管理的收入纳入预算管理的通知》（2011 年 1 月 1 日实施）。

情权（Kopits and Craig, 1998）。财政信息公开透明并接受广泛的社会监督，政府的财政收支行为以及宏观政策制定与实施才能更加规范（马亮, 2014）。较多研究指出地方政府土地财政相关信息的披露非常少，并且财政透明度较低是地方政府依赖土地财政的重要原因（杨圆圆, 2010；邓淑莲, 2016；赵合云, 2011；卢真和莫松奇, 2020）。土地财政的收支管理的法律不完善，"收支两条线"政策设计的实施效果远未达到预期、大打折扣，加剧了土地财政的不透明性。

2015 年 1 月 1 日开始实施的新预算法，在硬化预算约束、透明公开财政收支方面做出了较大努力。一是全口径预算体系首次在法律上得到确立。新预算法明确要求建立全口径预算，全部收支都应纳入预算（第 4 条），删除预算外收入相关的内容；第 13 条明确指出批准的预算是各级政府、部门、单位的全部支出依据，没有列入批准预算的不得支出。新《预算法》提出的全口径预算体系构建标志着我国财政规则产生重大变化，财政运行机制和财政决策逻辑也将因此而改变（竹志奇等, 2019）。二是详细规定了预算公开的时间、内容、解释说明以及法律责任。新《预算法》中关于预算公开的规定是从其编制、执行到决算的整个财政周期的全程公开，不仅是政府层面的公开、预算草案的公开，更是各级政府及部门全方位、全过程的公开。三是详细规定了人大如何有效行使预算审查监督权。从完善预算的初步审查制度到预算审查的重点内容、预算调整审查的程序以及预算执行如何监督都进行了详细规定。一方面，针对实践中预算编制太过粗糙，"看不清、弄不懂"这些问题，新《预算法》规定应当按照经济分类和功能分类对一般公共预算草案进行分类编制，使具体支出的用途和支出方向分别被反映到预算中，保障功能分类需要编列到项，经济性质分类需要编列到款，将两者结合才能反应支出预算的全貌。另一方面，新《预算法》对预算草案的初步审查制度进行了完善，指出预算草案、决算草案和预算修改调整方案均需要纳入初步审查范围，由县级人大常委会或者专门的委员会构建审查机构，并对审查的时限提出明确要求。

王立勇和王申令（2019）认为新《预算法》的全口径预算体系建立可以显著强化预算约束。全口径预算意味着预算外收入纳入政府性基金预算管理，在一定程度上改变了政府取钱、分钱、用钱方式，通过将政府全部收支纳入预算，并加强对预算的监督，实现预算权力由单一政府主导，转变为人大、公众和政府三方共同作用（王立勇和王申令, 2019；岳红举, 2018）。虽然早在 2007 年和 2011 年中央多次出台文件要求土地财政纳入预算，但是地方政府在实际执行过程中并不积极，只有财政局独自进行预算编制，与土地出让金紧密相关的国土局甚至没有参与预算编制工作（章瑞，2016）。全口径预算体系要求各层级的政府、部门和单位的支出必须按照经过批准的预算来执行。随着法律层面上全口径预算体系的确立，政府预算约束逐渐加强，法律条款明确规定了直接责任人员违反新预算法的法律责任，地方政府土地出让金纳入预算越来越规范，越来越严格，地方政府可能失去对土地财政相对自由的支配权，从而其追求土地财政的热情下降。

上官泽明和牛富荣（2020）认为新《预算法》的实施能够显著提升地方政府财政透明度。预算公开和监督执行都非常有利于公众了解政府收支信息。从管理学的视角看，有效约束、控制公共领域产品和服务提供方（即政府）行为的机制主要是公众发言机制。公众通过评价和问责来监督、约束、矫正政府行为，而这种机制发挥作用最重要的前提是政府信息公开透明（杨翟婷和王金秀，2020）。政府信息公开得越全面、真实、详细、及时、规范，公众对政府活动了解越清楚，越能发现问题和有效追责，地方政府各种违反公共利益的行为也就越难以藏身，行为因此就越规范。财政预算信息是政府核心信息，政府任何活动都会反映到财政预算信息。因此，财政预算信息公开、透明、真实最能有效约束和控制地方政府行为（杨翟婷和王金秀，2020；邓淑莲，2016）。新《预算法》将地方政府全部财政收入纳入预算，包括土地出让金，进一步完善了财政预算公开制度，这有利于地方政府土地财政收入曝光于公众监督之下，地方政府依靠土地财政收支自由裁量实现自身偏好的行为在一定程度上会受到约束与控制，导致地方政府对土地财政行为的偏好程度降低。

综上所述，地方政府对土地财政高度依赖，在一定程度上得益于软预算约束和预算缺乏透明的缺陷，而新《预算法》对上述两点缺陷进行了改革与完善（上官泽明和牛富荣，2020；王立勇和王申令，2019；孙磊，2015；邓淑莲等，2018），可能导致地方政府依赖土地财政收入的热情降低。鉴于此，提出本书待检验假说 5-2：新《预算法》对地方政府土地财政收入有显著负向影响，并且硬化预算约束和增加财政透明度是两个主要影响路径。

5.2.2　模型与变量选取

1. 模型设定

为分析新《预算法》对土地财政收入的影响，考虑到土地财政收入具有较强的时间序列自相关特性，即当期的土地财政收入受到上一期的土地财政收入影响十分明显（Wang and Hui，2017；Wu et al.，2015；Xu et al.，2013）。

参照相关研究（Liu and Alm，2016；Wang and Hui，2017；Wu et al.，2015；Xu et al.，2013；Ye and Wang，2013；上官泽明和牛富荣，2020；雷潇雨和龚六堂，2014；张先锋和王敏，2016），为了避免遗漏变量带来的回归偏误，考虑多个制度变化共同对土地财政收入的影响，同时，为了突出核心解释变量新《预算法》的影响，建立如下动态面板模型：

$$\ln LF_{it} = \alpha_0 + \alpha_1 \ln LF_{it-1} + \rho_1 Newlaw_{it} + \alpha_2 DUM_{it} + \alpha_3 BL_{it} + \sum_{j=1}^{6} \beta_j$$
$$\times Control_{it} + \gamma_i + \mu_t + \varepsilon_{it} \qquad (5-7)$$

在式（5-7）中，LF 表示地方政府土地财政收入，LF_{it-1} 表示滞后一阶的 LF，即上一年的土地财政收入；Newlaw 是新《预算法》虚拟变量，新《预算法》实施后，Newlaw =1，否则 Newlaw =0；DUM 表示其他制度虚拟变量，BL 表示建设用地控制指标变量。α_1 是 LF_{it-1} 的回归系数，即上一年土地财政收入对本年土地财政的影响程度。ρ_1 表示新《预算法》对地方政府土地财政收入的影响，α_2 是其他制度虚拟变量的回归系数，α_3 是建设用地控制指标变量回归系数。Control 为控制变量，β_j 为控制变量的回归系数，α_0 是常数项，γ_i 代表地区固定效应，μ_t 代表时间固定效应，为了避免制度虚拟变量与时间固定效应存在多重共线性，采用控制国家时间趋势项替代时间固定效应，ε_{it} 是残差项。

由于新《预算法》主要通过硬化软预算约束和加强财政透明度来对土地财政收入产生影响，因此，为了考察新《预算法》实施后，硬化软预算约束和加强财政透明度是否对土地财政收入产生影响，参照相关研究，构建强度双重差分模型来识别其影响（杨继东和杨其静，2016；Mian and Sufi，2012；Nunn and Qian，2011）。具体而言，引入软预算约束（Soft）和财政透明度（Transp）变量，在式（5-7）的基础上，分别构建新《预算法》（Newlaw）和软预算约束（Soft）、财政透明度（Transp）变量的交互项，即新《预算法》（Newlaw）和软预算约束（Soft）的交互项（Newlaw × Soft）、新《预算法》（Newlaw）和财政透明度（Transp）的交互项（Newlaw × Transp），可以识别新《预算法》实施后，硬化软预算约束（Soft）和加强财政透明度（Transp）对土地财政收入的影响，具体模型见式（5-8）、式（5-9）。

$$\ln LF_{it} = \alpha_0 + \alpha_1 \ln LF_{it-1} + \rho_1 Newlaw_{it} + \rho_2 Soft_{it} + \rho_3 Newlaw \times Soft_{it} + \alpha_2 DUM_{it}$$
$$+ \alpha_3 BL_{it} + \sum_{j=1}^{6} \beta_j \times Control_{it} + \gamma_i + \mu_t + \varepsilon_{it} \qquad (5-8)$$
$$\ln LF_{it} = \alpha_0 + \alpha_1 \ln LF_{it-1} + \rho_1 Newlaw_{it} + \rho_2 Transp_{it} + \rho_3 Newlaw \times Transp_{it}$$

$$+ \alpha_2 DUM_{it} + \alpha_3 BL_{it} + \sum_{j=1}^{6} \beta_j \times Control_{it} + \gamma_i + \mu_t + \varepsilon_{it} \qquad (5-9)$$

上述两式中，新《预算法》（Newlaw）和软预算约束（Soft）的交互项（Newlaw × Soft）、新《预算法》（Newlaw）和财政透明度（Transp）的交互项（Newlaw × Transp）是本书感兴趣的变量，主要关注其回归系数，下面变量选取章节对此进行了详细的解释。其余各个参数、变量的含义均同式（5-7）。

2. 变量选取

被解释变量是土地财政（LF，亿元）与 5.1 节一致，采用地方政府出让建设用地获得的土地出让金的总额来衡量。

核心解释变量：新《预算法》（Newlaw）是虚拟变量，新《预算法》实施后，那么 Newlaw = 1，否则 Newlaw = 0。另外两个核心解释变量是：软预算约束（Soft）变量和财政透明度（Transp）变量，下面对两个变量进行详细介绍。

软预算约束（Soft）变量：从现代预算的含义来看，政府预算是在市场经济的前提下，民众通过法律的手段来约束政府的财政收支行为。如果存在软预算约束，意味着地方政府的财政收支行为缺乏监督，为预算外的财政收入增长提供了可能。从我国的实践来看，地方政府的软预算约束主要有两方面表现，一是随意突破政府预算规划，扩大支出规模，另一个是对预算收入任务层层施压，超额获得预算收入。因此，参照相关研究（张蕊，2017；汪冲，2014；张延和赵艳朋，2016），采用两种方法衡量软预算约束指标，一是软预算约束指标 1（Soft1），用地方政府本级预算支出规模与自有财力的决算数之差作为软预算约束的衡量指标，该变量是一个连续变量，数值越大，表示受到软预算约束越大；另外，构建一个虚拟变量，软预算约束指标 2（Soft2），首先计算新《预算法》实施以前地方政府本级预算支出规模与自有财力的决算数之差的均值，然后将大于该均值的赋值 1，表示受到的软预算约束较大，否则赋值 0，表示受到的软预算约束较小。

式（5-8）中，新《预算法》与软预算约束（Soft）变量的交互项（Newlaw × Soft）是本书感兴趣的变量，预期该交互项的回归系数为负。软预算约束的连续变量（Soft1）与新《预算法》（Newlaw）的交互项（Newlaw × Soft1）系数为负，表示新预算法对土地财政的影响随着软预算约束增加而降低，由于软预算约束的值越大表示软预算约束越大，值越小，表示预算约束硬化程度越大，因此，交互项为负数可解释为随着预算约束硬化逐渐加强，新预算法对土地财政影响逐渐增加；软预算约束的虚拟变量（Soft2）与新《预算法》（Newlaw)的交互项(Newlaw × Soft2)系数为负,表示新《预算法》实施前,软预算约束相对较大的地方政府,在新《预算法》实施后,减少的土地财政收入更明显。

财政透明度(Transp)变量:在已有研究中,财政透明度指标的衡量主要利用政府财政信息的公开程度(Heald,2003;郭月梅和欧阳洁,2017)。国内的关于财政透明度的研究团队,依据我国具体国情与财政状况,借鉴国际货币基金组织(IMF)发表的《财政透明度手册》构建了我国的财政透明度指标。这些团队中,上海财经大学公共政策研究中心是我国最早发布省级财政透明度的研究机构,2009年至今,每一年均准时发布《中国财政透明度报告》,已连续发布11年。该报告评估政府财政透明度的过程中,综合考虑了各种相关信息,包括省级政府财政收支决算报表、财政官方网站公开发布的财政信息以及杂志报纸等媒体公开报道的财政信息等相关内容,评估了9个大项、166个小项,在目前我国省级政府财政透明度评估结果中较为客观理性,很多国内关于财政透明度的研究均选取了该指标进行分析(上官泽明和牛富荣,2020;温来成和马昀,2019;郭月梅和欧阳洁,2017;刘佳,2015;张蕊,2017)。借鉴这些研究,利用上海财经大学发布的《中国财政透明度报告》作为地方政府财政透明度指标的数据来源,以2009~2017年省级数据为研究样本,财政透明度(Transp)变量数据直接来源于历年的报告正文,依据该数据,本书构建两个财政透明度指标,财政透明度1(Transp1)和财政透明度2(Transp2);财政透明度1(Transp1)是连续变量,即直接采用财政透明度数据,该数据越大,财政透明度越大;财政透明度2(Transp2)是虚拟变量,首先计算新《预算法》实施以前地方政府财政透明度的均值,然后将小于该均值的赋值1,表示财政透明度较低,反之赋值0,表示财政透明度较高。

式(5-9)中,新《预算法》与财政透明度(Transp)变量的交互项(Newlaw × Transp)的系数 ρ_3 是本书感兴趣的回归系数,预期为负数。新《预算法》(Newlaw)与财政透明度连续变量(Transp1)的交互项(Newlaw × Transp1)为负数,表示新《预算法》对土地财政收入的影响,随着财政透明度的增加而减小,即新《预算法》实施之后,随着财政透明的逐渐增大,地方政府对土地财政的依赖逐渐下降;新《预算法》(Newlaw)与财政透明度(Transp2)虚拟变量的交互项(Newlaw × Transp2)为负数,表示在新《预算法》之前,财政透明度较低的地方政府在新《预算法》之后减小的土地财政收入的数量将更多,因为财政透明度加强,原始财政透明度较低的地区受影响更明显,更显著减少土地财政收入。

控制变量：为了保持研究的连续性，并且参照相关研究，控制变量的选取与 5.1 节一致，即经济发展（GDP，万元/人）、人口数量（POP，万人）、基础设施建设（ROAD，万平方米）、外商直接投资（FDI）、土地市场变量（LM）、不动产投资（REI，亿元），此处不再进行详细解释与说明。另外两个控制变量，一个是 DUM 其他制度虚拟变量，主要考虑 "营改增（BTV）"；另一个是建设用地控制指标（BL）变量；"营改增（BTV）" 和建设用地控制指标（BL）变量与 5.1 节一致。为了避免内生性，将除了 "营改增（BTV）" 之外的控制变量全部取滞后一阶数据进入模型。

5.2.3 研究区域选取与数据来源

本书采用 2009 ~ 2017 年中国 26 个省级行政区的面板数据验证上述假说。原因如下：（1）新《预算法》于 2015 年开始实施，研究时间区间需要将 2015 年包括在内；（2）由于财政透明度和软预算约束数据只能收集到省层面数据，并且财政透明度数据只能收集自 2009 年以来的数据，因此，本书将起始时间点设定为 2009 年，并且土地财政数据来源于中国土地市场网，该网站数据记录起始于 2007 年，考虑到 2008 年金融危机的影响，将时间起始点设置为 2009 年比较合理；（3）最近的数据只能收集统计到 2017 年，因此，时间区间设定 2009 ~ 2017 年；（4）考虑到直辖市与省级行政区存在区别，剔除北京、上海、天津、重庆四个直辖市；另外由于西藏自治区、香港特别行政区、澳门特别行政区、台湾地区数据存在部分缺失，在本书的样本中剔除，最终选择 26 个省级行政区。

软预算约束指标数据来源于《中国财政统计年鉴》，财政透明度数据来源于上海财经大学公共政策研究中心发布的历年《中国财政透明度报告》，其余数据来源于中国土地市场网、《中国统计年鉴》和《中国城市统计年鉴》。

本节主要变量的衡量方法、数据来源以及统计描述见表 5 - 2 和表 5 - 3。

5.2.4 实证分析与解释

本部分内容展示了利用两步系统广义矩估计方法的计量分析结果，即分析了新《预算法》对地方政府土地财政收入的影响，并且考虑硬化预算约束和增加预算透明度的影响路径。在进行结果分析之前，首先需要进行 AR（1）、AR（2）检验和 Hansen 检验来验证加入被解释变量滞后阶的必要性和工具变量的有效性,进而确保回归结果是合适的、稳健的(Arellano and Bond,1991)。从下面所有表格的回归结果中可以发现,无论是否加入被解释变量的二阶滞后项,AR(2)检验的 p 值都大于 0.05,即扰动项差分不存在二阶自相关;并且 Hansen 检验的 p 值均大于 0.05,无法拒绝"所有工具变量均有效"的原假设,意味着工具变量是有效的。为了与上文一致,保持研究的连续性,本书主要分析模型中包含滞后二阶被解释变量的回归结果,同时在表格中汇报了只包含滞后一阶被解释变量的回归结果作为一种稳健性检验。

1. 新《预算法》对土地财政的影响

首先,考察新《预算法》对土地财政收入的影响,利用两步系统广义矩估计方法,按照式(5-7),回归结果如表 5-8 所示。从表 5-8 中列(1)~(4)可以看出,无论是否加入控制变量,新《预算法》(Newlaw)变量的回归系数均为负,且列(2)~(4)分别在 1%、5% 和 15% 的显著水平下显著,说明新《预算法》对土地财政收入有显著负向影响。上文分析显示"营改增(BTV)"和建设用地控制指标(BL)对土地财政存在影响,控制住"营改增(BTV)"和建设用地控制指标(BL)变量之后,回归结果如列(5)~(8)所示,可以看出,新《预算法》(Newlaw)变量的回归系数均显著为负,回归结果与第(1)列至第(4)列基本一致,进一步说明新《预算法》对土地财政收入有显著负向影响,并且"营改增(BTV)"的回归系数与上文基本一致,一定程度说明回归结果是稳健的。

下面对上述结果进行稳健性检验。一方面,进行反事实检验(Counter Factual Test),设计思路是构建一个虚假的政策冲击,考察虚假政策是否对土地财政收入产生影响。本节选取新《预算法》前 1 年和前 2 年(T-1 年和 T-2 年)作为假想政策发生时间,采用 2009~2017 年样本,重新估计式(5-7),结果如表 5-9 所示,可以看出无论设置前 1 年(T-1 年)还是前 2 年(T-2 年)作为假想政策发生时间,也无论是否加入"营改增(BTV)"和建设用地控制指标(BL)变量和其他社会经济发展因素,核心解释变量(新预算法$^{T-1}$和新预算法$^{T-2}$)的回归系数均不显著,说明地方政府土地财政收入在 T-1 年和 T-2 年均没有发生显著变化,该结果也可以排除其他政策或随机性因素导致的土地财政收入变化,在一定程度上证明如表 5-8 所示的结果是稳健的。另一方面,采用260 个地级市的数据进行回归,该模型和数据与 5.1 节的表 5-4 列(7)、列(8)的模型与数据是完全一致的,从表 5-4 列(7)、列(8)的结果可以看出,核心解释变量的回归系数与表 5-8 基本一致,说明表 5-8 回归结果是稳健的。

表 5－8   新《预算法》对土地财政收入的影响

变量	(1)	(2)	(3)	(4)	(5)	(6)	(7)	(8)
	土地财政收入（LF）							
被解释变量滞后一阶	0.9269 *** (14.0002)	0.2054 (1.0226)	0.3132 * (1.8666)	0.3000 ** (2.0442)	0.4687 *** (4.3229)	0.2644 ** (2.4384)	0.4231 * (1.6900)	0.2791 *** (3.4059)
被解释变量滞后二阶	—	0.7409 *** (3.4486)	—	−0.0797 (−0.7488)	—	—	−0.0821 (−0.7318)	−0.0846 * (−1.8027)
新预算法	−0.0213 (−0.3940)	−0.5221 *** (−4.9305)	−0.9873 ** (−2.1822)	−0.7062# (−1.4459)	−1.4328 ** (−2.4940)	−0.9663 *** (−4.4057)	−1.3706 * (−1.7598)	−0.7759 *** (−2.7498)
营改增	—	—	0.4987 (0.8890)	0.5906 (1.1257)	0.1198 (0.1676)	0.4746# (1.6380)	0.3130 (0.4862)	0.6669 * (1.8972)
外商直接投资	—	—	−0.1012 (−0.3067)	0.3263 (0.5161)	0.0831 (0.2870)	0.0280 (0.1562)	0.6387 (0.5882)	0.2282 (0.8889)
经济发展	—	—	−0.2494 (−0.5051)	−0.5294# (−1.5224)	0.3522 (0.7185)	−0.3744 (−1.0817)	0.0843 (0.0783)	−0.5388 (−1.2756)
土地市场	—	—	−0.5430 (−0.4688)	−0.2047 (−0.1771)	1.3838 (1.2752)	−0.8442 (−0.9175)	0.7738 (0.3409)	−0.8371 (−0.9196)
人口数量	—	—	−0.2396 (−0.7744)	−0.1964 (−1.3036)	−0.2532 (−0.7388)	−0.3074 *** (−2.6393)	−0.1782 (−0.4377)	−0.1678 (−1.1894)
基础设施建设	—	—	0.1899 (0.6773)	0.2779 (0.6196)	0.4174 (1.1935)	0.2458 * (1.7043)	0.5988 (0.9141)	0.2032 (0.9022)
不动产投资	—	—	0.9283 ** (2.2920)	0.8772 ** (2.2612)	0.1822 (0.4316)	1.0248 *** (3.9867)	0.1914 (0.2775)	0.9924 *** (3.3028)
建设用地控制指标1	—	—	—	—	−1.6683 ** (−2.3221)	—	−1.7799# (−1.5462)	—
建设用地控制指标2	—	—	—	—	—	0.0313 (0.2127)	—	−0.1727 (−0.7868)
C	0.5192 (0.9980)	0.9183 ** (2.3581)	1.3059 (0.1928)	3.3586 (0.5374)	−2.9386 (−0.8241)	2.2755 (0.6539)	−1.9577 (−0.1651)	3.9122 (0.7886)
Year	YES	YES	YES	YES	YES	YES	YES	YES
N obs.	234	234	234	234	234	234	234	234
N provinces	26	26	26	26	26	26	26	26
N Instruments	21	21	27	26	27	27	26	26
AB1 p-value	0.0082	0.4942	0.0239	0.0203	0.0010	0.0104	0.0710	0.0075
AB2 p-value	0.7693	0.0052	0.5918	0.2627	0.4778	0.7187	0.1823	0.2876
Hansen p-value	0.5284	0.5425	0.2608	0.1685	0.1552	0.0895	0.0843	0.0583

注：土地财政收入（LF）、经济发展（GDP）、人口数量（POP）、基础设施建设（ROAD）和不动产投资（REI）变量采用自然对数进入回归，控制变量和建设用地控制指标（BL1、BL2）变量均采用滞后一阶进入模型；这些结果采用两步系统广义矩估计方法，控制了时间趋势，括号内为 t 统计量；*** 、 ** 、 * 、#分别表示在 1%、5%、10%、15%的水平上显著；"—"表示空白。

资料来源：Stata 统计输出。

表 5 – 9 新《预算法》对土地财政收入的影响的假设检验

变量	(1)	(2)	(3)	(4)	(5)	(6)	(7)	(8)
	土地财政收入（LF）							
被解释变量滞后一阶	1.2307 (1.0157)	1.2937 (0.9573)	0.7739# (1.4840)	1.0418 (0.9992)	1.2988* (1.7733)	1.0633* (1.7879)	1.3028# (1.5756)	1.7518** (2.0867)
被解释变量滞后二阶	—	−0.0809 (−0.1520)	—	−0.6287 (−0.4294)	—	—	−0.0158 (−0.0438)	−0.9534 (−0.9007)
新预算法$^{T-1}$	−1.8189 (−0.8348)	−1.4826 (−0.6689)	—	—	−1.9823 (−0.9755)	−1.7647 (−1.0249)	—	—
新预算法$^{T-2}$	—	—	0.4449 (0.2151)	0.6489 (0.2746)	—	—	−1.7595 (−0.7302)	−1.4198 (−0.4040)
营改增	1.4273 (0.6954)	1.0777 (0.5186)	−0.7975 (−0.7905)	−0.9708 (−0.8396)	1.2804 (0.5885)	1.4957 (0.8388)	1.0374 (0.4501)	0.3217 (0.1588)
建设用地控制指标1	—	—	—	—	−0.6723 (−0.4905)	—	−0.6562 (−0.4440)	—
建设用地控制指标2	—	—	—	—	—	−0.1032 (−0.2257)	—	−0.4256 (−1.1512)
控制变量	YES	YES	YES	YES	YES	YES	YES	YES
C	0.8145 (0.0633)	1.6487 (0.1897)	9.7035 (0.4998)	9.1155 (0.3631)	0.4821 (0.0572)	1.8212 (0.1808)	0.6329 (0.0682)	−8.8093 (−0.2349)
Year	YES	YES	YES	YES	YES	YES	YES	YES
N obs.	234	234	234	234	234	234	234	234
Nprovinces	26	26	26	26	26	26	26	26
N Instruments	24	24	21	21	24	24	24	21
AB1 p-value	0.3240	0.3845	0.0070	0.3027	0.1278	0.1577	0.2024	0.2448
AB2 p-value	0.2668	0.8181	0.9191	0.7350	0.4188	0.1949	0.8024	0.4632
Hansen p-value	0.6901	0.6146	0.5143	0.4094	0.5633	0.5989	0.4494	0.8613

注：土地财政收入（LF）、经济发展（GDP）、人口数量（POP）、基础设施建设（ROAD）和不动产投资（REI）变量采用自然对数进入回归，控制变量和建设用地控制指标（BL1、BL2）变量均采用滞后一阶进入模型；采用两步系统广义矩估计方法，控制了时间趋势，括号内为 t 统计量；***、**、*、#分别表示在1%、5%、10%、15%的水平上显著；"—"表示空白。

资料来源：Stata 统计输出。

其次，引入新《预算法》动态变量（新预算法^N），考察新《预算法》对土地财政收入的动态影响。新预算法^N（Newlaw^N）是新《预算法》第 N 年的年度虚拟变量（其中，N = 2015，2016，2017）。例如，当 N = 2015 时，新《预算法》变量在 2015 年（新预算法^{2015}）赋值 1，其余年份赋值 0。值得注意的是，该模型不适合采用时间固定效应，因为时间固定效应与解释变量（Newlaw^N）之间存在完全多重共线性，所以本书用控制国家时间趋势代替时间固定效应。动态效应的回归结果如表 5 - 10 所示。可以看出，新预算法^N（Newlaw^N）变量的回归系数均为负数，并且显著性逐渐增强，回归系数绝对值也有逐渐增大的趋势，说明新《预算法》实施即 2015 年以后新《预算法》对土地财政的影响均为负，并且显著性逐渐增加，影响也逐渐加强。

表 5 - 10　　　　　　新《预算法》对土地财政收入的动态影响

变量	(1)	(2)	(3)	(4)
	土地财政收入（LF）			
被解释变量滞后一阶	0.1682 (1.2962)	0.2505$^\#$ (1.5543)	0.1029 (0.9447)	0.1151 (0.9850)
被解释变量滞后二阶	—	—	− 0.1148 ** (− 2.1358)	− 0.0840 (− 1.3401)
新预算法^{2015}	− 0.5206 (− 1.4129)	− 0.5884 (− 1.2745)	− 0.6545$^\#$ (− 1.5213)	− 0.6777$^\#$ (− 1.4485)
新预算法^{2016}	− 0.7312 *** (− 2.7265)	− 0.7608 ** (− 1.9621)	− 0.8979 * (− 1.8830)	− 0.9456 ** (− 1.9764)
新预算法^{2017}	− 0.7150 *** (− 2.6587)	− 0.8282 * (− 1.7316)	− 0.7788$^\#$ (− 1.4661)	− 0.9576 * (− 1.7905)
营改增	0.3102 (0.8509)	0.4095 (0.9709)	0.6695 * (1.8223)	0.5400 (1.1802)
建设用地控制指标 2	—	− 0.2640 (− 0.5035)	—	− 0.1287 (− 0.4042)
建设用地控制指标 1	0.0497 (0.0506)	—	0.6971 (0.5736)	—
控制变量	YES	YES	YES	YES
C	6.7321 (1.3662)	7.4748 (0.9233)	10.0122 (1.2143)	11.4768 ** (1.9866)
Year	YES	YES	YES	YES
N obs.	234	234	234	234
Nprovinces	26	26	26	26
N Instruments	27	27	26	26

续表

变量	(1)	(2)	(3)	(4)
	土地财政收入（LF）			
AB1 p-value	0.8388	0.1467	0.1547	0.2042
AB2 p-value	0.5006	0.8833	0.1982	0.3354
Hansen p-value	0.7278	0.5164	0.7920	0.8903

注：土地财政收入（LF）、经济发展（GDP）、人口数量（POP）、基础设施建设（ROAD）和不动产投资（REI）变量采用自然对数进入回归，控制变量和建设用地控制指标（BL1、BL2）变量均采用滞后一阶进入模型；采用两步系统广义矩估计方法，控制了时间趋势，括号内为 t 统计量；***、**、*、#分别表示在1%、5%、10%、15%的水平上显著；"—"表示空白。
资料来源：Stata 统计输出。

2. 新《预算法》与软预算约束对土地财政的影响

本节考察新《预算法》与软预算约束对土地财政的影响，利用两步系统广义矩估计方法，按照式（5-8），回归结果如表5-11所示，列（1）~（4）是用连续变量（Soft1）衡量软预算约束的回归结果，列（5）~（8）是用虚拟变量（Soft2）衡量软预算约束的回归结果。可以看出，本书关注的核心解释变量即软预算约束变量（Soft）与新《预算法》（Newlaw）的交互项（Newlaw×Soft），无论用虚拟变量（Soft2）还是用连续变量（Soft1）衡量软预算约束，交互项（Newlaw×Soft）的回归系数均显著为负，说明回归结果在一定程度上是稳健的。一方面，软预算约束的连续变量（Soft1）与新《预算法》（Newlaw）的交互项（新预算法×软预算约束指标1）回归系数为负数，说明新《预算法》实施以后，随着预算约束硬化逐渐加强，地方政府会进一步降低对土地财政的依赖。另一方面，软预算约束的虚拟变量（Soft2）与新《预算法》（Newlaw）的交互项（新预算法×软预算约束指标2）回归系数为负，说明新《预算法》实施前软预算约束相对较大的地方政府，在新《预算法》实施后，减少的土地财政收入更明显，即由于新《预算法》强化了预算约束程度，地方政府按预算执行财政收支，使其寻求预算外土地财政收入的热情降低。

表5-11　　新《预算法》与软预算约束对土地财政收入的影响

变量	(1)	(2)	(3)	(4)	(5)	(6)	(7)	(8)
	土地财政收入（LF）							
被解释变量滞后一阶	0.7956# (1.5912)	0.5179* (1.7016)	0.7790** (2.0487)	0.6047 (1.3550)	0.8506** (2.1426)	0.6221 (1.3090)	0.7640* (1.7676)	0.9594** (2.2379)

续表

变量	(1)	(2)	(3)	(4)	(5)	(6)	(7)	(8)
	土地财政收入（LF）							
被解释变量滞后二阶	—	—	-0.0185 (-0.1294)	-0.1057 (-0.8013)		—	-0.0214 (-0.1051)	0.0057 (0.0362)
新预算法	8.7085** (2.1498)	4.9162 (1.1986)	8.5337# (1.5221)	8.9481# (1.4684)	-1.1790** (-2.1399)	-0.5987 (-0.4831)	-0.7295 (-0.6828)	-0.6318 (-0.6134)
软预算约束指标1	0.4551 (0.4119)	0.7673 (0.8156)	0.9665 (0.8802)	1.5984# (1.4963)			—	—
新预算法×软预算约束指标1	-1.4009*** (-2.5789)	-0.8151# (-1.4888)	-1.3854* (-1.8674)	-1.4097* (-1.7423)				
软预算约束指标2	—	—	—	—	0.4076 (0.8265)	0.7020 (1.0708)	0.3031 (0.2625)	0.4511 (0.5375)
新预算法×软预算约束指标2	—	—	—	—	-1.8537* (-1.9159)	-2.0907# (-1.4486)	-2.1568* (-1.9357)	-2.2381*** (-3.4686)
建设用地控制指标1	-1.7561 (-1.3650)	—	-1.2428 (-0.8809)		-2.1090* (-1.7465)		-1.7357 (-1.0122)	—
建设用地控制指标2	—	-0.0702 (-0.1468)	—	-0.0799 (-0.2232)	—	0.3336 (0.6167)	—	0.4482* (1.7221)
营改增	0.6973 (1.1215)	0.8295 (1.0083)	0.8409 (1.1750)	0.9365 (1.1853)	0.4821 (0.8097)	1.1728# (1.5564)	1.0854 (1.2437)	1.1740* (1.7027)
外商直接投资	1.0836 (0.9980)	0.2660 (0.3358)	0.5085 (0.4912)	-0.3956 (-0.3787)	0.4268 (0.5573)	0.4463 (0.7130)	0.7980 (0.6975)	0.5438 (1.1923)
经济发展	-0.1454 (-0.1255)	-0.6230 (-0.7926)	-0.3876 (-0.4651)	-0.6412 (-0.6292)	0.5056 (0.4970)	-0.6904 (-0.6767)	-0.1714 (-0.1180)	-0.0858 (-0.1026)
土地市场	0.2442 (0.1333)	-0.7498 (-0.4877)	-0.0497 (-0.0258)	-0.8186 (-0.4376)	-1.1147 (-0.4956)	-1.8533 (-0.7974)	-0.9586 (-0.4032)	-1.3753 (-0.7015)
人口数量	-0.8968 (-1.2085)	-0.3778 (-1.1086)	-0.7567* (-1.9291)	-0.3135 (-0.5261)	-0.6521 (-1.0087)	-0.8031 (-1.3112)	-0.6628 (-0.9634)	-0.8142# (-1.4683)
基础设施建设	1.3417 (1.3664)	0.2053 (0.2109)	0.6944 (0.9241)	-0.2027 (-0.1537)	1.0005 (1.0558)	1.0169 (1.0145)	1.3107 (1.2315)	1.1572* (1.8722)
不动产投资	0.1194 (0.1414)	0.6889 (1.0758)	0.2407 (0.3514)	0.6997 (1.0833)	0.0839 (0.0993)	0.8622 (0.9519)	0.2106 (0.1955)	0.3710 (0.4959)

续表

变量	(1)	(2)	(3)	(4)	(5)	(6)	(7)	(8)
	土地财政收入（LF）							
C	−8.3291	0.7477	−3.8103	−0.4816	−8.3989	−0.5499	−5.8676	−7.4091
	(−0.8009)	(0.0685)	(−0.4542)	(−0.0323)	(−0.7506)	(−0.0411)	(−0.2973)	(−0.6631)
Year	YES	YES	YES	YES	YES	YES	YES	YES
N obs.	234	234	234	234	234	234	234	234
Nprovinces	26	26	26	26	26	26	26	26
N Instruments	27	27	26	26	27	27	26	26
AB1 p-value	0.0894	0.0388	0.0171	0.0174	0.0071	0.0497	0.0174	0.0052
AB2 p-value	0.4445	0.9421	0.8254	0.5130	0.9064	0.6708	0.5130	0.7368
Hansen p-value	0.5992	0.3997	0.4794	0.6550	0.9736	0.5950	0.3861	0.6417

注：土地财政收入（LF）、经济发展（GDP）、人口数量（POP）、基础设施建设（ROAD）和不动产投资（REI）变量采用自然对数进入回归，控制变量和建设用地控制指标（BL1、BL2）变量均采用滞后一阶进入模型；这些结果采用两步系统广义矩估计方法，控制了时间趋势，括号内为 t 统计量；***、**、*、#分别表示在1%、5%、10%、15%的水平上显著；"—"表示空白。

资料来源：Stata 统计输出。

3. 新《预算法》与财政透明度对土地财政的影响

本节考察新《预算法》与财政透明度对土地财政的影响，利用两步系统广义矩估计方法，按照式（5-9），回归结果如表5-12所示，列（1）~（4）是用连续变量（Transp1）衡量财政透明度的回归结果，列（5）~（8）是用虚拟变量（Transp2）衡量财政透明度的回归结果。可以看出，本书关注的核心解释变量即财政透明度（Transp）变量与新《预算法》（Newlaw）的交互项（Newlaw×Transp），无论用连续变量（Transp1），还是用虚拟变量（Transp2）衡量财政透明度，交互项（Newlaw×Transp）的回归系数均显著为负，说明回归结果在一定程度上是稳健的。一方面，财政透明度的连续变量（Transp1）与新《预算法》（Newlaw）的交互项（新预算法×财政透明度1）回归系数负数，表示新《预算法》对土地财政收入的影响，随着财政透明度的增加而减小，即新《预算法》实施之后，随着财政透明的逐渐增大，地方政府对土地财政的依赖逐渐下降。另一方面，财政透明度的虚拟变量（Transp2）与新《预算法》（Newlaw）的交互项（新预算法×财政透明度2）回归系数负数，表示新《预算法》之前财政透明度较低的地方政府，在新《预算法》之后减少的土地财政收入的数量将更多，因为财政透明度加强，原始财政透明度较低的地区受影响更明显，其寻求预算外土地财政收入的空间被缩小的幅度更大。

表 5 - 12　　　　　　　新《预算法》与财政透明度对土地财政收入的影响

变量	(1)	(2)	(3)	(4)	(5)	(6)	(7)	(8)
	土地财政收入（LF）							
被解释变量滞后一阶	0.5523 *** (2.8608)	0.6576 * (1.7748)	0.4217 *** (2.5874)	0.4402 ** (2.0439)	0.4104 *** (2.9020)	0.3996 *** (3.2712)	0.3858 *** (2.7600)	0.3718 ** (2.4355)
被解释变量滞后二阶	—	—	- 0.0977 * (- 1.7974)	- 0.1019 * (- 1.6552)			- 0.0827 (- 1.2794)	- 0.0834 (- 1.0761)
新预算法	- 0.1401 (- 0.1740)	0.3624 (0.3175)	0.0700 (0.0701)	- 0.1764 (- 0.1627)	- 1.0767# (- 1.5334)	- 1.2502 ** (- 2.3436)	- 0.5078 (- 0.7971)	- 1.7679 ** (- 2.3142)
财政透明度 1	2.6422 ** (2.0554)	2.8419 (1.2136)	2.1500# (1.6345)	1.9001 (0.9961)	—	—	—	—
新预算法 × 财政透明度 1	- 4.2037 * (- 1.9186)	- 5.7165# (- 1.4842)	- 4.3181 ** (- 2.0057)	- 3.8397 * (- 1.6539)				
财政透明度 2	—	—	—	—	- 0.1546 (- 1.1794)	0.3285 (1.4179)	- 0.3080 * (- 1.9449)	0.3362 (0.8077)
新预算法 × 财政透明度 2	—	—	—	—	- 0.8903 * (- 1.8088)	- 0.5679 * (- 1.8339)	- 0.8539 * (- 1.7613)	- 0.5338# (- 1.4562)
营改增	0.5501 (0.7918)	0.6556 (0.7021)	0.5376 (1.3571)	0.3871 (0.7155)	0.3575 (0.9684)	0.5479 (1.2547)	0.2418 (0.6324)	0.8388# (1.5114)
建设用地控制指标 1	- 0.1100 (- 0.1021)		0.6343 (0.4854)		- 1.7977 ** (- 1.9814)		- 1.2293 * (- 1.6657)	
建设用地控制指标 2	—	- 0.1091 (- 0.3597)		0.0330 (0.1505)		0.1074 (0.7338)		0.0594 (0.2841)
外商直接投资	0.5449 * (1.6580)	0.4941 (0.6713)	0.3341 (0.7932)	0.4396 (0.7492)	0.3351 (0.8947)	0.7702 * (1.6524)	0.3727 (0.9063)	0.7521 (1.0860)
经济发展	- 0.3788 (- 0.6556)	- 0.2122 (- 0.2998)	- 0.6031 (- 1.1836)	- 0.5035 (- 0.7243)	- 0.0869 (- 0.1605)	- 0.3325 (- 0.5889)	0.1827 (0.3128)	- 0.5082 (- 0.6730)
土地市场	- 0.3838 (- 0.2408)	- 0.8110 (- 0.4319)	- 0.9045 (- 0.7990)	- 0.7754 (- 0.5145)	- 1.4068 (- 1.2320)	- 0.0238 (- 0.0344)	- 0.8468 (- 0.8428)	- 0.1050 (- 0.0989)
人口数量	0.0612 (0.1609)	0.1812 (0.5270)	0.4194 (1.4286)	0.3104 (1.0127)	- 0.5892# (- 1.5711)	0.1194 (0.3811)	- 0.1496 (- 0.4796)	0.1923 (0.8556)

续表

变量	(1)	(2)	(3)	(4)	(5)	(6)	(7)	(8)
	土地财政收入（LF）							
基础设施建设	0.2871	0.2676	-0.0662	0.0649	0.5196 *	0.2505	0.5167 *	0.3161
	(0.8837)	(0.6635)	(-0.1727)	(0.1149)	(1.7047)	(0.6854)	(1.7466)	(0.8225)
不动产投资	0.2306	0.0817	0.5292	0.4049	0.6535	0.3642	0.5429	0.3940#
	(0.4091)	(0.1309)	(1.1628)	(1.0632)	(1.3940)	(1.2613)	(1.1340)	(1.5993)
C	0.2453	-1.8354	2.2844	2.0340	1.7476	-0.0436	-3.8530	0.3651
	(0.0392)	(-0.2567)	(0.3460)	(0.2006)	(0.3391)	(-0.0093)	(-0.6818)	(0.0402)
Year	YES	YES	YES	YES	YES	YES	YES	YES
N obs.	234	234	234	234	234	234	234	234
Nprovinces	26	26	26	26	26	26	26	26
N Instruments	27	27	26	26	27	27	26	26
AB1 p-value	0.0590	0.2602	0.0672	0.1085	0.0001	0.0525	0.0244	0.0507
AB2 p-value	0.1864	0.2975	0.0521	0.1644	0.7585	0.6980	0.5844	0.9664
Hansen p-value	0.8316	0.7840	0.9323	0.9127	0.4217	0.6349	0.1811	0.9232

注：土地财政收入（LF）、经济发展（GDP）、人口数量（POP）、基础设施建设（ROAD）和不动产投资（REI）变量采用自然对数进入回归，控制变量和建设用地控制指标（BL1、BL2）变量均采用滞后一阶进入模型；这些结果采用两步系统广义矩估计方法，控制了时间趋势，括号内为 t 统计量；***、**、*、#分别表示在 1%、5%、10%、15%的水平上显著；"—"表示空白。

资料来源：Stata 统计输出。

5.2.5 研究结果

2015 年 1 月 1 日起实施的新《预算法》，在规范政府收支行为、强化预算约束、加强财政透明度建设等方面改革效果最显著，现代预算管理体制目标正在逐渐实现。地方政府土地财政依赖的"软预算约束"和"较低的财政透明度"财政预算体制缺陷正在被改革和完善。本节依据现有政策文件、数据和现有研究构建理论分析框架，利用 2009~2017 年中国 26 个省级行政区的数据构建计量经济学模型，分析了新《预算法》对地方政府土地财政收入的影响，并分析该影响是否通过硬化预算约束和加强财政透明度产生。

本节的分析主要得出以下研究结果：第一，新《预算法》对土地财政收入有显著负向影响，并且这种影响有逐渐增大的趋势；第二，新《预算法》实施以后，随着预算约束硬化逐渐加强，地方政府会降低对土地财政的依赖；

第三，新《预算法》实施之后，随着财政透明度的逐渐增加，地方政府对土地财政的依赖度逐渐下降。

5.3　"三块地"改革对土地财政收入的影响

2010～2016 年，地方政府土地财政收入占地方预算内财政收入比重的均值达 64%，[①] 已经成为维持现行分税财政体制的重要收入来源，不仅增加了政府可支配财力与宏观调控能力（刘佳，2015），而且对地区的工业化、城镇化起到显著推动作用（蒋震，2014b；雷潇雨和龚六堂，2014；贾康和梁季，2015）。由于人多地少的基本国情，土地资源的瓶颈约束使得土地财政模式的负效应愈加凸显，相关研究充分认识到了现行以土地制度缺陷为突破口、以农地（耕地）为原材料的土地财政模式是不可持续的（Zheng et al.，2014；雷潇雨和龚六堂，2014；杜雪君和黄忠华，2009）。现有较多关于土地财政的研究均提出，缓解地方政府对土地财政的依赖需要构建城乡统一建设用地市场、完善现有征地制度等政策措施（钱忠好和曲福田，2004；吴群和李永乐，2010；唐鹏等，2014）。

"三块地"改革在一定程度上动摇了土地财政的土地制度根基。2015 年北京市大兴区等 33 个试点县级行政区开始农村土地征收、集体经营性建设用地入市、宅基地制度等"三块地"改革，暂停实施土地管理法等法律关于土地征收、集体建设用地使用权不得出让等相关规定，提出允许农村集体经营性建设用地入市，提高被征地农民分享土地增值收益的比例等详细的改革措施。显然，"三块地"改革正在改善现有征地制度，并逐步构建城乡统一建设用地市场。

由于"三块地"改革以盘活闲置资源、提升耕地质量与生产力、保障粮食安全、增加农民收入为目标，是中央政府破解保护耕地与保护发展矛盾的重大战略改革，相关研究多集中于探讨如何更好地深化改革，使其达到预期的制度改革效果（严金明等，2018）。虽然有个别研究探索新一轮土地制度改革对土地财政收入的影响（王玉波，2016；王星月和吴九兴，2016；宁婷，2020；何丹和吴九兴，2020），但其仅局限在集体建设用地制度改革，并且以定性分析为主，对"三块地"改革如何瓦解土地财政赖以生存的土地制度缺陷缺乏

[①]　数据来源于《中国国土资源统计年鉴》和《中国城市统计年鉴》。

关注，进而缺乏对"三块地"改革是否影响土地财政收入的定量研究。鉴于此，本节关注的焦点是，"三块地"改革是否会阻碍地方政府获取土地财政收入，导致地方政府土地财政收入减少？本节将基于县层面的土地出让数据，采用倾向匹配得分双重差分法（PSM-DID）研究"三块地"改革是否影响了土地财政收入。

5.3.1　分析框架

本节分析框架如图 5 – 6 所示。土地财政的土地制度基础主要包含两个方面：土地出让制度和土地征收制度（靳相木和丁静，2010；吴群等，2015）。首先，土地财政得益于土地出让制度。土地出让制度规定土地使用权出让是国家作为土地所有者，将土地一定年限内的使用权让与使用者，并向土地使用者收取土地使用权出让金的行为。[①] 分配城市土地使用权的权力由地方政府代表国家行使，因此，出让土地的权力实际上是掌握在城市地方政府手中，中央政府管理土地的部门对地方政府出让土地行为没有形成实质有效的约束（黄贤金，2009）。

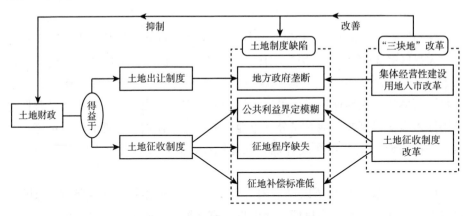

图 5 – 6　"三块地"改革对土地财政影响

土地财政得益于土地征收制度（高延娜等，2006；马贤磊和曲福田，2006；诸培新和唐鹏，2013）。地方政府出让的土地主要来源于征收农用地，因为与城市更新、利用存量土地相比，征收土地利用新增土地成本显著较低，并且新增土地具有较强的可塑性，便于管理（王健等，2019b；王健等，2019c）。地

---

① 见《中华人民共和国城镇国有土地使用权出让和转让暂行条例》。

方政府对于征收土地拥有绝对控制权，利用用途转化的价值剪刀差获得巨额收入。地方政府征收土地存在经济上的诱导因素（吴群和李永乐，2010），短期内可以实现地方政府大量的客观利益。征地越多、卖地越多，地方政府从土地上获得的可支配收入越多（蒋省三等，2007）。

"三块地"改革试点启动后，试点地区暂且停止实施《土地管理法》《城市房地产管理法》中有关征地、集体建设用地入市、宅基地的 6 个条款。一方面，对于原有土地征收制度缺陷，均做了较多的完善与改进。各个试点地区均出台了相关政策文件，例如，金寨县地方政府出台了《金寨县土地征收暂行办法》《金寨县土地征收目录》，定州市地方政府出台了《公共利益用地目录划定方案》《公益性和非公益性用地界表》《定州市被征地农民参加基本养老保险实施方案》《关于推进土地征收制度改革试点工作规范征地程序的意见》，武进区地方政府出台了《常州市武进区土地征收范围（试行）》等；这些政策文件对公益用地范围进行严格界定，并对公益用地逐一列举，缩小征收土地的范围，完善被征地农民的参与机制，进一步规范土地征收程序；详细解释说明每种征地补偿标准，并规定最低补偿额，提高被征地农民获得补偿的标准；建立被征地农民更稳定的就业和养老社会保障体系。

农村集体经营性建设用地入市是对传统土地出让制度，即地方政府垄断土地出让制度的改革。集体经营性建设用地入市改革主要目标是逐渐完善集体经营性建设用地产权，明确其入市途径与范围，建立其完整的市场交易规则和服务监管体系，使土地增值收益分配能够兼顾个人、集体与国家。上述目标有利于打破地方政府对土地市场的垄断，形成相对开放、自由竞争的经营性建设用地价格体系和城乡统一的建设用地市场。虽然集体经营性建设用地入市会受到土地用途管制和土地利用规划的约束，但是地方政府不再是集体土地的唯一"买方"，农民可以选择"买家"；地方政府也不再是土地使用权的唯一"卖家"，土地使用者可以选择"卖方"。农民集体和用地单位将变成交易主体，城乡统一土地市场的开放性和竞争性都将形成（祝天智，2014）。土地供给总量增加，平均价格下降，有利于土地价格信号回归反映真正市场需求的正常区域，一方面会削弱地方政府利用垄断出让建设用地的权利而获得财政收入的行为（吕萍等，2018），另一方面会减少地方政府获得的差额出让金。

综合上述分析，"三块地"改革前，地方政府获取土地财政收入得益于土地出让制度与土地征收制度，改革后，尤其集体经营性建设用地入市改革和土地征收制度改革，打破了地方政府供给建设用地的垄断地位，对公共利益进行了详细界定，进一步完善了征地程序，提高了征地补偿标准。可见，"三块地"改革后，土地财政依赖的传统土地制度正在发生变化，可能会阻碍地方政府获取土地财政收入。因此，提出本书待检验假说5－3："三块地"改革对地方政府土地财政收入有负向影响。

5.3.2 模型与变量选取

2015年3月，"三块地"改革试点工作在33个县正式启动。由于"三块地"改革发生在33个县，其他县均未发生改革，可以对"三块地"改革的影响进行准自然实验分析。即通过区分实验组与对照组，采用双重差分法（DID）分析在其他因素一致且不变的情况下，若县进行了"三块地"改革，那么其土地财政收入会发生怎样的变化。

双重差分方法估计结果是否可信，很大程度上取决于实验组和对照组的考察变量是否都具有相同的时间趋势，即双重差分方法估计的实验组和对照组要满足共同趋势假设。如果实验前具有相同的时间趋势，那么实验后两组土地财政收入变化的差异就是"三块地"改革的政策处理效应引起的。显然，国家在选定改革试点的制度安排并非完全外生、随机，通常是根据一系列社会经济因素决定的人为选择过程，这些社会经济因素也会对土地财政收入产生影响，可能存在自选择问题，即很难辨别是制度变化引起的土地财政收入变化，还是社会经济发展因素引起的。因此，简单地将非改革试点县作为对照组进行分析会造成选择偏误。

倾向匹配得分法（PSM）有助于改善选择偏差问题（Rosenbaum and Rubin，1985），保证对照组和实验组的可比性。倾向匹配得分法的思想源于匹配估计量，基本思路是在未实施"三块地"改革的样本找到某个县i，使其与进行了"三块地"改革的县j的主要特征（可观测变量）尽可能相似，使得匹配后的实验组与对照组的县之间仅在是否进行"三块地"改革方面不同，具体实施步骤如下。（1）计算倾向得分值 [即 $P(X) = Pr(Reform = 1 \mid X)$]。PSM能够把县多个维度的特征综合成一个倾向匹配得分值，通过实验组和对照组得分值的距离进行匹配。该得分可以通过构建一个Probit（或Logit）回归模型 [$Probit(Treat_i = 1) = \alpha + \beta X_i + \varepsilon_i$] 估计得到，被解释变量为虚拟变量，对照组取值为0，实验组取值为1，解释变量X包括可能影响两组主要个体特征相似度的若干个可观测变量。Probit或Logit模型的回归系数即为该县进行试点的概率值（倾向匹配得分值）。（2）根据倾向匹配得分值，以及具体的匹配原则，对每个处理组县，从未试点的县中寻找、匹配与其得分最相似的若干县作为对照组。

通过倾向匹配得分法寻找出具有共同趋势的对照组和实验组之后，可以利用双重差分模型评估"三块地"改革对土地财政收入的净影响。"三块地"改革后地方政府土地财政收入的变化主要来自三个方面，一是县自身禀赋差异而形成的分组效应，二是随着经济发展趋势或时间惯性而产生的时间效应，三是县土地财政受到"三块地"改革的影响而形成的处理效应。双重差分方法可以从上述三个效应中有效分离出处理效应，即"三块地"改革对土地财政收入的净影响，这也是双重差分方法在政策实施效果的评估方面被广泛使用的原因。本节建立如下基础模型进行双重差分估计，见式（5 - 10）。

$$\ln LF_{it} = \alpha_1 + \rho_1 Treated_{it} + \rho_2 Post_{it} + \rho_3 Treated_{it} \cdot Post_{it} + \gamma Control_{it} + \varepsilon_{it}$$

$$(5 - 10)$$

式（5 - 10）中，ρ_3 为倍差估计量，表示"三块地"改革对地方政府土地财政的净影响，如果 ρ_3 系数为负，则表明"三块地"改革降低地方政府土地财政收入；如果 ρ_3 为正，则表明"三块地"改革增加地方政府土地财政收入。LF 表示地方政府土地财政，Treated 是个体虚拟变量，如果城市 i 进行了"三块地"改革，那么 Treated = 1，否则，Treated = 0；Post 是时间虚拟变量，Post = 1，表示"三块地"改革后，Post = 0，表示"三块地"改革前。

本节选取控制变量主要考虑两点原因：一是县级数据公开资料中，可获取的变量数据有限，因此，该研究的控制变量相对较少；二是为避免变量过多导致的多重共线性，基于宜精不宜多的原则，尽量选择主要的影响因素作为控制变量。在借鉴相关研究的基础上（吴群和李永乐，2010），考虑到数据来源，并且尽量和上文保持一致，控制变量包括：人口数量（POP，万人），用年末户籍人口数量表示；经济增长（GDP，万元/人），用人均第二产业生产总值表示，由于县级数据统计年鉴在 2012 年以前只有第二产业 GDP，所以为了数据口径一致采用第二产业 GDP 数据；财政压力（FP，万元/人），用人均财政赤字规模表示；固定资产投资（FAI，万元/人）用人均固定资产投资表示；为了尽可能消除异方差各个控制变量全部取其自然对数，γ 为控制变量影响系数，ε 为误差项。由于 Treated 和 Post 变量与个体、时间固定效应具有完全多重共线性，因此模型不再单独控制个体和时间固定效应。

5.3.3　研究区域选取与数据来源

2015 年，"三块地"改革在 33 个县试点，2018 年 12 月全国人大常委会将农村土地制度三项改革试点的期限再延长一年至 2019 年 12 月 31 日。所以，截至目前进行了"三块地"改革的县只有 33 个。考虑到数据来源，将研究时间区间选取为 2008～2016 年，以 1843 个县作为研究样本。2008～2014 年为非实验对比期，2015～2016 年为实验期；由于 33 个试点县中的西藏自治区曲水县和上海松江区未能获得较为齐全的数据，将二者剔除，实验组数据为 31 个县，对照组为其余 1812 个县。考虑到若直接将未改革的 1812 个县作为对照组与 31 个实验组县进行双重差分分析存在严重的选择偏误，导致回归结果不可靠，本节实际的对照组样本将通过倾向匹配得分法选取。

土地财政收入，即土地出让金数据来源于中国土地市场网（www. landchina. com），1843 个县共有 125 万条土地出让记录，为了排除异常值，剔除每个县的位于上下 1% 分位数以外的极端异常值。其余控制变量数据均来自《中国县域统计年鉴》。变量数据统计描述如表 5 - 13 所示。

表 5 - 13 变量数据统计描述（县层面）

变量	对照组				实验组			
	均值	标准误	最小值	最大值	均值	标准误	最小值	最大值
土地财政收入	10.0608	2.0152	1.6790	14.6996	10.5891	1.8185	2.4033	15.9080
人口数量	4.1005	0.8175	-4.3252	11.4551	4.0672	0.7827	-5.0747	5.1358
经济增长	13.3951	1.2009	8.7008	16.5917	13.5967	1.1662	10.4739	16.4562
财政压力	11.7162	0.7411	8.4540	14.0000	11.5870	0.8954	8.0288	14.6065
固定资产投资	13.8699	1.0610	8.9829	16.0655	13.9101	1.0964	10.3018	16.1935

注：实验组为 30 个县，对照组为 84 个县，均通过下文倾向匹配得分法筛选匹配而得。
资料来源：Stata 统计输出。

5.3.4 实证分析与解释

双重差分方法利用双重差分解决内生性，进而剥离出处理效应，但无法避免样本选择偏差带来的问题，而倾向匹配得分可以解决该问题。因此，本节结合倾向匹配得分进行双重差分估计，来分析"三块地"改革对地方政府土地财政收入的影响。具体步骤：（1）采用倾向得分法寻找、匹配对照组样本；（2）利用匹配后的对照组样本和原始处理组样本，进行双重差分估计。

1. PSM 匹配结果分析

根据上文研究设计，本书通过倾向匹配得分法筛选出符合共同趋势假设的对照组，对照组选择的集合为 2008～2016 年未开始"三块地"改革的 1812 个县，处理组为 2015 年开始"三块地"改革的 31 个试点县。基于 2008～2014 年（改革之前）的数据，利用 Probit 模型估计倾向匹配得分，匹配的协变量与双重差分模型中的控制变量一致；采用 k 临近匹配法确定权重，由于未改革县的集合样本非常大，有足够的对照组可以匹配，因此将 k 赋值 3，进行一对三配对。最终实验组有 30 个县，对照组共有 84 个县。结果显示，筛选、匹配出的实验组与对照组样本中，实验组有 1 个不在共同取值范围中（off support），对照组有 6 个县不在共同取值范围中（off support）。

为了保证倾向匹配得分法匹配结果的可靠性，需要进行一系列检验（贾俊雪等，2018；刘小鲁，2017）。首先，验证"条件独立性"假设。基于 Probit 模型估计匹配后的样本结果如表 5-14 所示，Pseudo R^2 仅为 0.0031，并且各个变量对是否进行"三块地"改革的影响系数均不显著，说明用于匹配的协变量对县是否进行"三块地"改革解释力很弱，可以认为匹配后的样本"三块地"改革的进行与否是条件随机的，满足"条件独立性"假设。

表 5-14　　　　　　　　　　　Probit 模型估计结果

变量	系数	标准误	z	P > |z|
人口数量	0.0337	0.0999	0.34	0.736
经济增长	-0.1485	0.0947	-1.57	0.117
财政压力	-0.02882	0.0729	-0.39	0.693
固定资产投资	0.1477	0.1076	1.37	0.170
N obs.	730	—	—	—
Pseudo R^2	0.0031	—	—	—

注："—"表示空白。
资料来源：Stata 统计输出。

接下来，进行平衡性检验，即验证匹配后的实验组与控制组的各个变量是否变得平衡，换言之，匹配后实验组和控制组的协变量均值是否具有显著差异。平衡性检验结果如表 5-15 所示，可以看出，匹配后的处理组和对照组的各个变量相较于匹配前均有大幅下降，并且根据均值 T 检验及其显著性水平来看，匹配后各个观测变量均不存在显著差异。从图 5-7 也可以直观地看出，所有变量的标准化偏差在匹配后均存在大幅度缩减。

表 5 - 15 平衡性检验结果

变量	样本	均值差异检验			标准化差异检验	
		处置组均值	对照组均值	T检验（p值）	标准化差异	降幅（%）
人口数量	匹配前 匹配后	4.3907 4.1305	3.663 4.263	4.67（0.000） −0.63（0.533）	58.4 −10.6	81.8
经济增长	匹配前 匹配后	13.821 13.77	12.757 13.79	4.68（0.000） −0.07（0.943）	87.6 −1.7	98.1
财政压力	匹配前 匹配后	10.142 10.082	−26.228 10.976	0.13（0.899） −0.74（0.461）	3.2 −0.1	97.5
固定资产投资	匹配前 匹配后	14.143 14.109	13.24 14.078	5.55（0.000） 0.16（0.877）	105.6 3.7	96.5

资料来源：Stata 统计输出。

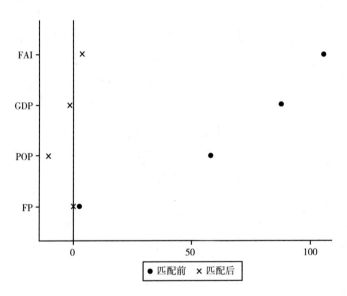

图 5 - 7 协变量的标准化偏差

资料来源：Stata 统计输出。

以下验证"共同支撑"假设，上文 PSM 估计命令中均添加了共同支撑的条件，剔除了不满足共同支撑要求的观测值。但共同支撑域属于整个匹配样本的子集，可能匹配之后的共同支撑域的样本较少。由于本书从 1812 个县中进行匹配，存在大量可匹配样本，在一定程度上可以缓解该问题；另外，通过比较匹配前后对照组与处理组的倾向得分核密度图（见图 5 - 8），可以发现，匹配前，两组样本倾向匹配得分概率分布差异明显，共同支撑域（重叠区域）

较小，匹配后，两者的共同支撑域（重叠区域）明显变大，说明匹配后的样本符合共同支撑假设。

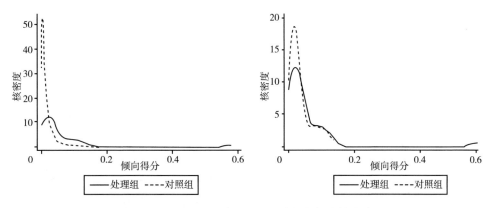

图 5 - 8　PSM 匹配前、匹配后的倾向得分核密度

资料来源：Stata 统计输出。

2. DID 结果分析

根据式（5 - 10），采用双重差分模型，检验"三块地"改革对地方政府土地财政收入的影响，结果如表 5 - 16 所示。其中，列（1）显示本书关注的核心解释变量，即双重差分项不显著。为了验证该结果稳健性，考虑到 2008 年金融危机可能对土地财政收入产生影响，剔除 2008 年数据进行回归，结果如列（2）所示，双重差分项不显著。

由于上文理论分析主要关注"三块地"中的"两块地"改革，即土地征收制度和集体建设用地入市制度，因此，有必要对"两块地"改革的 18 个试点县（由于上海松江区数据缺失，实际分析为 17 个县）进行实证分析。[①] 首先采用同上文一致的倾向匹配得分法对 17 个试点寻找匹配对照组，最终筛选出实验组 16 个县、对照组 48 个县，然后检验匹配结果，结果显示匹配结果是可靠的，限于篇幅，检验结果省略。双重差分回归结果如表 5 - 16 列（3）所示，回归结果不显著，同样，剔除 2008 年的数据结果未发生显著变化，证明回归结果是稳健的。上述结果虽然未在统计意义上显著，但是双重差分的交互项系数均为负，说明"三块地"改革与地方政府土地财政收入可能存在一定程度的负相关。

---

① 2015 年开始的"三块地"改革是"一块地"在不同的试点县进行的，15 个试点县进行集体经营性建设用地制度改革，15 个试点县进行宅基地制度改革，3 个试点县进行土地征收制度改革；2016 年 9 月将土地征收制度改革和集体经营性建设用地入市扩大到全部 33 个试点县。

表 5 – 16   双重差分模型估计结果

变量	"三块地"		"两块地"	
	2008 ~ 2016 年	2009 ~ 2016 年	2008 ~ 2016 年	2009 ~ 2016 年
	(1)	(2)	(3)	(4)
	土地财政收入（LF）			
个体虚拟变量 × 时间虚拟变量	– 0.0507 (0.1679)	– 0.0252 (0.1706)	– 0.1866 (0.2513)	– 0.1046 (0.2288)
时间虚拟变量	– 0.4757 *** (0.0968)	– 0.3215 *** (0.1027)	– 0.4805 *** (0.1517)	– 0.4259 *** (0.1388)
个体虚拟变量	0.3179 * (0.1702)	0.2917 (0.1915)	0.3188 (0.2400)	0.2513 (0.2418)
人口数量	0.3943 *** (0.1236)	0.5927 *** (0.1479)	– 0.0995 (0.1981)	0.1374 (0.2026)
经济增长	0.5843 *** (0.0923)	0.5723 *** (0.1056)	0.8980 *** (0.1386)	0.7110 *** (0.1387)
财政压力	0.0076 (0.0083)	– 0.1041 (0.0949)	0.3419 *** (0.1038)	0.1038 (0.1040)
固定资产投资	0.6947 *** (0.0821)	0.5505 *** (0.0954)	0.4529 *** (0.1164)	0.4932 *** (0.1113)
C	– 8.8925 *** (0.8343)	– 6.2321 *** (1.1676)	– 11.5184 *** (1.4378)	– 7.6397 *** (1.5340)
N obs.	992	828	510	458
R^2	0.5360	0.5155	0.5067	0.5084

注：括号内为 t 统计量；*** 、** 、* 分别表示在 1% 、5% 、10% 的水平上显著。
资料来源：Stata 统计输出。

为了进一步深入分析"三块地"改革对地方政府土地财政收入影响研究，本节考察其动态影响，由于试点地区改革从 2015 年开始，因此，分别考察 2015 年和 2016 年"三块地"改革对土地财政收入的影响。双重差分的动态回归结果如表 5 – 17 所示，可以发现，无论"三块地"还是"两块地"试点数据的回归结果，2015 年和 2016 年的核心解释变量，即双重差分交互项，均为负数，但不显著，进一步说明"三块地"改革对地方政府土地财政收入的影响不显著，但存在负向影响倾向。

表 5 - 17　　　　　　　　　　　　　　动态双重差分模型估计结果

变量	"三块地"		"两块地"	
	（1）	（2）	（3）	（4）
	土地财政收入（LF）			
个体虚拟变量	0. 3206 (0. 1951)	0. 3440 * (0. 1889)	0. 2746 (0. 2358)	0. 2907 (0. 2337)
时间虚拟变量²⁰¹⁵	- 0. 2746 ** (0. 1315)	—	- 0. 3459 * (0. 1773)	—
时间虚拟变量²⁰¹⁶	—	- 0. 2297 * (0. 1361)	—	- 0. 2729 (0. 1882)
个体虚拟变量 × 时间虚拟变量²⁰¹⁵	- 0. 0015 (0. 2435)	—	- 0. 0776 (0. 3291)	—
个体虚拟变量 × 时间虚拟变量²⁰¹⁶	—	- 0. 1664 (0. 2457)	—	- 0. 2437 (0. 3383)
人口数量	0. 4230 *** (0. 1487)	0. 4322 *** (0. 1446)	- 0. 0046 (0. 1961)	- 0. 0101 (0. 1957)
经济增长	0. 7643 *** (0. 1064)	0. 7464 *** (0. 1049)	0. 8925 *** (0. 1395)	0. 8942 *** (0. 1391)
财政压力	0. 0565 (0. 0878)	0. 0634 (0. 0884)	0. 2351 ** (0. 0991)	0. 2521 ** (0. 1017)
固定资产投资	0. 4448 *** (0. 0973)	0. 4549 *** (0. 0973)	0. 3962 *** (0. 1158)	0. 3901 *** (0. 1156)
C	- 8. 6825 *** (1. 0057)	- 8. 7075 *** (1. 0101)	- 9. 8665 *** (1. 3504)	- 9. 9915 *** (1. 3782)
N obs.	913	913	510	510
R^2	0. 4999	0. 4991	0. 5043	0. 5035

注：括号内为 t 统计量；***、**、* 分别表示在 1%、5%、10% 的水平上显著；"—" 表示空白。
资料来源：Stata 统计输出。

5.3.5　讨论

1. 结果不显著的原因

（1）从研究方法上看，上文的双重差分模型回归结果是通过倾向匹配得分筛选的对照组，采用 k 临近匹配法确定权重，由于未改革县的集合样本非常大，有足够多的样本（1812个县）可以用来匹配对照组，因此将k赋值3，进行一对三配对。为了验证k赋值大小是否会结果产生显著影响，本节将k分别赋值1、2和4进行一对一、一对二和一对四配对，寻找对照组。进而对匹配结果进行双重差分回归分析，结果显示倍差估计量，即"三块地"改革的时间虚拟变量和个体虚拟变量的交互项回归系数均为负数且不显著，与上文回归结果一致。

另外，在全国1812个县市中采用倾向匹配得分法匹配对照组，虽然数据上容易匹配成功，但是他们的地理位置可能相距甚远，匹配到的实验组很大概率不与实验组位于同一省内。鉴于此，本书将位于27个省的29个实验组县市（剔除了直辖市和西藏自治区的样本），利用27个省的数据在省内部进行一对一匹配，但是遗憾的是只有一个实验组能在本省内匹配到对照组，即无法按照该方法进行双重差分回归分析。笔者手动整理29个"三块地"改革试点县相邻的、且位于同一地级市的县，作为对照组进行双重差分回归分析，因为同一地级市内相邻的县级行政单位往往具有比较相似的社会经济发展水平，具有相对较好的可比性（龙小宁等，2014；高金龙等，2018），共整理81个对照组县市，回归结果如表5-18所示。结果显示，"三块地"改革的时间虚拟变量和个体虚拟变量的交互项回归系数均为负数且不显著。

表5-18　　　　　　　　改革试点相邻县作为对照组的回归结果

变量	(1)	(2)	(3)	(4)
	土地财政收入（LF）			
个体虚拟变量×时间虚拟变量	-0.0621	-0.0553	-0.0019	-0.0860
	(0.1891)	(0.1735)	(0.1664)	(0.2207)
时间虚拟变量	0.3116***	0.1113	-0.5576***	-0.4689***
	(0.0973)	(0.0893)	(0.0999)	(0.1265)
个体虚拟变量	0.5671*	0.5614*	0.0009	-0.0141
	(0.3006)	(0.3048)	(0.1737)	(0.1771)
控制变量	NO	NO	YES	YES
C	10.3268***	10.5258***	-7.9798***	-8.5090***
	(0.1543)	(0.1565)	(0.9105)	(0.9420)
N obs.	988	878	925	822
R^2	0.0249	0.0213	0.5167	0.5268

注：括号内为t统计量；***、**、*分别表示在1%、5%、10%的水平上显著。
资料来源：Stata统计输出。

（2）从改革进展上看，理论分析显示，"三块地"改革不利于地方政府获取土地财政收入，减弱地方政府对土地财政依赖，但是本节实证分析表明，"三块地"改革对地方政府土地财政收入影响不显著，原因可能是：改革试点进展缓慢、不够全面、不够深入，仍有很多问题需要被解决。改革试点两次延期，可以直接说明改革试点成果距离预期相距甚远，导致实际试点中的改革对土地财政影响不大。

由于土地是民生之本，财富之源，发展之基，土地制度改革牵一发而动全身，"三块地"改革的复杂性、困难性与敏感性要求中央政府对此项改革的推进必须非常谨慎。较多研究也针对"三块地"改革存在的问题进行了分析，严金明等（2018）认为"三块地"改革存在诸多问题，例如，在整体统筹方面仍然存在缺陷、土地征收制度改革缺乏足够的动力、集体经营性建设用地改革范畴十分有限、增值收益的分配没有科学依据等。陈明（2018）指出，改革离"建立城乡统一的建设用地市场"这一目标还有很大距离，主要存在与城镇化战略衔接不足、改革举措难以全面推开、与关联改革配套性不够等问题。《国务院关于"三块地"改革试点情况的总结报告》指出三块地改革过程中平衡国家、集体、个人三者之间收益的有效办法还不够多。

各地总结改革成效、提炼改革经验过程中，发现"三块地"改革中存在33 个试点县的改革推进不够平衡，一些试点地区试点项目数量不够多，"三块地"中每一块地的试点样本分布不均衡。截至 2018 年 12 月，33 个试点县实施的 1275 宗征地项目中，有 918 宗（占 72%）集中在福建晋江、河北定州、山东禹城、上海松江、浙江义乌 5 个试点地区。[①] 假定征地制度改革对地方政府获得土地财政收入影响比较大，那么在上述 5 个征地制度改革进展相对顺利的试点土地财政收入是否发生了显著变化？下面按照倾向匹配得分双重差分法对 5 个实验组（上海松江区数据缺失，故分析 4 个试点地区）进行实证分析。首先，用倾向匹配得分法寻找与上述 4 个试点地区具有相似特性（共同趋势）的县（市）作为对照组，限于篇幅，匹配及检验过程省略，最终确定实验组为 4 个县（市），对照组为 12 个县（市）；然后，运用双重差分进行回归分析，结果如表 5 - 19 列（1）~（3）所示，可以发现，交互项系数不显著，即平均影响不显著；动态效应回归结果如表 5 - 19 列（4）~（7）所示，同样不显著。

---

① 《国务院关于"三块地"改革试点情况的总结报告》，发布日期：2018 年 12 月 26 日。

表 5 – 19 征地制度改革相对顺利试点地区的回归结果

变量	(1)	(2)	(3)	(4)	(5)	(6)	(7)
	土地财政收入（LF）						
个体虚拟变量× 时间虚拟变量	-0.2462 (0.4844)	-0.3839 (0.4544)	-0.2945 (0.4379)	—	—	—	—
时间虚拟变量	0.2299 (0.2422)	-0.2269 (0.2372)	-0.2226 (0.2273)	—	—	—	—
个体虚拟变量	0.5529 (0.8234)	0.4887 (0.3970)	0.4370 (0.4180)	—	—	—	—
个体虚拟变量× 时间虚拟变量^{2015}	—	—	—	-0.1713 (0.6424)	-0.0977 (0.5806)	—	—
时间虚拟变量^{2015}	—	—	—	-0.0711 (0.3212)	-0.5927* (0.3088)	—	—
个体虚拟变量	—	—	—	0.5172 (0.8194)	0.4166 (0.3902)	0.5270 (0.8194)	0.4624 (0.3152)
个体虚拟变量× 时间虚拟变量^{2016}	—	—	—	—	—	-0.2595 (0.6371)	-0.4468 (0.6099)
时间虚拟变量^{2016}	—	—	—	—	—	0.4735 (0.3185)	0.2034 (0.3041)
控制变量	NO	YES	YES	NO	YES	NO	YES
C	11.5582*** (0.4117)	-10.3905*** (3.2172)	-8.7523*** (3.3950)	11.6172*** (0.4097)	-10.0793*** (3.1668)	11.5567*** (0.4097)	-9.5471*** (2.7148)
N obs.	144	138	126	144	138	144	138
R^2	0.0193	0.6181	0.6119	0.0175	0.6241	0.0233	0.6138

注：括号内为 t 统计量；***、**、*分别表示在1%、5%、10%的水平上显著；"—"表示空白。
资料来源：Stata 统计输出。

2. 结果对比分析

首先，对比"三块地"改革对土地财政收入平均影响的回归结果，即表 5 – 18 列（1）、列（3）和表 5 – 19 列（2）的双重差分交互项系数，可以发现，"三块地"的回归系数是 -0.0507，"两块地"的回归系数是 -0.1866，试点相对顺利的征地制度改革的回归系数是 -0.3839，三个系数绝对值依次递增。由于"两块地"仅考虑了征地制度改革和集体经营性建设用地入市改革，理论分析中，相对于宅基地制度改革对土地财政影响更明显。宅基地制度是农村土地制度最特殊的制度安排，是农村土地制度改革中最敏感、最谨慎的领域，也是"三块地"中最后改革的一块，因而更须审慎推进，不能操之过急（孔祥智，2018；刘守英，2019），因此"两块地"的回归系数的绝对值 0.1866明显大于"三块地"的绝对值 0.0507 是符合理论与实际的；理论上征地制度改革对土地财政影响较大，少数征地制度改革相对顺利的试点回归系数绝对值为 0.3839，是所有回归系数结果中最大的，符合理论与实际。上述对比分析的结果可以说明，改革越深入，改革与土地财政的负相关越明显。

其次，对比改革对土地财政收入的动态影响结果。"三块地"试点数据的回归结果，2016 年的双重差分交互项系数为 -0.1664，绝对值明显大于 2015年的双重差分交互项系数（-0.0015）；同样，"两块地"试点数据的回归结果，2016 年的双重差分交互项系数为 -0.2437，其绝对值显著大于 2015 年的双重差分交互项系数（-0.0776）；试点相对顺利的征地制度改革的回归结果，2016 年的双重差分交互项系数为 -0.4468，其绝对值显著大于 2015 年的双重差分交互项系数（-0.0977）。一方面，动态影响的结果支持上文平均影响回归结果的对比分析结论；另一方面，所有的动态回归结果中 2016 年相对于 2015 年的负相关系数绝对值均变大，说明，改革时间越久，或随着改革逐步推进，改革与土地财政收入的负相关系数绝对值越大。

5.3.6　研究结果

本节利用倾向匹配得分双重差分法（PSM-DID）检验"三块地"改革是否对地方政府土地财政收入产生影响。具体而言，首先用倾向匹配得分法从 1812 个未试点县匹配、筛选出与 33 个"三块地"改革试点符合共同趋势假设的对照组，或者手动筛选改革试点相邻县作为对照组，构成准自然实验，进而采用双重差分方法分析"三块地"改革对地方政府土地财政收入的影响。研究结果表明，（1）"三块地"改革对土地财政收入的平均影响为负向，但不显著；（2）试点改革前两年，即 2015 年和 2016 年"三块地"改革对土地财政收入的影响均为负向，但不显著；（3）在征地制度改革进展相对比较顺利的试点县，改革对土地财政收入的平均影响、动态影响均为负向，但不显著；（4）对比分析发现，改革进展相对顺利地区以及改革时间越长，"三块地"改革对土地财政的负向影响越大。

本书认为，虽然一系列的双重差分回归结果均不在 10% 的统计水平上显著，但是这些双重差分交互项回归系数均为负，并且 2019 年 800 多位学者联

名在 *Nature* 发文指出不应该仅仅因为衡量统计显著性 P 值大于阈值（如 0.10）就得出"没有差异"或"没有关联"的结论（Amrhein et al., 2019），因此，本节的计量回归结果在一定程度上可以说明"三块地"改革与土地财政有负相关关系，存在负向影响倾向。"三块地"改革对土地财政收入的影响不显著的原因可能主要是改革不充分、不彻底。随着未来改革逐步推进，可利用数据逐渐增多，利用更具时效性的样本数据进行研究，可能更容易识别该影响，因此，进一步扩大样本数据分析其影响是一个可行的研究方向；另外，多调研、访谈几个典型县的地方财政、自然资源部门进行个案对比分析可以更好地揭示"三块地"改革影响土地财政收入的路径与机理。

5.4   本章小结

本章重点分析了"后土地财政"时期的制度变化对地方政府土地财政和融资策略中土地财政的影响，其中，土地财政主要指地方政府出让建设用地获得的出让金收入；制度变化，主要包括四个与土地财政紧密相关的制度，即"营改增"、新《预算法》、新增建设用地指标约束增强和"三块地"改革。基于现有研究、政策文件、法律条文和经验证据分别构建理论分析框架、提出假说，利用 2009～2017 年全国层面地级市的面板数据，构建计量经济学模型对研究假说进行实证分析。

本章主要研究结果如下。

在"营改增"和新增建设用地指标约束对土地财政影响方面：（1）"营改增"对地方政府土地财政收入有显著正向影响；（2）"营改增"后土地财政收入的增加显著受到建设用地控制指标的约束；（3）建设用地控制指标的约束作用在 2013 年以后开始凸显。

在新《预算法》对土地财政影响方面：（1）新《预算法》对土地财政收入有显著负向影响，并且这种影响有逐渐增大的趋势；（2）新《预算法》实施以后，随着预算约束硬化逐渐加强，地方政府会降低对土地财政的依赖；（3）新《预算法》实施之后，随着财政透明度的增加，地方政府对土地财政的依赖度逐渐下降。

在"三块地"改革对土地财政影响方面：（1）"三块地"改革对土地财政收入的平均影响为负向，但不显著；（2）试点改革前两年，即 2015 年和 2016 年"三块地"改革对土地财政收入的影响均为负向，但不显著；（3）征地制

度改革进展相对比较顺利的试点城市，改革对土地财政收入的平均影响、动态
影响均为负向，但不显著；（4）对比分析发现，改革进展相对顺利地区以及
改革时间越长，"三块地"改革对土地财政的负向影响系数绝对值越大。

　　综上所述，虽然"营改增"增加了地方政府财政压力，激励其获取更多
的土地财政收入，但是由于新增建设用地控制指标约束增强，地方政府土地财
政的行为受到了抑制；新《预算法》对地方政府的土地财政行为也存在明显
的负向影响；"三块地"改革虽然对土地财政行为影响不显著，但是存在负向
影响倾向。归纳上述不同制度变化分别对土地财政的影响，可以发现，在这些
制度变化下地方政府土地财政的行为是减少的。基于上述研究结果，本章得出
的研究结论："后土地财政"时期制度变化背景下地方政府倾向减少土地财政
行为。

第6章 "后土地财政"时期制度变化下的土地融资和新型融资

上一章分析了"后土地财政"时期制度变化对地方政府土地财政和融资策略选择中土地财政的影响,即分别分析了"营改增"、新《预算法》、新增建设用地指标约束和"三块地"改革对土地财政的影响。在不同制度变化分别对土地财政产生的影响的基础上归纳出"后土地财政"时期制度变化情景下地方政府土地财政行为的变化趋势。

本章通过分析制度变化对土地融资和新型融资的影响,归纳出"后土地财政"时期制度变化情景下地方政府土地融资和"新型融资"行为的变化趋势,进而综合第5章和本章的研究结果,归纳"后土地财政"时期制度变化下,地方政府土地财政和融资策略的整体变化趋势。

值得指出的是,首先,本章主要分析新《预算法》和"营改增"对土地融资和"新型融资"的影响,因为以新《预算法》为代表的一系列融资制度变化重塑了地方政府举债融资的制度环境,不可避免地对土地融资和新型融资产生影响;"营改增"是导致地方政府短期财政压力增大的制度变革,地方政府融资策略行为作为缓解资金短缺的重要方式难免受到影响。其次,本书并未深入分析新增建设用地指标约束对土地融资和新型融资的影响,主要原因是建设用地指标约束对土地财政的影响比较直接,该内容在上文5.1节已经分析;而建设用地指标对融资行为策略的影响相对比较间接,可能存在两条路径,一是受到建设用地指标约束,土地出让收入减少,其偿债能力降低,融资能力降低,可能导致融资行为减少;二是受到建设用地指标约束,土地出让金减少,其财政压力进一步增大,会增加融资行为缓解财政压力。鉴于此,本书仅是在计量模型实证过程中控制建设用地指标约束可能的影响,突出新《预算法》和"营改增"产生的影响。最后,本书未分析"三块地"改革对土地融资和新型融资的影响,主要原因一方面是上文研究显示"三块地"改革对土地财政的影响不显著,可能因为改革不充分、不彻底,这可能导致其对土地融资和新型融资的影响同样较弱，相关研究指出过类似的结果（陈明，2018；王瑞民和刘守英，2018；徐博等，2015）；另一方面，"三块地"改革试点集中在县级行政区，其土地融资和新型融资的数据较难获取。

　　本章土地融资和新型融资的概念，在上文概念界定章节有详细的解释。土地融资是指依靠围绕土地产生的收入或潜在收益作为偿债来源的发债融资方式（杨继东等，2018；张莉等，2019）。本书依据制度环境变化将土地融资划分为两个阶段，第一阶段土地融资主要考虑地方政府将土地注入融资平台通过平台公司发行的城投债；第二阶段土地融资主要考虑地方政府直接发行的债券，有研究指出地方政府债券依然依赖土地出让金（章和杰和沈佳，2019；张曾莲和严秋斯，2018；谢保鹏，2017）。新型融资主要是指政府与社会资本合作融资模式（PPP），有研究指出 PPP 融资与土地出让收入显著正相关（马德隆和李玉涛，2018；张琦，2018；汪峰等，2019）。

6.1　"后土地财政"时期制度变化对土地融资影响

　　2008 年全球金融危机之后，中央政府实施"四万亿"刺激计划，地方政府通过增加支出应对危机，导致地方政府的融资需求不断增大。2009 年，中央政府出台政策鼓励支持地方政府成立城市建设投资公司并发行债券进行融资。在这种大背景下，我国"城投公司"如雨后春笋，大多数地方政府都将土地注入城投公司，城投公司通过抵押土地或承诺用土地出让金还债进行发债融资（杨继东等，2018；张莉等，2019）。统计数据显示，城投债规模从 2008～2014 年平均每年增长率为 85%。① 本书将地方政府依靠融资平台进行发债融资的阶段称为第一阶段土地融资。

　　2014 年 8 月的审议通过的新《预算法》以及 2014 年 10 月国务院发布的《关于加强地方政府性债务管理的意见》明确要求禁止城投公司承担地方政府的融资职能，禁止其作为地方的融资平台，地方政府第一阶段的土地融资将受到较大影响。但另一方面，新《预算法》和《关于加强地方政府性债务管理的意见》也取消了对地方政府直接发行债券权利的限制，允许地方政府直接发行的债券，并且可以将纳入地方政府存量债务中的城投债置换为地方政府债券，地方政府债券逐渐从"后台"走向"前台"。2014 年以前我国地方政府

---

① 数据来源于 Wind 数据库。

不许发行地方政府债券，因为 1995 年施行的《预算法》禁止地方政府直接发行债券。虽然 2009 年开始地方政府债券经历了"代发代还""自发代还""自发自还"等阶段，但一直都是试点状态，规模较小（毛捷和徐军伟，2019）。

2014 年以后，地方政府依靠直接发行债券进行融资的阶段本书称为第二阶段的土地融资。一方面，2014 年的《关于加强地方政府性债务管理的意见》规定一般债券的偿债资金来源于一般公共预算收入，专项债券的偿债资金来源于政府性基金或者专项收入，随后财政部在 2015 年 3 月和 4 月先后印发了地方政府一般和专项债券管理办法，[①] 对此进行进一步的解释与说明，这些政策文件均支持地方政府用土地出让金偿还政府专项债券，而且专项债券有逐年增大的趋势（娄洪等，2019；袁彦娟和程肖宁，2019；闫衍等，2019）。另一方面，研究表明土地出让收入和地方政府债券规模有长期均衡关系，土地出让收入增加能够显著推动地方政府债务规模扩大（章和杰和沈佳，2019）。张曾莲和严秋斯（2018）的研究表明土地财政和地方政府债券规模正相关。较多研究均得出类似的结论（田新民和夏诗园，2017；宋昕，2017；仲凡等，2017；谢保鹏，2017；刘德炳，2013；刘德炳，2014；孙超，2019）。上述分析可以看出，地方政府自主发行的债券很大程度上还是依赖土地，因此可以称为第二阶段的土地融资。

2014 年的新《预算法》和《关于加强地方政府性债务管理的意见》搭建起了地方政府举债融资机制的基本法律制度框架，融资平台为地方政府融资的功能被剥离，地方政府被赋予了自主发行债券的权利。与此同时，土地融资一直以来与土地财政类似，扮演着缓解地方政府财政压力、为地方政府提供基础设施建设资金来源的重要的角色，那么，随着我国财税、融资体制的变化，地方政府财政压力和土地融资的法律依据发生了变化，其土地融资的模式与规模会发生怎样的变化？新《预算法》为标志的预算制度改革，禁止了地方政府融资平台的融资功能，支持了地方政府发行地方政府债券，这对上述第一阶段和第二阶段的土地融资会产生怎样的影响？"营改增"进一步增大地方政府财政压力，土地融资的规模是否会进一步增大？

现有研究在上述问题方面的分析仍然缺乏，具体表现在：第一，现有研究主要集中在分析传统的制度环境下地方政府土地融资的影响因素（杨继东等，2018；张莉等，2019），对于"后土地财政时期"新一轮制度变化对土地融资影的影响研究较少；第二，虽然有研究分析了"营改增"导致财政压力增大

---

① 《地方政府债券一般债券发行管理暂行办法》《地方政府专项债券发行管理暂行办法》。

并且导致其进一步增加土地财政收入（卢洪友等，2016；何代欣，2016；王健等，2017），但是从财政压力角度分析"营改增"对土地融资影响的研究匮乏；第三，虽然现有研究分析了新《预算法》对地方政府债务的影响（李升，2019；张月玲和郝梓秀，2017；竹志奇等，2018），但是尚未有研究将城投债和地方政府债券分开，分别分析其对两种发债融资模式的影响。本节基于现有研究、政策文件、法律条文和经验证据构建理论分析框架，以 2009～2017 年260 个地级市和 26 个省级行政单位为研究样本，对上述问题展开深入研究。

6.1.1　分析框架

本节分析框架如图 6-1 所示。2008 年以后，我国大多数地方政府都热衷于将土地等资产注入融资平台，融资平台将土地作为主要抵押品进行发债融资，或者承诺以土地出让收入作为偿债资本进行融资，在这种特定情境下的融资模式逐渐被社会各界称为土地融资（杨继东等，2018；张莉等，2019），这也是本书所提到的第一阶段土地融资。2014 年以后，第一阶段土地融资赖以生存的制度发生重大变化，中央连续发文并以法律的形式明确要求禁止城投公司承担地方政府的融资职能，禁止其作为地方的融资平台。① 新《预算法》等虽然堵住了"偏门"，即第一阶段的土地融资，但为地方政府举债开了"正门"，允许地方政府自主发行债券，并允许利用土地出让金偿还政府债券，"正门"发债依然依赖土地出让金（章和杰和沈佳，2019；张曾莲和严秋斯，2018；谢保鹏，2017），本书把该阶段称为第二阶段土地融资。本节重点关注地方政府土地融资的两个阶段，即两种重要融资模式，一个是通过地方政府融资平台发行的城投债进行融资，另一个是地方政府直接发行债券进行融资。

首先，分析第一阶段的土地融资，即"城投债"。融资平台公司即地方政府融资平台，是指由地方政府或者其部门、机构通过注入土地、股权等资产或者通过财政拨款等方式设立，以承担地方政府项目融资为目的，具有独立法人资格的一种经济实体。融资平台通过举债融资的方式为地方的社会、经济发展筹集资金，增加并完善城市基础设施建设（韩鹏飞和胡奕明，2015；陆铭，2016）。地方通常将政府融资平台命名为"某某城市建设投资公司"，简称"城投公司"，该公司由地方政府主导，通过发行"城投债"或者直接贷款的

---

① 2014 年 8 月通过的新《预算法》，以及 2014 年 9 月和 10 月国务院先后发布的《关于加强地方政府性债务管理的意见》和《关于深化预算管理制度改革的决定》两个文件，均明确指出融资平台为地方政府融资发债的职能必须被剥离。

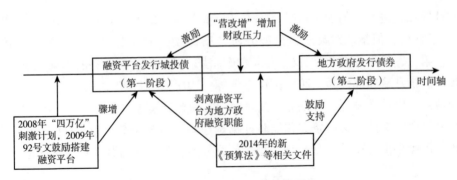

图 6 - 1   制度变化对土地融资影响

方式融通资金，进而开展城市公益性的投资项目建设或基础设施建设。李尚蒲等（2017）研究表明，土地抵押和土地出让收入显著影响城投债的发行规模。

地方政府通过融资平台融资举债的行为变化与融资制度变革有十分紧密的关系。随着分税制的实施以及相关改革逐步推进，虽然 1995 年施行的《预算法》规定地方政府不得发行地方政府债券，但是地方政府具备了成立融资平台间接融资举债的市场化基础，以及由土地出让金和地方独享税、共享税等收入构成的自有财力支撑体系（王朝才和赵斌，2018）。融资平台的贷款和发债逐渐成为地方政府筹集建设资金的主要来源（李升，2019）。2008 年开始，随着国家政策对融资平台的支持，融资平台融资举债进入快速发展时期。尤其在 2008 年次贷危机之后，中央政府于 2009 年 3 月出台《关于进一步加强信贷结构调整，促进国民经济平稳较快发展的指导意见》，鼓励支持地方政府搭建融资平台。此后，融资平台在各地如雨后春笋，迅速扩张（杜坤，2014）。2010年开始，随着国家多次出台政策文件对融资平台进行规范化治理，① 融资平台的举债融资在 2010 ~ 2011 年发展相对平缓，但是整体来说这些政策带来的约束有限，未能阻止融资平台迅速壮大，2011 年之后直到 2014 年，融资平台始终处于较快的发展态势（毛振华等，2018；毛捷和徐军伟，2019）。

地方政府融资平台关键性的转变发生在 2014 年发布的一系列法律和政策文件等规章制度之后，尤其 2014 年的新《预算法》和《关于加强地方政府性债务管理的意见》搭建起了地方政府举债融资机制的基本法律制度框架，② 对

---

① 2010 年 1 月 9 日国务院第四次全体会议，温家宝总理要求尽快制定融资平台风险防控措施并作为当年宏观调控的重点工作；2010 年 6 月 10 日国务院发布《国务院关于加强地方政府融资平台公司管理有关问题的通知》，对地方政府融资平台进行了定义，进一步强调了要妥善处理不规范的融资平台以及引发的潜在财政和金融风险的措施。

② 财政部负责人答记者问，见 http://www.gov.cn/zhengce/2017 - 08/02/content_5215468.htm。

融资平台的约束进一步强化,为地方政府融资的功能逐步被剥离。2014 年的新《预算法》《关于加强地方政府性债务管理的意见》和《关于深化预算管理制度改革的决定》等文件,均明确指出融资平台为地方政府融资发债的功能必须被剥离。随后几年,国家相关部委进一步对融资平台的举债融资行为进行治理。①

现有文献对新《预算法》实施以后的融资平台和城投债的处境进行了分析。一部分研究认为其发展受到了较大的制约,亟待转型。成涛林(2015)认为 2014 年 8 月以来的一系列法律法规对地方政府融资平台带来极大挑战,城投债发行难度增大,发行成本上升。王志凯(2016)认为新《预算法》对于融资平台发债规模虽有一定控制作用,但是不利于债务市场的培育与健康运行。赵琦(2016)认为《关于加强地方政府性债务管理的意见》和新《预算法》的实施导致地方融资平台失去了生存空间和原有功能。李蕊(2016)认为新《预算法》使融资平台失去政府信用背书以及土地财政支撑,亟待转型。丁崇泰等(2018)认为《关于加强地方政府性债务管理的意见》和新《预算法》对地方政府融资平台影响巨大,掀起了地方政府退平台热潮,融资平台纷纷找转型方案(胡恒松和鲍静海,2017)。另一部分文献指出地方政府对城投债依赖程度较大,短时间内较难完全退出。徐鹏程(2017)认为虽然新《预算法》对融资平台的职能进行了新的规定和要求,但是现实和历史原因导致投融资平台无法立即全部退出市场。李升(2019)认为新《预算法》等政策对地方政府融资方式产生深远印象,但是融资平台债务规模庞大需要延续,退出并非易事。如图 6 - 2 所示,从城投债增长率来看,2014 年以后有显著下降趋势,说明地方政府正在降低对城投公司发行的城投债的依赖,从城投债总规模来看,在 2014 年之后出现一次下降,但随后又缓慢上升,说明地方政府在新《预算法》实施后受到较大影响,但由于对融资平台存在一定程度依赖,退出仍然需要一段时间。

---

① 2014 年 10 月 23 日财政部发布《地方政府存量债务纳入预算管理清理甄别办法》,要求甄别、清理融资平台的债务,或转化为政府债务,或者通过转化为 PPP 模式的企业债务,清理之后,新增的融资平台债务不再属于政府债务,二者之间划清明确的界限。2015 年 12 月,财政部印发的《关于对地方政府债务实行限额管理的实施意见》要求推动融资平台进行市场化转型,并鼓励、支持利用政府购买服务。2017 年 4 月 26 日,财政部等五个部委联合印发《关于进一步规范地方政府举债融资行为的通知》,进一步明确融资平台市场化的渠道,即转型为国有企业等方式,并要求地方政府不得为融资平台的债务进行担保,不得用土地出让收入作为融资平台公司的偿债资金,不得将储备土地、公益资产注入融资平台公司。2018 年国务院发布《关于防范化解地方政府隐性债务风险的意见》,要求重点监管作为隐性债务载体的地方融资平台。

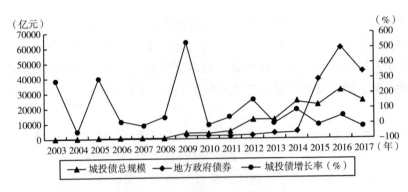

图 6 - 2 城投债与地方政府债券

资料来源：根据 Choice 金融终端等相关资料整理。

综上所述，不难看出，我国地方政府融资平台承担的融资举债职能和扩张路径和我国宏观经济背景以及国家层面的制度政策息息相关。制度变化对城投债的直接影响可以通过图 6 - 2 直观看出，2008 ~ 2009 年在政策鼓励支持下，城投债处于爆发期，2010 ~ 2014 年在国家重点整治融资平台的制度背景下，城投债强劲的增长势头逐渐平稳，在 2014 年之后的制度约束下，城投债的发展进一步受到限制，增长速度明显降低。鉴于此，本书认为，在新的制度环境下，地方政府的融资方式可能会发生显著变化，尤其以 2014 年为界，随着 2014 年国家对融资平台的整治力度加大，融资平台发行的城投债面临的约束愈加严格，其发行的城投债规模会受到新《预算法》等法规政策出台的影响而逐渐减少。

基于上述分析，提出本书待检验假说 6 - 1：新《预算法》会对第一阶段土地融资（城投债）产生显著负向影响。

分析第二阶段的土地融资，即地方政府直接发行的债券。2009 年以前我国地方政府不允许发行地方政府债券，因为 1995 年施行的《预算法》禁止地方政府直接发行债券。2009 年以来，地方政府债券相关的制度以及规模逐渐发生变化。沿着"代发代还""自发代还""自发自还"的路径逐渐试点、逐渐深化改革。"代发代还"阶段主要是 2009 ~ 2010 年。2009 年财政部印发《2009 年地方政府债券预算管理办法》，规定财政部代理发行省和直辖市政府债券并代偿还本息，全国人大规定并批准 2009 ~ 2011 年全国由财政部代发地方政府债券规模为每年 2000 亿元。"自发代还"试点阶段主要是 2011 ~ 2013 年。在前两年"代发代还"地方政府债券基础上总结经验，财政部 2011 年印发《2011 年地方政府自行发债试点办法》，2013 年印发《2013 年地方政府自行发债试点办法》，规定地方政府债券试点地方发行，试点省市有上海、浙江、深圳、广东、山东、江苏,然后由财政部代为还本付息。"自发自还"试点阶段主要是 2014 年。财政部在 2014 年 5 月印发《地方政府债券自发自还试点办法》,指出在国务院批准发债规模的范围内,地方政府自行组织债券的发行和偿还本金、支付利息。

2014 年以后,地方政府债券进入了新阶段。由上文分析可知,2014 年中央及各部门陆续发文,取消了地方政府融资平台的融资功能。巨额的资金需求迫使地方政府不能没有融资功能,所以融资平台的融资功能被剥离之后,地方政府需要用其他发债融资模式替代融资平台的城投债。新《预算法》取消了对地方政府发行债券权利的限制,鼓励支持地方政府发行债券,《关于加强地方政府性债务管理的意见》规定纳入地方政府存量债务的可以采用发行地方政府债券形式替换,并且该文件明确了地方政府债券应该如何发行、如何监管以及如何偿还等基本问题。财政部在 2015 年 3 月和 4 月先后印发了地方政府一般和专项债券管理办法,[1] 随着一般债券和专项债券的推出,我国正式建立了地方政府债券体系。随后,陆续出台一些文件对地方政府债券进行规范。[2] 2014 年之后出台的文件(新《预算法》《关于加强地方政府性债务管理的意见》和《关于深化预算管理制度改革的决定》)虽然堵住融资平台为地方政府融资发债的途径,但是地方政府可以自主发行债券。地方政府作为融资发债的权利主体逐渐从幕后转到台前,地方政府举债融资模式进入了一个新的阶段(王蒋姜,2019;赵斌等,2019)。而该阶段的地方政府债券与土地出让、土地价格、土地财政的关系依然十分紧密(章和杰和沈佳,2019;张曾莲和严秋斯,2018;谢保鹏,2017;田新民和夏诗园,2017;宋昕,2017;仲凡等,2017;刘德炳,2013,2014),因此被称为第二阶段的土地融资。

在以新《预算法》和《关于加强地方政府性债务管理的意见》为标志的政策密集出台的情况下,地方政府债券及其体系逐渐形成,并越来越规范,成为地方政府融资的重要手段。吴明(2015)认为新《预算法》会进一步扩大地方政府债务规模。郑颖昊(2015)认为在新《预算法》和相关政策的配合下,地方政府通过发行债券缓解了债务危机,丰富了债券市场、扩大了容量。叶涵(2015)认为新《预算法》对于放开我国地方政府债券市场具有重要意

---

① 《地方政府债券一般债券发行管理暂行办法》《地方政府专项债券发行管理暂行办法》。

② 2015 年 12 月 21 日,财政部印发的《关于对地方政府债务实行限额管理的实施意见》指出要推动融资平台的市场化转型,并鼓励、支持利用政府购买服务等措施。2016 年财政部下发《关于做好 2016 年地方政府债券发行工作的通知》,2017 年 4 月 26 日,财政部等五个部委联合印发《关于进一步规范地方政府举债融资行为的通知》为进一步优化地方政府债券发行机制,2018 年 2 月 24 日,财政部发布《关于做好 2018 年地方政府债务管理工作的通知》,提出多项地方政府债券管理的原则。

义。竹志奇等（2018）研究表明新《预算法》对于地方政府债券的市场化程度有显著提升。如图6-2所示，新《预算法》实施后，即2015年开始，地方政府发行债券的规模骤增。

鉴于此，本书认为，2014年以后，地方政府被赋予了发行债券的权利，地方政府发行债券的行为从幕后搬到了台前，因此，地方政府债券的发行规模受到新《预算法》为标志的法规政策的影响逐渐增大。

基于上述分析，提出本书待检验假说6-2：新《预算法》会对地方政府发行的债券规模（第二阶段的土地融资）产生显著正向影响。

上文5.1节分析了"营改增"给地方政府带来了财政压力，迫使地方政府进一步增加土地财政收入，然而2013年，全国建设用地总规模已经突破国家土地利用总体规划纲要中2020年的建设用地控制指标，自然资源部（原国土资源部）对此高度重视，并严格加强新增建设用地指标管控，导致地方政府依靠新增建设用地获取大规模土地财政收入的渠道受阻。在这种情况下，地方政府财政压力增大，而传统缓解财政压力的重要收入来源土地财政收入又受到了限制，那么地方政府是否会利用其他途径来获得资金来源、缓解财政压力呢？

现有多数研究显示地方政府财政收入不能满足支出、存在财政缺口压力是地方政府举债的重要驱动因素（袁伟鹏，2019）。张莉等（2019）认为分税制改革后，地方政府面临财政压力增大，融资需求逐渐上升，并且不得不借助预算体系之外的平台实现融资。很多研究均得出类似的结论，即认为财政压力增大导致地方政府不得不举债融资（李升，2019；袁伟鹏，2019；庞保庆和陈硕，2015；缪小林和伏润民，2013）。汪峰等（2019）认为，由于地方基础设施建设项目资金难以得到满足，地方政府不得不寻找预算外的融资渠道进行融资。张莉等（2018）认为地方政府承担大量经济建设、基础设施投资的事权，而地方政府税收收入占比大幅下降，日益扩大的财政缺口驱动地方政府扩张债务规模。李一花等（2017）研究表明财政压力对地方政府债务规模增长的影响不可忽视，而且这种影响相对于中西部地区来说，在东部地区更大。余国满等（2015）研究表明，地方政府预算内财政无法满足资金需求，并且缺少必要的融资权是地方政府热衷新的融资渠道的两个重要原因。龚强等（2011）甚至认为地方政府债务规模扩张就是地方政府财政缺口导致。

鉴于此，本书认为"营改增"导致地方政府财政压力进一步增加，而且地方政府土地财政收入来源受限的情况下，地方政府会倾向利用土地融资的方式缓解财政压力，具体而言，"营改增"会对第一阶段和第二阶段的土地融资均具有显著正向影响，即"营改增"对城投债和地方政府债券规模有显著正向影响。

基于上述分析，提出本书待检验假说 6-3："营改增"对城投债规模和地方政府债券规模均存在显著正向影响。

6.1.2　模型与变量选取

1. 模型设定

与土地财政类似，土地融资可能存在路径依赖，当期的土地融资会影响下一期的土地融资，即土地融资的形成是一个动态变化过程（王克强等，2012），参照相关研究（Liu and Alm, 2016；Wang and Hui, 2017；Wu et al., 2015；Xu et al., 2013；Ye and Wang, 2013；雷潇雨和龚六堂，2014；张先锋和王敏，2016），为了避免遗漏变量带来的回归偏误，考虑多个制度变化对土地融资的影响，同时，为了突出核心解释变量"营改增"和新《预算法》的影响，建立如式（6-1）所示的基础模型。

$$\ln Rongzi_{it} = \alpha_0 + \alpha_1 \ln Rongzi_{it-1} + \sum_{j=1}^{2} \rho_j Change_{it} + \alpha_2 BL_{it} + \sum_{j=1}^{6} \beta_j$$
$$\times Control_{it} + \gamma_i + \mu_t + \varepsilon_{it} \tag{6-1}$$

在式（6-1）中，$Rongzi_{it}$ 表示地方政府土地融资的规模，$Rongzi_{it-1}$ 表示滞后一阶的 $Rongzi_{it}$，即上一年土地融资的规模，Change 是制度变化，包括"营改增"和新《预算法》，BL 表示建设用地控制指标变量。α_1 是 $Rongzi_{it-1}$ 的回归系数，即上一年土地融资规模对本年土地融资规模的影响程度；ρ_j 表示制度变化对地方政府土地融资的影响。Control 为一组控制变量；α_2 是建设用地控制指标变量的回归系数，β_j 表示控制变量回归系数，α_0 是常数项，γ_i 代表地区固定效应，μ_t 代表时间固定效应。为了避免制度虚拟变量与时间固定效应存在多重共线性，采用控制国家时间趋势项代替时间固定效应，ε_{it} 是残差项。

2. 变量选取

被解释变量一个是"土地融资（$Rongzi_{it}$）"，考虑两种融资方式，一个是第一阶段的土地融资，即地方政府融资平台发行的城投债（$Platfbond_{it}$），用城市 i 在第 t 年发行的城投债总规模表示，单位为亿元；另一个是第二阶段的土地融资，即地方政府债券（Govbond$_{it}$），用城市 i 在第 t 年发行的地方政府债券总规模表示，单位为亿元。

解释变量"制度变化（Change）"，根据现实情况，且为与上文保持研究的连续性，考虑两个制度变化，一个是"营改增"（BTV），另一个是"新《预算法》（Newlaw）"，二者的变量含义同上文 5.1 节和 5.2 节。

根据现有研究，且为与上文保持研究的连续性，控制变量（Control）的选取与上文 5.1 节和 5.2 节一致，即经济发展（GDP，万元/人）、人口数量（POP，万人）、基础设施建设（ROAD，万平方米）、外商直接投资（FDI）、土地市场（LM）、不动产投资（REI，亿元）。另外将建设用地控制指标变量（BL）作为控制变量加入模型，该变量与上文 5.1 节一致。为了避免内生性，控制变量全部取滞后一阶数据进入模型。

6.1.3 研究样本与数据来源

本书分析城投债的实证样本为 2009~2017 年 260 个地级市，分析地方政府债券的样本为 2012~2017 年 26 个省级行政区。城投债分析 2009~2017 年260 个地级市的原因是：（1）"营改增"改革试点开始于 2012 年，研究时间区间需要将 2012 年包括在内；（2）新《预算法》于 2015 年开始实施，研究时间区间需要将 2015 年包括在内；（3）2008 年开始，随着国家政策对融资平台的支持，融资平台融资举债进入快速发展时期，考虑与上文的研究保持连续，本书将起始时间点设定为 2009 年；（4）最新的数据只能收集统计到 2017 年，因此，将时间区间设定为 2009~2017 年；（5）全国共 293 个地级市，本书采用 260 个地级市主要是为了与上文的研究保持连续性。地方政府债券的样本为2012~2017 年 26 个省级行政区选取的原因主要是：（1）新《预算法》规定，2015 年开始省级政府可以发行地方政府债券，即地方政府债券的数据只能收集到省层面。（2）考虑到直辖市与省级行政区存在区别，剔除北京、上海、天津、重庆四个直辖市；另外由于西藏自治区、香港特别行政区、澳门特别行政区、台湾地区数据存在部分缺失，在样本中将其剔除，最终选择 26 个省级行政区。（3）本书将研究时间起点设置为 2012 年，由于 2011 年以及以前主要是"代发代还"，2009 年财政部印发《2009 年地方政府债券预算管理办法》，规定财政部代理发行省和直辖市政府债券并代偿还本息，并且 2009~2011 年全国由财政部代发地方政府债券规模为每年 2000 亿元，是全国人大规定并批准的、是固定的；最新的数据只能收集统计到 2017 年，因此，时间区间设定

2012～2017 年。

城投债变量和地方政府债券变量数据来源于东方财富旗下 Choice 金融终端。城投债和地方政府债券 2009～2017 年的历年发行规模如图 6－2 所示。其余控制变量数据与上文一致，来源于中国土地市场网、《中国城市统计年鉴》和《中国统计年鉴》。

本节主要变量的衡量方法、数据来源以及统计描述见前文表 5－2 和表 5－3。

6.1.4 实证分析与解释

基于上文的分析框架，提出三个待检验假说。待检验假说 6－1：新《预算法》对第一阶段土地融资（城投债）产生显著负向影响；待检验假说 6－2：新《预算法》对第二阶段土地融资（地方政府债券）产生显著正向影响；待检验假说 6－3："营改增"对城投债和地方政府债券均存在显著正向影响。为了方便进行实证分析，将待检验假说进行合并归类，按照第一阶段土地融资（城投债）和第二阶段土地融资（地方政府债券）分别展开实证。

1. "营改增"和新《预算法》对第一阶段土地融资（城投债）的影响

该部分内容展示了利用两步系统广义矩估计方法的计量分析结果，即分析了"营改增"和新《预算法》对城投债的影响。表 6－1 的回归结果中包括被解释变量滞后二阶能通过 AR（1）、AR（2）检验和 Hansen 检验，即加入被解释变量滞后阶是必要的、工具变量是有效性的，说明回归结果是合适的、稳健的（Arellano and Bond，1991）。所以，本节主要分析包含滞后二阶被解释变量的回归结果，同时在表格中列出模型中不包含滞后二阶被解释变量的回归结果作为一种稳健性检验。

首先，分别检验。"营改增"和新《预算法》对城投债的影响。为了检验"营改增"对城投债的影响，利用两步系统广义矩估计方法，按照式（6－1）进行回归，被解释变量为城投债，核心解释变量为"营改增"，回归结果如表 6－1 列（1）～（4）所示。可以看出，无论是否加入建设用地控制指标约束变量，"营改增"对城投债的影响均显著为正。为了检验新《预算法》对城投债的影响，按照式（6－1）进行回归，被解释变量为城投债，核心解释变量为新《预算法》，回归结果如表 6－1 列（5）～（8）所示。可以看出，无论是否加入建设用地控制指标约束变量，新《预算法》对城投债的影响均显著为负。

表 6 – 1　　　　　　"营改增"和新《预算法》分别对城投债的影响

变量	(1)	(2)	(3)	(4)	(5)	(6)	(5)	(6)
	第一阶段土地融资（城投债）（Platfbond）							
被解释变量滞后一阶	0.5413 *** (8.0770)	0.3781 *** (5.0578)	0.3700 *** (6.8459)	0.3693 *** (6.6610)	0.5943 *** (9.5986)	0.5066 *** (7.7272)	0.5068 *** (7.5046)	0.4707 *** (6.4154)
被解释变量滞后二阶	—	0.3520 *** (4.9338)	0.3003 *** (4.9999)	0.3158 *** (5.5048)	—	0.2392 *** (3.5197)	0.2424 *** (3.4652)	0.2331 *** (3.1230)
营改增	0.4039 * (1.8584)	0.6319# (1.5919)	0.8097 ** (2.3976)	0.5867 * (1.6519)	—	—	—	—
新预算法	—	—	—	—	– 1.0834 ** (– 2.2711)	– 0.6500# (– 1.5545)	– 0.4819 (– 1.0562)	– 0.8045 * (– 1.7022)
外商直接投资	0.0555# (1.5098)	0.0405 (1.1725)	0.0670 ** (2.3894)	0.0699 *** (2.6602)	0.0918 ** (2.4345)	0.0827 *** (2.8945)	0.0884 *** (2.8054)	0.0639# (1.5233)
经济发展	0.3100 (1.2098)	0.2294 (0.9834)	0.3784 * (1.7562)	0.4037 * (1.9150)	0.3943 (1.3451)	0.3957# (1.5688)	0.4172 (1.4234)	0.2217 (0.7489)
土地市场	0.5703 (0.8503)	0.2511 (0.4110)	0.4692 (0.8632)	0.6659 (1.2359)	1.2759 * (1.8133)	1.0816# (1.6082)	1.4621 * (1.8674)	1.2294 (1.3491)
人口数量	0.4253# (1.6155)	0.4307# (1.5356)	0.3597 * (1.6751)	0.4583 ** (2.3985)	0.2226 (0.7029)	0.3041 (1.0898)	0.2278 (0.6815)	0.5227# (1.5508)
基础设施建设	0.0768 (0.3716)	– 0.1040 (– 0.5217)	– 0.0730 (– 0.4804)	– 0.1140 (– 0.7186)	0.0739 (0.3955)	0.0087 (0.0528)	– 0.0243 (– 0.1219)	0.0856 (0.3962)
不动产投资	0.3458 ** (2.0397)	0.3199 * (1.8819)	0.2865 ** (1.9603)	0.2270 * (1.8313)	0.3008 * (1.8071)	0.1882 (1.1627)	0.2600 (1.3547)	0.2053 (1.0188)
建设用地控制指标1	—	—	– 0.0272 (– 0.2067)	—	—	—	0.5112 (1.0649)	—
建设用地控制指标2	—	—	—	0.1862 (1.1927)	—	—	—	0.0817 (0.3096)
C	– 7.2595 ** (– 2.3570)	– 5.5727 * (– 1.8832)	– 6.9733 *** (– 2.6425)	– 7.3066 *** (– 3.0492)	– 6.1413 * (– 1.6779)	– 6.0567 * (– 1.8637)	– 6.4332 * (– 1.7116)	– 5.9420# (– 1.5680)
Year	YES	YES	YES	YES	YES	YES	YES	YES
N obs.	2337	2337	2337	2337	2337	2337	2337	2337
N cities	260	260	260	260	260	260	260	260

续表

变量	(1)	(2)	(3)	(4)	(5)	(6)	(5)	(6)
	第一阶段土地融资（城投债）（Platfbond）							
N Instruments	172	172	246	246	188	188	188	166
AB1 p-value	0.0000	0.0000	0.0000	0.0000	0.0000	0.0000	0.0000	0.0000
AB2 p-value	0.0000	0.1927	0.3188	0.2217	0.0000	0.8357	0.8511	0.9612
Hansen p-value	0.0447	0.0955	0.3184	0.4825	0.0874	0.1368	0.1489	0.0367

注：城投债（Platfbond）、经济发展（GDP）、人口数量（POP）、基础设施建设（ROAD）和不动产投资（REI）变量采用自然对数进入回归，控制变量和建设用地控制指标（BL1、BL2）变量均采用滞后一阶进入模型；这些结果采用两步系统广义矩估计方法，控制了时间趋势，括号内为 t 统计量；***、**、*、#分别表示在 1%、5%、10%、15%的水平上显著；"—"表示空白。

资料来源：Stata 统计输出。

其次，考虑到"营改增"和新《预算法》对城投债同时存在影响，为了尽量避免遗漏变量导致的内生性，将"营改增"和新《预算法》同时纳入模型作为解释变量，被解释变量为城投债（Platfbond），回归结果如表 6 - 2 所示，可以发现，"营改增"对城投债有正向影响，新《预算法》对城投债有负向影响，和表 6 - 1 的回归结果基本一致，说明上文计量分析"营改增"和新《预算法》对城投债的结果基本是稳健的。

表 6 - 2　　　　"营改增"和新《预算法》对城投债的影响

变量	(1)	(2)	(3)	(4)	(5)	(6)	(7)	(8)
	第一阶段土地融资（城投债）（Platfbond）							
被解释变量 滞后一阶	0.9629 *** (19.2641)	0.7034 *** (3.4985)	0.5573 *** (12.0431)	0.4296 *** (5.8840)	0.5409 *** (13.3282)	0.5406 *** (13.3768)	0.3707 *** (6.7974)	0.3714 *** (6.4242)
被解释变量 滞后二阶	—	0.2516 (1.3507)		0.2922 *** (4.3468)			0.3002 *** (4.7983)	0.3122 *** (5.3676)
营改增	1.3833 (0.8638)	1.0717 (0.7470)	0.6012 * (1.6704)	0.6536 * (1.6975)	0.8550 *** (2.6619)	0.8332 *** (2.6321)	0.8444 ** (2.5038)	0.5513# (1.5359)
新预算法	- 1.0697 (- 0.5701)	- 0.8463 (- 0.5216)	- 0.3915 (- 1.0330)	- 0.6619# (- 1.6142)	- 0.6752 * (- 1.8905)	- 0.5814 * (- 1.6752)	- 0.7974 ** (- 1.9667)	- 0.5929# (- 1.4445)
外商直接投资	—	—	0.0833 *** (3.0590)	0.0267 (0.7248)	0.0927 *** (3.6855)	0.0961 *** (3.7706)	0.0678 ** (2.5023)	0.0640 ** (2.3473)
经济发展	—	—	0.0909 (0.5081)	0.2577 (1.1148)	0.1161 (0.7089)	0.1521 (0.9352)	0.3529# (1.5535)	0.3979 * (1.8255)

续表

变量	(1)	(2)	(3)	(4)	(5)	(6)	(7)	(8)
	第一阶段土地融资（城投债）（Platfbond）							
土地市场	—	—	0.8280* (1.7108)	0.1574 (0.2534)	0.7029# (1.5569)	0.8114* (1.8636)	0.4841 (0.8930)	0.6697 (1.2310)
人口数量	—	—	0.1662 (0.8363)	0.4081 (1.4324)	0.1369 (0.8099)	0.1379 (0.8396)	0.3479# (1.5024)	0.4623** (2.4016)
基础设施建设	—	—	0.1615 (1.1107)	−0.0158 (−0.0820)	0.1465 (1.0276)	0.1358 (0.9482)	−0.0634 (−0.4317)	−0.1063 (−0.6645)
不动产投资	—	—	0.3131*** (2.7882)	0.3373* (1.9416)	0.3186*** (2.9115)	0.3344*** (2.9701)	0.2844* (1.9056)	0.2331* (1.8490)
建设用地控制 指标1	—	—	—	—	−0.0840 (−0.7196)	—	−0.0388 (−0.2886)	—
建设用地控制 指标2	—	—	—	—	—	−0.0796 (−0.7250)	—	0.1879 (1.1693)
C	0.2312 (0.3957)	0.3373 (0.5751)	−4.0165* (−1.8987)	−5.6856* (−1.8510)	−3.9033** (−2.0457)	−4.3808** (−2.3304)	−5.9378** (−2.0313)	−6.7024*** (−2.6168)
Year	YES	YES	YES	YES	YES	YES	YES	YES
N obs.	2340	2340	2337	2337	2337	2337	2337	2337
N cities	260	260	260	260	260	260	260	260
N Instruments	30	30	222	176	256	256	242	242
AB1 p-value	0.0000	0.0071	0.0000	0.0000	0.0000	0.0000	0.0000	0.0000
AB2 p-value	0.0000	0.7483	0.0000	0.5604	0.0000	0.0000	0.3360	0.2508
Hansen p-value	0.1439	0.0560	0.2788	0.0925	0.4657	0.4649	0.3183	0.4569

注：城投债（Platfbond）、经济发展（GDP）、人口数量（POP）、基础设施建设（ROAD）和不动产投资（REI）变量采用自然对数进入回归，控制变量和建设用地控制指标（BL1、BL2）变量均采用滞后一阶进入模型；这些结果采用两步系统广义矩估计方法，控制了时间趋势，括号内为 t 统计量；***、**、*、#分别表示在1%、5%、10%、15%的水平上显著；"—"表示空白。

资料来源：Stata 统计输出。

最后，为了检验是否存在其他政策或随机性因素导致城投债规模变化或者地方政府存在政策预期而提前增加城投债规模，对上述结果进行假设检验，设计思路为：在新制度变革实施前，构建一个虚假的政策冲击，考察虚假政策的影响。假设该制度变化发生在前1年和前2年（T−1年和T−2年），采用相同的样本，重新估计表6−1和表6−2，观察虚假的政策冲击对城投债规模是否存在显著影响，回归结果如表 6 - 3 所示，列（1）~（4）汇报的是"营改增"的假设检验，列（5）~（8）汇报的是新《预算法》的假设检验。可以看出，无论设置前 1 年（T - 1 年）还是前 2 年（T - 2 年）作为假想政策发生时间，核心解释变量"营改增"和新《预算法》的回归系数均不显著，地方政府城投债规模在 T - 1 年和 T - 2 年均没有发生显著变化，表明地方政府对"营改增"和新《预算法》的政策预期引起的内生性问题在本节计量模型中可以忽略不计；该结果也排除了其他政策因素或随机性因素导致的城投债规模变化，说明表 6 - 1 和表 6 - 2 的回归结果是稳健的。

表 6 - 3　　"营改增"和新《预算法》对城投债影响的假设检验

变量	(1)	(2)	(3)	(4)	(5)	(6)	(7)	(8)
	第一阶段土地融资（城投债）(Platfbond)							
被解释变量滞后一阶	0.4644*** (8.3481)	0.3775*** (6.0721)	0.5260*** (8.9477)	0.3581*** (5.4442)	0.5587*** (11.7868)	0.3494*** (6.1074)	0.5573*** (12.0431)	0.3494*** (6.1074)
被解释变量滞后二阶	—	0.3162*** (4.6917)	—	0.3190*** (4.8652)	—	0.3581*** (5.9562)	—	0.3581*** (5.9562)
营改增$^{T-1}$	-0.1382 (-0.3670)	0.0388 (0.0990)	—	—	—	—	—	—
营改增$^{T-2}$	—	—	-0.3941 (-0.9211)	-0.4833 (-1.2373)	—	—	—	—
新预算法$^{T-1}$	—	—	—	—	-0.3909 (-1.0181)	-0.4993 (-1.3204)	—	—
新预算法$^{T-2}$	—	—	—	—	—	—	-0.3915 (-1.0330)	-0.4993 (-1.3204)
营改增	—	—	—	—	0.6101* (1.6642)	0.5163 (1.4212)	0.6012* (1.6704)	0.5163 (1.4212)
新预算法	0.3217 (0.7647)	-0.1408 (-0.3098)	0.5347 (1.1389)	0.4056 (0.9108)	—	—	—	—
控制变量	YES	YES	YES	YES	YES	YES	YES	YES
C	-9.2791*** (-2.8237)	-5.8476** (-2.0622)	-8.2097*** (-2.7238)	-6.1843** (-2.1455)	-4.0238* (-1.9140)	-3.0999# (-1.5113)	-4.0165* (-1.8987)	-3.0999# (-1.5113)
Year	YES	YES	YES	YES	YES	YES	YES	YES

续表

变量	(1)	(2)	(3)	(4)	(5)	(6)	(7)	(8)
	第一阶段土地融资（城投债）（Platfbond）							
N obs.	2337	2337	2337	2337	2337	2337	2337	2337
N cities	260	260	260	260	260	260	260	260
N Instruments	222	214	214	214	229	222	222	222
AB1 p-value	0.0000	0.0000	0.0000	0.0000	0.0000	0.0000	0.0000	0.0000
AB2 p-value	0.0000	0.2643	0.0000	0.2403	0.0000	0.0931	0.0000	0.0931
Hansen p-value	0.1565	0.2422	0.2196	0.2132	0.2968	0.3344	0.2788	0.3344

注: 城投债（Platfbond）、经济发展（GDP）、人口数量（POP）、基础设施建设（ROAD）和不动产投资（REI）变量采用自然对数进入回归，控制变量和建设用地控制指标（BL1、BL2）变量均采用滞后一阶进入模型；这些结果采用两步系统广义矩估计方法，控制了时间趋势，括号内为 t 统计量；***、**、*、#分别表示在 1%、5%、10%、15%的水平上显著；"—"表示空白。

资料来源: Stata 统计输出。

2. "营改增" 和新《预算法》对第二阶段土地融资（地方政府债券）的影响

本节采用面板数据固定效应模型和普通最小二乘法（OLS）进行估计。一方面，地方政府允许发行债券的时间较短，路径依赖不明显；另一方面，由于该实证样本是 26 个省级行政区，不具备相关研究提出的"时间短、样本多"的面板数据特征（Arellano and Bond, 1991; Arellano and Bover, 1995; Blundell and Bond, 1998），若采用广义矩估计方法估计动态面板数据会导致多重共线性问题。另外，在固定效应模型中，为了避免时间固定效应与解释变量存在共线性，采用控制国家时间趋势代替时间固定效应。

下面检验"营改增"和新《预算法》对地方政府债券的影响。固定效应回归结果如表 6-4 所示，列（1）~（4）是"营改增"对地方政府债券影响的回归结果，可以看出"营改增"对地方政府债券存在正向影响；列（5）~（8）是新《预算法》对地方政府债券影响的回归结果，可以看出新《预算法》对地方政府债券存在显著正向影响。表 6-5 考察"营改增"和新《预算法》对地方政府债券影响的回归结果，可以看出"营改增"对地方政府债券存在显著正向影响，新《预算法》对地方政府债券存在显著正向影响。表 6-5 的回归结果和表 6-4 基本一致，说明回归结果在一定程度上是稳健的。

表 6-4　　"营改增"和新《预算法》分别对地方政府债券的平均影响

变量	(1)	(2)	(3)	(4)	(5)	(6)	(7)	(8)
	第二阶段土地融资（地方政府债券）（Govbond）							
营改增	1.2875 * (1.8237)	0.9399 (1.3015)	0.9498 (1.3239)	0.9786 (1.3276)				
新预算法	—	—	—	—	6.2450 *** (10.2602)	6.4800 *** (11.0222)	6.4786 *** (11.2046)	6.4516 *** (10.6131)
外商直接投资	—	-0.4973 (-0.7352)	-0.4500 (-0.5968)	-0.4632 (-0.7079)	—	-1.3334 (-1.3420)	-1.3324 (-1.3192)	-1.3400 (-1.3540)
经济发展	—	1.7940 (1.1016)	1.6479 (0.9330)	1.8817 (1.0958)	—	1.3396 (0.7952)	1.3200 (0.7486)	1.3833 (0.7961)
土地市场	—	2.0696 (1.4411)	2.0614 (1.4168)	2.1282 (1.4462)	—	2.1314 * (1.7403)	2.1303 * (1.7327)	2.1704 * (1.7419)
人口数量	—	0.3495 (1.0920)	0.3513 (1.0845)	0.3103 (0.8882)	—	0.3307 (1.1405)	0.3301 (1.1422)	0.3007 (0.9408)
基础设施建设	—	-3.1056 *** (-6.0569)	-3.0803 *** (-6.1421)	-3.0971 *** (-5.9575)	—	-3.3130 *** (-7.9503)	-3.3101 *** (-8.3051)	-3.3140 *** (-7.8790)
不动产投资	—	-0.8357 * (-1.9621)	-0.8383 * (-1.9885)	-0.8614 * (-1.9902)	—	-0.6746 * (-1.8454)	-0.6737 * (-1.8213)	-0.6796 * (-1.8460)
建设用地控制 指标 1	—	—	-0.6538 (-0.3996)	—	—	—	-0.0862 (-0.0556)	—
建设用地控制 指标 2	—	—	—	-0.2075 (-0.8538)	—	—	—	-0.1132 (-0.6884)
C	0.3848 ** (2.0670)	20.3383 (1.2758)	21.9938 (1.2537)	19.9086 (1.1797)	-4.7325 ** (-2.6253)	20.6429 (1.4493)	20.9718 (1.2588)	20.4009 (1.3849)
Year	YES	YES	YES	YES	YES	YES	YES	YES
Region	YES	YES	YES	YES	YES	YES	YES	YES
N	156	156	156	156	156	156	156	156
R²	0.9242	0.9364	0.9365	0.9366	0.9197	0.9335	0.9335	0.9336

注：地方政府债券（Govbond）、经济发展（GDP）、人口数量（POP）、基础设施建设（ROAD）和不动产投资（REI）变量采用自然对数进入回归，控制变量和建设用地控制指标（BL1、BL2）变量均采用滞后一阶进入模型；采用控制时间趋势代替时间固定效应；括号内为 t 统计量；***、**、*、#分别表示在 1%、5%、10%、15% 的水平上显著；"—"表示空白。

资料来源：Stata 统计输出。

表 6 - 5　　　"营改增"和新《预算法》对地方政府债券的平均影响

变量	(1)	(2)	(3)	(4)
	第二阶段土地融资（地方政府债券）（Govbond）			
营改增	0.7932 * (1.8619)	0.7202# (1.5101)	0.7299# (1.5626)	0.7736# (1.5391)
新预算法	6.4357 *** (12.2423)	6.6597 *** (13.3915)	6.6548 *** (13.5135)	6.6102 *** (12.5386)
外商直接投资	—	- 0.6012 (- 0.8297)	- 0.5858 (- 0.7689)	- 0.5614 (- 0.7940)
经济发展	—	1.6438 (0.9897)	1.5443 (0.8731)	1.7630 (0.9983)
土地市场	—	1.8789 (1.3116)	1.8698 (1.2887)	1.9464 (1.3313)
人口数量	—	0.4523# (1.5486)	0.4506# (1.5394)	0.3951 (1.1851)
基础设施建设	—	- 3.1405 *** (- 6.4929)	- 3.1228 *** (- 6.6772)	- 3.1299 *** (- 6.3672)
不动产投资	—	- 0.8785 * (- 2.0565)	- 0.8765 * (- 2.0472)	- 0.9045 ** (- 2.0848)
建设用地控制指标 1	—	—	- 0.4545 (- 0.2953)	—
建设用地控制指标 2	—	—	—	- 0.2500 (- 1.0852)
C	- 1.5128 (- 1.0392)	19.1046 (1.3225)	20.8194 (1.2342)	18.4560 (1.1952)
Year	YES	YES	YES	YES
Region	YES	YES	YES	YES
N	156	156	156	156
R^2	0.9224	0.9354	0.9355	0.9357

注：地方政府债券（Govbond）、经济发展（GDP）、人口数量（POP）、基础设施建设（ROAD）和不动产投资（REI）变量采用自然对数进入回归，控制变量和建设用地控制指标（BL1、BL2）变量均采用滞后一阶进入模型；采用控制时间趋势代替时间固定效应；括号内为 t 统计量；***、**、*、#分别表示在 1%、5%、10%、15%的水平上显著；"—"表示空白。

资料来源：Stata 统计输出。

为了检验是否存在其他政策或随机性因素导致地方政府债券规模变化，对上述结果进行假设检验，设计思路为：在新制度变革实施前，构建一个虚假的政策冲击，考察虚假政策的影响。假设该制度变化发生在前 1 年和前 2 年（T－1 年和 T－2 年），重新估计表 6－4 和表 6－5，观察虚假的政策冲击对地方政府债券规模是否存在显著影响，回归结果如表 6－6 所示，列（1）、列（2）汇报的是"营改增"的假设检验，列（3）、列（4）汇报的是新《预算法》的假设检验。可以看出无论设置前 1 年（T－1 年）还是前 2 年（T－2 年）作为假想政策发生时间，核心解释变量"营改增"和新《预算法》的回归系数均不显著，地方政府债券规模在 T－1 年和 T－2 年均没有发生显著变化，该结果排除了其他政策因素或随机性因素导致的地方政府债券规模变化，说明"营改增"对地方政府债券规模存在显著正向影响，新《预算法》对地方政府债券规模存在显著正向影响的回归结果是稳健的。

表 6－6　　"营改增"和新《预算法》对地方政府债券影响的假设检验

变量	（1）	（2）	（3）	（4）
	第二阶段土地融资（地方政府债券）（Govbond）			
营改增$^{T-1}$	－0.6852 （－0.8967）	—	—	—
营改增$^{T-2}$	—	0.4775 （0.4300）	—	—
新预算法$^{T-1}$	—	—	0.3254 （0.6263）	—
新预算法$^{T-2}$	—	—	—	－0.3757 （－0.6263）
控制变量	YES	YES	YES	YES
C	1078.3553 （0.8562）	926.9360 （0.6118）	1025.7084 （0.8305）	1021.3418 （0.8293）
Year	YES	YES	YES	YES
Region	YES	YES	YES	YES
N	78	78	78	78
R^2	0.8336	0.8518	0.8259	0.8259

注：地方政府债券（Govbond）、经济发展（GDP）、人口数量（POP）、基础设施建设（ROAD）和不动产投资（REI）变量采用自然对数进入回归，控制变量均采用滞后一阶进入模型；采用控制时间趋势代替时间固定效应；括号内为 t 统计量；"—"表示空白。

资料来源：Stata 统计输出。

6.1.5　研究结果

2014 年的新《预算法》和《关于加强地方政府性债务管理的意见》搭建起了地方政府举债融资机制的基本法律制度框架，融资平台为地方政府融资的功能被剥离，地方政府被赋予了自主发行债券的权利。与此同时，土地融资一直以来与土地财政类似，扮演着缓解地方政府财政压力、为地方政府提供资金来源的重要角色。随着我国财税、融资体制的变化，一方面，"营改增"进一步增加地方政府财政压力，在土地财政收入受到建设用地指标约束而不得不减少的情况下，土地融资必然受到财政压力增大产生的影响；另一方面，以新《预算法》为标志的预算制度改革，禁止了地方政府融资平台的融资功能，支持了地方政府发行地方政府债券，可能对我国地方政府土地融资的方式产生直接影响。本节基于现有研究、政策文件、法律条文和经验证据，构建理论分析框架，以 2009～2017 年 260 个地级市和 26 个省级行政单位为研究样本，分别分析"营改增"和新《预算法》对第一阶段和第二阶段土地融资的影响，得到主要研究结果如下：第一，"营改增"对第一阶段和第二阶段土地融资，即城投债规模和地方政府债券规模均存在显著正向影响；第二，新《预算法》对第一阶段土地融资（城投债）的规模存在显著负向影响；第三，新《预算法》对第二阶段土地融资（地方政府债券）的规模存在显著正向影响。

6.2　"后土地财政"时期制度变化对 PPP 模式影响

2014 年的新《预算法》和《关于加强地方政府性债务管理的意见》搭建起了地方政府举债融资机制的基本法律制度框架，明确禁止城投公司承担地方政府的融资功能，禁止其作为地方的融资平台，与此同时，积极鼓励开展政府与社会资本合作的模式（PPP 模式）进行城市基础设施建设。PPP 模式是指政府采取股权合作的方式吸引社会资本共同参与城市基础设施建设和运营，这是一种公共基础设施的公共社会服务供给方式的创新。通过引入社会资本，不仅可以大幅解决地方政府的融资需求，缓解基础设施建设初期的融资压力，而且可以提高公共产品的供给效率，提高基础设施项目管理效率，实现社会、经济和环境的可持续发展。

PPP 的发展拓宽了基础设施建设市场资金来源，有效缓解了地方政府债务压力和财政压力（徐玉德等，2019）。徐进和张明（2019）研究表明 PPP 项目可以盘活存量资产，有利于地方政府缓解债务问题、破解融资困境。雷霞（2016）研究表明 PPP 融资模式有利于化解地方政府面临的债务压力。陈志敏等（2015）认为 PPP 模式有很多积极意义，尤其是可以充分撬动民间资金缓解新型城镇化的财政压力。余逢伯（2015）指出 PPP 模式有利于新常态情境下构建多元化和可持续的融资机制，使地方政府平衡财政收支更加游刃有余。汪峰等（2019）研究表明 PPP 项目的融资成功可以为辖区基础设施建设提供有力的资金支持。孟巍和吴粤（2019）认为 PPP 模式可以有效缓解地方政府财政压力并且作用逐年增大。

虽然我国基础设施的 PPP 模式从 20 世纪八九十年代开始探索，但是一直以来并未大规模推广应用，主要停留在一些一线城市的个别项目，比如香港公司参与的北京地铁 4 号线。直到 2014 年，政府与社会资本合作模式的概念才被正式提出，财政部成立 PPP 项目工作领导小组，并迅速建立管理机制。相关部门先后多次发文鼓励 PPP，并出台《政府和社会资本合作模式操作指南（试行）》《关于开展政府和社会资本合作的指导意见》等从识别到运营为 PPP 项目提供详尽操作指引的文件，并且一些内容在新《预算法》等法规中有具体的体现，在这种顶层设计与鼓励下，具有中国特色的 PPP 项目开始飞速发展。从 2014 年国家鼓励、支持、引导民营企业参与 PPP 模式以来，到 2018 年国务院、发改委和财政部等部门陆续密集出台 PPP 相关政策文件多达 187 个，短短几年时间，我国 PPP 市场发展为全球最大（徐玉德等，2019），2014 年至 2019 年 12 月，全国 PPP 项目累计投资总规模达到 14.4 万亿元。

相关文件的出台从不同层面、不同程度激发了民营资本参与 PPP 项目的积极性，利用民营资本缓解财政、资金紧张的压力，为民营企业的参与创造了较好的政策环境。然而，财政部公布的 PPP 项目数据显示，我国民营企业参与 PPP 项目的热情较低，甚至表现出"国进民退"的特征。截至 2018 年 8 月，我国累计成交 PPP 项目 8089 个、规模 11.75 万亿元，其中民营企业的成交规模只占 26.1%，相对于 2015 年 12 月下降 10.18%；成交个数占比为 46.69%，相对于 2015 年 12 月下降 8.99%；而国企成交占比达到 73.9%。[①] 从民营企业自身数据来看，规模占比（26.1%）小于个数占比（46.69%），说明单个项目的规模较小，而国企相对来说参与的 PPP 都是较大的项目；另一方面，不管从成交个数还是成交规模来看，民企都远小于国企，且参与程度

---

① 见 https：//www.cpppc.org：8082/inforpublic/homepage.html#/projectPublic。

都存在逐年下降的趋势。

随着新《预算法》等一系列法律制度对 PPP 的识别、运营等完整体系的建立，其对地方政府的 PPP 项目规模将会产生怎样的影响，在国企占比不同的城市是否会产生不同的影响？现有研究尚未对这些问题开展直接研究，但是现有研究奠定了本节的研究基础，个别研究定性分析了新《预算法》对 PPP 的影响（张月玲和郝梓秀，2017；刘梅，2016），有研究分析了 PPP 对于缓解财政压力的作用（徐玉德等，2019；孟巍和吴粤，2019），有研究指出民营企业参与 PPP 项目的热情较低（曾莉和罗双双，2020；邵文娉，2018），但是尚未有研究对新《预算法》等一系列法规制度影响 PPP 规模进行实证，在其基础上分析国企和民企参与程度影响的研究仍存在空白。鉴于此，本节基于现有研究、政策文件、法律条文和经验证据构建理论分析框架，进而以 2009 ~ 2017 年 260 个地级市和 26 个省级行政单位为研究样本，对上述问题展开深入研究。

6.2.1 分析框架

在财政激励和晋升激励的双重激励下（周飞舟，2006；周黎安，2007；吴群和李永乐，2010），中国地方政府有很强的动机增加可支配收入或资金，用于城市基础设施建设、改善城市面貌，提高本辖区招商引资环境，吸引企业、人才流入到本辖区，实现财政增收和经济增长（杜雪君等，2009；郑思齐等，2014）。地方政府提供基础设施的传统资金来源主要有三种，一是税收，即一般预算收入中用于基础设施投资的税收收入；二是收费，即地方政府向特定对象征收的使用费；三是转移支付收入，即来自上一级政府的转移支出。上述这三种收入来源远远未能够满足我国快速城镇化过程中的资金需求，地方政府不得不寻求其他形式的融资方式满足城市建设的资金需求，土地成为地方政府融资的重要手段，土地财政、土地融资等起到了举足轻重的作用。然而，这种模式难以长久持续，暴露的问题逐渐增多，也越来越明显（贾康和孙洁，2014）。

第一，土地财政不可持续。土地资源短缺、建设用地指标紧张，土地财政收入将难以持续（陈志勇和陈莉莉，2010；王健等，2019a）；随着土地资源短缺，土地价格上涨，征地拆迁等成本也随之升高，出让建设用地获得巨额出让金的利润空间越来越小（贾康和刘微，2012）。

第二，过度依赖债务融资（贾康和孙洁，2014）。《2013 年全国政府性债务审计报告》指出到 2013 年为止，中央政府和地方政府承担一定救助责任、担保责任和偿还责任的债务累计达 302748 亿元，是当年全国财政收入 139136 亿元的 2.17 倍。一些地区地方政府融资渠道非常单一（如城投债、银行贷款等），存在较大的资金风险，融资结构逐渐恶化。

第三，地方政府的融资平台机构存在的问题较多（贾康和孙洁，2014）。融资平台的债务规模庞大，Wind 数据库统计数据显示，截至 2013 年底，地方政府融资平台公司 6576 家，债务规模达 49710 亿元，占全部债务的 47.38%；地方政府与融资平台之间权责不清、关系模糊，缺乏外部的监管措施，一旦融资平台出现无力偿还债务的危机，且其背后的政府财力不强的话，很容易引发金融风险；地方政府融资平台缺乏完善的市场机制和公司治理机制，资金使用效率低，缺乏严格的风险管控机制。

随着土地财政、土地融资暴露的问题越来越多，政府、学界的认识越来越深刻，也越来越全面。与此同时，经济体制改革逐渐全面深化，中央在鼓励社会资本投向基础设施建设方面连续出台一系列政策，通过吸引社会资本来解决基础设施资金来源不足以及避免过度依赖土地财政和融资模式等问题。

继十八届三中全会鼓励探索社会资本参与城市基建的运营与投资之后，2014 ~ 2015 年国家部委密集出台文件从宏观制度到微观操作鼓励支持 PPP 项目推进，2014 年 9 月财政部出台《关于推广运用政府和社会资本合作模式有关问题的通知》，要求积极稳妥示范和推广 PPP 项目，尽快搭建起对 PPP 发展有利的制度环境体系，随后，财政部出台《政府和社会资本合作模式操作指南（试行）》、国家发展改革委出台《关于开展政府和社会资本合作的指导意见》，并起草《政府和社会资本合作项目通用合同指南（2014 版）》等，这些文件从识别到运营为 PPP 项目提供详尽操作指引。国务院对 PPP 项目的建设与发展也多次发文鼓励支持，2014 年国务院印发的《关于加强地方政府性债务管理的意见》《关于深化预算管理制度改革的决定》《关于创新重点领域投融资机制鼓励社会投资的指导意见》等文件对此均有涉及。2015 年 3 月 5 日，李克强在政府工作报告中提出要在基础设施建设等领域积极推广 PPP 模式，17 日，国家发改委和国家开发银行联合出台《关于推进开发性金融支持政府和社会资本合作有关工作的通知》，21 日发布《基础设施和公用事业特许经营管理办法》，均对 PPP 模式给予政策支持。据不完全统计，国家部委在 2014 ~ 2015 年出台与 PPP 相关的规章制度等文件多达 65 份，其中 2015 年有 50 份，省级政府为落实国家层面关于 PPP 的工作要求，出台文件 66 份。各级政府出台的一系列政策，为基础设施领域的 PPP 模式推广提供了良好的契机，为融资方式找到了一条新的出路。

PPP作为一种新型融资模式，是民营资本与政府建立合作关系共同为公共产品或公共服务融资的一种新型方式，能够有效撬动社会资本，提高公共服务与产品的质量与效率。财政部金融司统计数据显示，截至2019年12月，我国累计成交PPP项目9440个、规模14.4万亿元，涉及道路交通、城市公共事业、环境保护等诸多领域，对于惠民生、稳增长起到举足轻重的作用。从PPP项目的融资规模比例情况来看，2012～2016年，我国城市层面的PPP项目地方政府平均出资额为0.764亿元，社会资本平均出资额为3.091亿元，银行信贷融资平均为15.33亿元。PPP项目地方政府与社会资本的股权出资规模比值约为1:4，更多的是吸引社会资本进行项目投资；股权出资的规模和银行信贷的规模之比大致也为1:4，说明对于地方政府而言，PPP项目利用可以利用政府资金和信用撬动社会资本进行融资，相对于单一的土地出让收入有更高的资金利用效率，财政风险也相对降低（汪峰等，2019）。

已有研究显示，PPP项目融资对于缓解地方政府财政压力具有显著正效应。孟巍和吴粤（2019）认为PPP融资模式可以有效缓解地方政府财政收支压力。孙洁（2004）研究表明地方政府财力有限的情况下，提供公共物品的财政负担过重，可以通过PPP模式增加融资、缓解财力不足。贾康和孙洁（2014）认为PPP融资模式是解决城镇化过程中资金难题的有效途径，可以缓解财政支出压力。陈志敏等（2015）认为，当前阶段我国鼓励PPP模式存在诸多积极意义，首当其冲的就是其能够调用民间资金缓解人口老龄化和新型城镇化带来的财政支出压力。余逢伯（2015）指出，新常态下推行PPP模式有助于可持续、多元化的融资机制形成，不仅减缓财政压力，而且可以使地方政府在平衡财政预算和项目实施方面更加游刃有余。

由上述分析可知，随着土地财政、土地融资模式的问题逐渐增多，传统土地财政、土地融资模式难以为继，地方政府不得不寻找新的模式缓解财政压力，与此同时，新型融资方式的制度环境逐渐建立，以2014年8月十二届全国人大常委会第十次会议通过的新《预算法》为代表的一系列法律条文、规章制度正在激励并塑造地方政府对新型融资方式的选择，PPP模式正在逐渐成为一种地方政府偏好的新型融资方式。现有对此开展的研究主要集中在定性分析，张月玲和郝梓秀（2017）的研究表明新《预算法》对于推进PPP模式发展有显著正向作用。辜胜阻等（2015）的研究表明新《预算法》有利于地方政府积极利用PPP模式分摊地方政府负债融资的压力。如图6-3所示，PPP融资模式新增规模从2014年的3947亿元骤增至2015年的28081亿元、2017年的42367亿元。

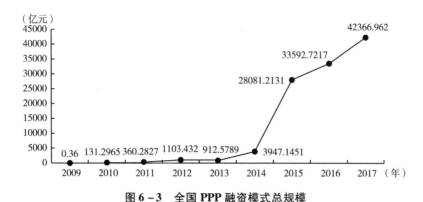

图 6 - 3　全国 PPP 融资模式总规模

资料来源：根据财政部 PPP 库公开信息平台相关资料整理。

基于上述分析，提出本书待检验假说 6 - 4：以新《预算法》为代表的一系列鼓励新型融资方式的规章制度将显著促进 PPP 融资规模扩大。

从 2014 年国家鼓励、支持、引导民营企业参与 PPP 模式以来，到 2018 年，国务院、发改委和财政部等部门陆续密集出台 PPP 相关政策文件多达 187 个。这些文件的出台是为了从不同层面、不同程度来激发民营资本参与 PPP 项目的积极性，然而，财政部公布的 PPP 项目数据显示，我国民营企业参与 PPP 项目的热情较低，甚至表现出"国进民退"的特征。截至 2018 年 8 月，我国累计成交 PPP 项目 8089 个、规模 11.75 万亿元，其中民营企业的成交规模只占 26.1%，相对于 2015 年 12 月下降 10.18%；成交个数占比为 46.69%，相对于 2015 年 12 月下降 8.99%；而国有企业成交规模占比达到 73.9%。较多研究均指出我国存在民营企业参与 PPP 项目的热情不高的现象（曾莉和罗双双，2020；邵文娟，2018；王俊豪，2017）。

民营企业参与 PPP 项目的热情不高，主要可以从两方面进行分析，一个是，在当前制度环境下，民营企业参与 PPP 存在一些劣势；另一个是，在当前制度环境下，国有企业参与 PPP 存在一些优势。

从民营企业参与来看，主要是民企在参与过程中存在隐形门槛、PPP 合同不完全以及机制体制不流畅等问题，对民营企业的参与造成了困难（王俊豪，2017；沈中文，2017；罗双双，2019）。首先，民企参与 PPP 项目存在隐形门槛。虽然财政部发文要求 PPP 项目要公开竞争方式选择社会资本，在同等条件下，优先选择民营企业，[①] 然而在实践中，民企并没有被优先对待，反而被设置了隐形门槛和进入壁垒（王学人，2011）。比如，招标时在社会资本的资

_____

① 财政部《关于公布第四批政府和社会资本合作示范项目名单的通知》，2018 年。

质条件、业绩、国际证书、从业经验等方面设置过高的要求，甚至一些资格条件直接按照国企标准制定，将民企拒之门外；在税收、融资和行政事业收费等方面，民企享受优惠难度比国企大；在项目审批、征地等方面，国企也比民企更快捷。其次，民企参与PPP存在合同不完备的处境。PPP模式涉及的契约关系复杂，政府与民企签订的是不完全契约，如果对风险承担、剩余分配、股权分配、退出机制和约束机制的考虑缺乏，容易导致项目治理困境。另外，由于政府与民企的地位存在差距、目标存在差别、存在机会主义行为、诚信问题等会制约双方契约关系的持续性与稳定性（Yongqing and Wei，2011），由于机会主义和违约成本低下导致合同对政府和民企的约束力不强（Oliver et al.，1997）。最后，民企参与PPP项目存在体制机制不通畅的困境，主要包括项目缺乏吸引力、政府的合作意愿不高、政府过度重视融资（陈志敏等，2015）、利益分配和风险承担机制不健全（张平，2015）。

从国企角度看，相对于民企存在很多优势（徐磊，2019；清华大学公共管理学院裴俊巍，2016）。PPP项目的前期往往需要投入大量资金，特别是在基础设施和建筑行业这样的资本密集型行业；PPP项目通常是基础设施等领域，例如交通运输和市政工程等，关系民生重大安全问题，万一出现问题会导致社会不安，因此，政府选择PPP合作对象时希望有更加良好的经验、技术和人才；而国企一般具有资本、经验、技术、人才和资质方面的优势，导致政府更加信任国企。此外，国企对于资金回报率的要求一般低于民企，当民企不满足于10%的年收益率时，国企可以接受低于8%的收益率。因此，在PPP项目中，国企存在诸多优势，政府更加倾向选择国企。

基于上述分析可知，地方政府在与社会资本合作、推进PPP项目过程中，非常倾向于选择与国有企业合作，鉴于此，提出本书待检验假说6-5：地方政府推进PPP项目过程中，国有企业占比越高的城市，PPP融资的规模越大。

6.2.2　模型与变量

1. 模型设定

参照相关研究（汪峰等，2019；上官泽明和牛富荣，2020；雷潇雨和龚六堂，2014；张先锋和王敏，2016），为了避免遗漏变量带来的回归偏误，考虑多个制度变化对新型融资模式的影响，同时，为了突出以新《预算法》为代表的制度变化对政府和社会资本合作（PPP）这种新型融资模式的影响，建立模型如下：

$$\ln ppp_{it} = \alpha_0 + \rho_1 Newlaw_{it} + \alpha_1 DUM_{it} + \alpha_2 BL_{it} + \sum_{j=1}^{6} \beta_j \times Control_{it} + \gamma_i + \mu_t + \varepsilon_{it}$$

$$(6-2)$$

式（6-2）中，ppp 为被解释变量，即政府和社会资本合作融资模式，Newlaw 表示以新《预算法》为代表的一系列制度变化，DUM 表示其他制度虚拟变量，BL 表示建设用地控制指标变量，Control 表示其他一些可能影响 PPP 规模的控制变量；β_j 为控制变量的回归系数，α_0 是常数项，α_1 是其他制度变化变量的回归系数，α_2 是建设用地控制指标变量回归系数，γ_i 代表地区固定效应，μ_t 代表时间固定效应。为了避免制度虚拟变量与时间固定效应存在多重共线性，采用控制国家时间趋势项代替时间固定效应，ε_{it} 是残差项。

为了识别国企占比高的省份 PPP 融资规模是否越大，引入国企占比变量（Guoqi），参照相关研究（Mian and Sufi，2012；Nunn and Qian，2011；上官泽明和牛富荣，2020；杨继东和杨其静，2016），构建一个强度双重差分模型，将国企占比与新《预算法》的交互项（Newlaw × Guoqi）纳入式（6-2），可以考察新《预算法》为代表的一系列制度变化对国企占比不同的城市的 PPP 规模的影响，模型如下：

$$\ln ppp_{it} = \alpha_0 + \rho_1 Newlaw_{it} + \rho_2 Guoqi_{it} + \rho_3 Newlaw \times Guoqi_{it} + \alpha_1 DUM_{it}$$

$$+ \alpha_2 BL_{it} + \sum_{j=1}^{6} \beta_j \times Control_{it} + \gamma_i + \mu_t + \varepsilon_{it} \qquad (6-3)$$

式（6-3）中，新《预算法》与国企占比变量的交互项（Newlaw × Guoqi）是本书最感兴趣的变量，该交互项系数能够反映新《预算法》为代表的一系列制度变化对不同国企占比城市的 PPP 规模的影响程度。如果该交互项的系数显著为正，则意味着假说 6-5 成立，即面临相同的制度变化，国企占比大的城市增加的 PPP 规模更加明显。ρ_3 是本书感兴趣的回归系数，其余变量和系数与式（6-2）一致。

2. 变量选取

被解释变量为政府和社会资本合作融资模式（ppp），用政府和社会资本合作的融资总规模衡量，单位为亿元。

核心解释变量是新《预算法》（Newlaw），即以新《预算法》为代表的一系列制度变化，用 0 和 1 表示，即新《预算法》实施前 Newlaw 等于 0，否则等于 1，本书把新《预算法》开始实施的 2015 年看作制度变化起作用的第一年。

核心解释变量的交互项，即新《预算法》（Newlaw）与国企占比（Guoqi）变量的交互项（Newlaw×Guoqi），其中，国企占比变量（Guoqi）用如下方法衡量，即用国有企业从业人员数与私营企业和个体就业人数之比衡量国企占比。本书构建两个变量（Guoqi）来衡量国企占比大小，变量1（Guoqi1）是虚拟变量，使用2012~2014年全国各个省份的国企占比均值来划分国企占比的大小，大于平均值表示国企占比较高，赋值1，小于平均值表示国企占比较低，赋值0；变量2（Guoqi2）采用国企占比的连续变量衡量国企占比的程度。

控制变量（Control），参考现有研究（郑子龙，2017；袁诚等，2017），并且为了保持研究的连续性，选取和上文5.1节、5.2节等一致的控制变量，即经济发展（GDP，万元/人）、人口数量（POP，万人）、基础设施建设（ROAD，万平方米）、外商直接投资（FDI）、土地市场（LM）、不动产投资（REI，亿元）。另外两个控制变量，一个是DUM其他制度虚拟变量，主要考虑"营改增（BTV）"；另一个是建设用地控制指标（BL）变量；"营改增（BTV）"和建设用地控制指标（BL）变量与5.1节一致。为了避免内生性，控制变量全部取滞后一阶数据进入模型。

6.2.3　研究样本与数据来源

由于国企占比数据来源受限，只能收集到省层面数据，因此，验证本节的两个假设主要采用省级数据进行实证分析。省级数据剔除北京、上海、天津、重庆最终选择了除北京、天津、上海、重庆、西藏、香港特别行政区、澳门特别行政区、台湾地区以外的26个省级行政区。此外，采用市级数据进行稳健性检验，全国共293个地级市，本书采用260个地级市进行稳健性检验，主要是为了与上文的研究保持连续性。由于2012年之前PPP项目一直处于探索阶段，规模较少，因此，将研究区间选为2012~2017年。

PPP项目数据来源于财政部PPP库公开信息平台，本书共获取26个省级行政区2012~2017年处于准备、采购、执行阶段的PPP项目8928个。国企占比变量中国有企业从业人员数来源于《中国国有资产监督管理年鉴》，私营企业和个体就业人数来源于《中国统计年鉴》，其余控制变量数据来源于中国土地市场网、《中国统计年鉴》和《中国城市统计年鉴》。

本节主要变量的衡量方法、数据来源以及统计描述见表5-2和表5-3。

6.2.4　实证分析与解释

1. 新《预算法》对 PPP 融资规模的影响

为了检验新《预算法》是否对 PPP 规模产生影响，根据式（6-2），采用最小二乘法（OLS）估计，省层面数据的回归结果如表 6-7 所示，地级市层面数据的回归结果如表 6-8 所示。从两个表格的列（1）和列（2）的结果可以看出，无论是否加入控制变量，新《预算法》变量的回归系数均显著为正，并且省级和市级数据回归结果均显著，说明以新《预算法》为代表的一系列制度变化对 PPP 融资规模具有显著正向影响。另外，考察"营改增"带来的财政压力对 PPP 融资规模的影响，在列（1）、列（2）的基础上加入"营改增"变量，回归结果展示在列（3）~（6），可以发现，无论是否加入建设用地控制指标变量（BL）等控制变量，"营改增"变量的回归系数均显著为正，并且新《预算法》的回归系数也均显著为正，但是"营改增"的回归系数绝对值均小于新《预算法》。一方面说明列（1）、列（2）的回归结果是稳健的；另一方面，说明新《预算法》等一系列法律条文的实施是新型融资模式增长的主要原因，"营改增"带来的财政压力也是其扩张的一个影响因素，但影响程度弱于新《预算法》。

表 6-7　新《预算法》对 PPP 规模的影响（省层面）

变量	(1)	(2)	(3)	(4)	(5)	(6)
	新型融资（政府与社会资本合作的融资模式）（ppp）					
新预算法	1.6680*** (5.0042)	1.5309*** (4.3144)	1.9119*** (6.6635)	1.7438*** (5.2907)	1.7493*** (5.2425)	1.7242*** (5.3544)
外商直接投资	—	-2.1371*** (-3.2790)	—	-1.1914 (-1.3600)	-0.9968 (-1.1715)	-1.1848 (-1.3444)
经济发展	—	-8.3584** (-2.0844)	—	-7.2652** (-2.2389)	-7.2248** (-2.2502)	-7.2373** (-2.2258)
土地市场	—	0.7579 (0.3202)	—	0.1460 (0.0617)	0.5323 (0.2186)	0.2112 (0.0924)
人口数量	—	-0.3945* (-2.0404)	—	-0.2611# (-1.6416)	-0.2609# (-1.5766)	-0.2918 (-1.2483)

续表

变量	(1)	(2)	(3)	(4)	(5)	(6)
	新型融资（政府与社会资本合作的融资模式）（ppp）					
基础设施建设	—	0.9509 **	—	1.2900 ***	1.2468 ***	1.2284 **
		(2.7670)		(3.2197)	(3.1184)	(2.2042)
不动产投资	—	2.9860 *	—	1.8940	1.9693	1.8660
		(1.7119)		(1.1628)	(1.2415)	(1.1343)
营改增	—	—	1.3323 ***	1.1048 *	1.1102 *	1.1384 **
			(2.8863)	(1.9095)	(1.9167)	(2.0741)
建设用地控制指标1	—	—	—	—	3.3235	—
					(0.7721)	
建设用地控制指标2	—	—	—	—	—	-0.1258
						(-0.2174)
C	-7.7779 ***	44.0705	-3.8195 ***	39.4036	31.5560	40.2562
	(-5.1016)	(1.2874)	(-2.7917)	(1.4036)	(1.0388)	(1.4516)
Year	YES	YES	YES	YES	YES	YES
Region	YES	YES	YES	YES	YES	YES
N	135	135	135	135	135	135
R^2	0.8817	0.8995	0.9021	0.9104	0.9111	0.9105

注：新型融资（ppp）、经济发展（GDP）、人口数量（POP）、基础设施建设（ROAD）和不动产投资（REI）变量采用自然对数进入回归，控制变量和建设用地控制指标（BL1、BL2）变量均采用滞后一阶进入模型；采用控制时间趋势代替时间固定效应；括号内为 t 统计量；*** 、 ** 、 * 、#分别表示在1%、5%、10%、15%的水平上显著；"—"表示空白。

资料来源：Stata 统计输出。

表 6 - 8　　　　新《预算法》对 PPP 规模的影响（地级市层面）

变量	(1)	(2)	(3)	(4)	(5)	(6)
	新型融资（政府与社会资本合作的融资模式）（ppp）					
新预算法	5.8861 ***	5.9965 ***	6.2806 ***	6.3412 ***	6.3405 ***	6.3422 ***
	(12.2150)	(12.4812)	(13.5165)	(13.6795)	(13.6676)	(13.6802)
外商直接投资	—	0.0014	—	-0.0505	-0.0510	-0.0502
		(0.0134)		(-0.4734)	(-0.4805)	(-0.4701)
经济发展	—	3.5196 **	—	3.3465 **	3.3364 **	3.3434 **
		(2.3459)		(2.2174)	(2.2169)	(2.2236)

续表

变量	（1）	（2）	（3）	（4）	（5）	（6）
	新型融资（政府与社会资本合作的融资模式）（ppp）					
土地市场	—	0.9321	—	0.7956	0.7992	0.7852
		(0.7536)		(0.6339)	(0.6399)	(0.6262)
人口数量	—	0.2571	—	0.4945	0.5220	0.5098
		(0.0971)		(0.1884)	(0.1978)	(0.1944)
基础设施建设	—	− 0.3459	—	− 0.3733	− 0.3750	− 0.3857
		(− 0.9102)		(− 0.9493)	(− 0.9532)	(− 0.9873)
不动产投资	—	0.5026	—	0.3084	0.3071	0.3023
		(1.2908)		(0.7796)	(0.7741)	(0.7611)
营改增	—	—	1.4498 ***	1.3339 ***	1.3340 ***	1.3080 ***
			(3.6139)	(3.2264)	(3.2254)	(3.1101)
建设用地控制指标 1	—	—	—	—	− 0.1315	—
					(− 0.1224)	
建设用地控制指标 2	—	—	—	—	—	0.1252
						(0.3488)
C	− 20.3061 ***	− 55.3846 **	− 14.4357 ***	− 48.7020 *	− 48.4613 *	− 48.7364 *
	(− 10.5320)	(− 2.1902)	(− 6.6020)	(− 1.9345)	(− 1.9293)	(− 1.9426)
Year	YES	YES	YES	YES	YES	YES
Region	YES	YES	YES	YES	YES	YES
N	1560	1558	1560	1558	1558	1558
R^2	0.7194	0.7218	0.7227	0.7245	0.7245	0.7245

注：新型融资（ppp）、经济发展（GDP）、人口数量（POP）、基础设施建设（ROAD）和不动产投资（REI）变量采用自然对数进入回归，控制变量和建设用地控制指标（BL1、BL2）变量均采用滞后一阶进入模型；采用控制时间趋势代替时间固定效应；括号内为 t 统计量；***、**、* 分别表示在 1%、5%、10%、15% 的水平上显著；"—"表示空白。

资料来源：Stata 统计输出。

为了检验是否存在其他政策或随机性因素导致 PPP 融资规模变化或者地方政府存在制度变化预期而提前选择增加 PPP 融资规模，对上述结果进行假设检验，设计思路：在新《预算法》实施前，构建一个虚假的制度变化，考察虚假制度变化的影响。假设该制度变化发生在前 1 年和前 2 年（T − 1 年和 T − 2 年），采用相同的样本，重新估计式（6 − 2），观察虚假的制度变化对 PPP 规模是否存在显著影响，回归结果如表 6 − 9 所示，列（1）~（4）是假设该制度变化发生的前 1 年的回归结果，列（5）~（8）是假设该制度变化发生的前 2 年的回归结果。可以看出无论设置前 1 年（T-1 年）还是前 2 年（T-2 年）作为假想制度变化发生时间，核心解释变量的回归系数均不显著，地方政府 PPP 规模在 T-1 年和 T-2 年均没有发生显著变化，表明地方政府对制度变化的预期引起的内生性问题在本节计量模型中可以忽略不计；该结果也排除了其他政策因素或随机性因素导致的 PPP 规模变化，说明表 6-7 的回归结果是稳健的。

表 6-9　　　　　　　　新《预算法》对 PPP 影响的假设检验

变量	(1)	(2)	(3)	(4)	(5)	(6)	(7)	(8)
	新型融资（政府与社会资本合作的融资模式）（ppp）							
新预算法$^{T-1}$	0.6678#	0.5654	0.8061	0.6271	—	—	—	—
	(1.5886)	(0.9170)	(1.2816)	(0.8918)				
营改增	—	—	-0.2096	-0.1029	—	—	1.1315**	0.8524
			(-0.2593)	(-0.1439)			(2.2433)	(1.3299)
新预算法$^{T-2}$	—	—	—	—	-0.1557	-0.5431	-0.6695	-0.8153
					(-0.2401)	(-0.9385)	(-1.0261)	(-1.3179)
控制变量	NO	YES	NO	YES	NO	YES	NO	YES
C	-15.7883***	-37.7315	-15.8913***	-37.2086	-15.5135***	29.6837	-13.4498***	25.4274
	(-10.5052)	(-0.3398)	(-9.8849)	(-0.3345)	(-35.0616)	(0.8311)	(-13.1238)	(0.8110)
Year	YES	YES	YES	YES	YES	YES	YES	YES
Region	YES	YES	YES	YES	YES	YES	YES	YES
N	111	111	111	111	135	135	135	135
R^2	0.8669	0.8860	0.8672	0.8860	0.8403	0.8712	0.8533	0.8774

注：新型融资（ppp）、经济发展（GDP）、人口数量（POP）、基础设施建设（ROAD）和不动产投资（REI）变量采用自然对数进入回归，控制变量均采用滞后一阶进入模型；采用控制时间趋势代替时间固定效应；括号内为 t 统计量；***、**、*、#分别表示在 1%、5%、10%、15% 的水平上显著；"—"表示空白。

资料来源：Stata 统计输出。

2. 国企占比的作用

为考察在不同国企占比的情况下，新《预算法》对 PPP 融资规模的影响，按照式（6-3），采用最小二乘法（OLS）估计，回归结果如表 6-10 中列（1）~（4）所示，可以看出，无论采用虚拟变量（Guoqi1）还是连续变量（Guoqi2）衡量国企占比，新《预算法》和国企占比交叉项（新预算法×国企占比）的回归系数均显著为正，说明新《预算法》实施后，相对于国企占比较小的行政区，国企占比较大的行政区增加的 PPP 规模更明显，这与现有研究基本一致。曾莉和罗双双（2020）对全国层面数据进行分析指出 PPP 项目中民营企业参与程度较低。

表 6 - 10　　　　　　　新《预算法》与国企占比对 PPP 规模的影响

变量	(1)	(2)	(3)	(4)	(5)	(6)	(7)	(8)
	新型融资（政府与社会资本合作的融资模式）（ppp）							
新预算法	1.5820 *** (5.0385)	1.4537 *** (4.4093)	1.3828 *** (3.1780)	1.1770 ** (2.4810)	1.5300 *** (3.0482)	1.4791 *** (2.9528)	1.6838 *** (5.1157)	1.6499 *** (4.9256)
国企占比 1	-1.4436 *** (-2.9120)	-1.1893 ** (-2.3795)	—	—	-24.2481 *** (-2.6951)	-24.2611 *** (-2.6865)	—	—
新预算法 × 国企占比 1	1.1365 * (1.7211)	0.9307 (1.4132)	—	—	4.0417 (0.7683)	4.3283 (0.8203)	—	—
国企占比 2	—	—	-35.4812 *** (-4.8052)	-30.6736 *** (-3.6706)	—	—	-0.9878 * (-1.9879)	-0.9218 * (-1.8499)
新预算法 × 国企占比 2	—	—	7.2882# (1.5379)	7.3718# (1.4613)	—	—	0.6206 (0.9581)	0.6999 (1.0831)
外商直接投资	—	-2.0722 (-1.3742)	—	-1.1176 (-0.7558)	-0.4548 (-0.3020)	-0.6672 (-0.4489)	-1.0157 (-0.6714)	-1.2676 (-0.8464)
经济发展	—	-7.1414 * (-1.7946)	—	-5.5172 (-1.4324)	-5.3922 (-1.4175)	-5.4020 (-1.4145)	-6.4195 * (-1.6676)	-6.4695 * (-1.6706)
土地市场	—	-0.1444 (-0.0542)	—	-0.2847 (-0.1119)	0.0712 (0.0277)	-0.2823 (-0.1114)	-0.0599 (-0.0229)	-0.4450 (-0.1712)
人口数量	—	-0.3408 (-1.0070)	—	-0.3855 (-1.2038)	-0.3009 (-0.9414)	-0.3369 (-1.0098)	-0.2263 (-0.6871)	-0.2500 (-0.7251)
基础设施建设	—	1.0532 (0.9468)	—	1.2519 (1.1637)	1.2975 (1.2166)	1.2817 (1.1789)	1.2512 (1.1575)	1.2927 (1.1735)
不动产投资	—	2.3506 * (1.9774)	—	1.2995 (1.0790)	1.0966 (0.9095)	0.9773 (0.8096)	1.6600 (1.3910)	1.5465 (1.2914)
营改增	—	—	—	—	0.7132 * (1.8203)	0.7423 * (1.8214)	0.9529 ** (2.5681)	0.9664 ** (2.4812)

续表

变量	(1)	(2)	(3)	(4)	(5)	(6)	(7)	(8)
	新型融资（政府与社会资本合作的融资模式）（ppp）							
建设用地控制指标1	—	—	—	—	3.5370 (0.8271)	—	4.2088 (0.9445)	—
建设用地控制指标2	—	—	—	—	—	−0.1443 (−0.3804)	—	−0.0547 (−0.1411)
C	−5.6307 *** (−3.0394)	37.2914 (1.0457)	2.9294 (1.0692)	34.0683 (0.9990)	25.4167 (0.7240)	34.6637 (1.0222)	25.0530 (0.6968)	35.2432 (1.0141)
Year	YES	YES	YES	YES	YES	YES	YES	YES
Region	YES	YES	YES	YES	YES	YES	YES	YES
N	135	135	135	135	135	135	135	135
R^2	0.8937	0.9070	0.9082	0.9150	0.9194	0.9188	0.9158	0.9147

注：新型融资（ppp）、经济发展（GDP）、人口数量（POP）、基础设施建设（ROAD）和不动产投资（REI）变量采用自然对数进入回归，控制变量和建设用地控制指标（BL1、BL2）变量均采用滞后一阶进入模型；采用控制时间趋势代替时间固定效应；括号内为 t 统计量；*** 、** 、* 、#分别表示在 1%、5%、10%、15% 的水平上显著；"—"表示空白。

资料来源：Stata 统计输出。

6.2.5　研究结果

2014 年的新《预算法》和《关于加强地方政府性债务管理的意见》明确要求禁止城投公司承担地方政府的融资职能，禁止其作为地方的融资平台，与此同时，积极鼓励开展政府与社会资本合作的模式（PPP 模式）进行城市基础设施建设。随着一系列政策文件出台，在顶层设计与鼓励下，具有中国特色的 PPP 项目飞速发展。2014 年以来，短短几年时间，我国 PPP 市场发展为全球最大，截至 2019 年 12 月，我国累计成交 PPP 项目 9440 个、规模 14.4 万亿元。

在上述背景下，本节基于现有研究、政策文件、法律条文和经验证据构建理论分析框架，以 2012～2017 年 26 个省级行政单位为研究样本，开展以新《预算法》为标志的制度变化对 PPP 融资规模影响的研究，并分析在国企占比不同的城市是否会产生不同的影响。研究结果表明，第一，新《预算法》的实施是新型融资模式增长的主要原因，"营改增"带来的财政压力也是其扩张的一个影响因素,但影响程度弱于新《预算法》;第二,新《预算法》实施后,相对于国企占比较小的行政区,国企占比较大的行政区增加 PPP 的规模更明显。

6.3 本章小结

本章重点分析了"后土地财政"时期的制度变化对地方政府土地财政和融资策略中土地融资和新型融资的影响,其中,土地融资主要考虑两个方面,一个是第一阶段的土地融资,即地方政府融资平台发行的城投债,另一个是第二阶段的土地融资,即地方政府直接发行的地方政府债券;新型融资考虑的是政府与社会资本合作模式(PPP)融资。制度变化主要考虑两个要素,一个是新《预算法》,另一个是"营改增"。研究开展的步骤主要是基于现有研究、政策文件、法律条文和经验证据分别构建理论分析框架、提出假说,进而构建计量经济学模型、利用 2009 ~ 2017 年全国层面地级市或省层面的面板数据进行实证检验,主要研究结果如下。

在制度变化对土地融资的影响方面:(1)导致财政压力增大的"营改增"对第一阶段和第二阶段土地融资,即城投债和地方政府债券的发行规模均具有显著正向影响;(2)新《预算法》对第一阶段土地融资(城投债)的规模存在显著负向影响;(3)新《预算法》对第二阶段土地融资(地方政府债券)的规模存在显著正向影响。在制度变化对新型融资的影响方面:(1)新《预算法》等一系列法律条文的实施是 PPP 融资规模增长的主要原因,"营改增"带来的财政压力也是其扩张的一个影响因素,但影响程度弱于新《预算法》;(2)新《预算法》实施后,相对于国企占比较小的行政区,国企占比较大的行政区增加 PPP 的融资规模更明显。

归纳上述研究结果可知,地方政府土地融资和新型融资行为受到新《预算法》以及"营改增"的影响逐渐发生了显著变化;制度变化导致地方政府对第一阶段土地融资(城投债)的依赖逐渐减弱,而对第二阶段土地融资(地方政府债券)的依赖逐渐加强,与此同时,地方政府显著增加与社会资本合作的融资模式(PPP)。

综合并归纳第5章和第6章的研究结论,本章认为,在"后土地财政"时期制度变化情景下,地方政府土地财政和融资策略发生了变化:地方政府土地财政的行为逐渐减少,其土地融资的行为从第一阶段依赖融资平台发行城投债的融资方式向第二阶段依赖地方政府直接发行债券的融资方式转变，并且存在明显的转向更市场化的新型融资模式（如PPP）的趋势；换言之，"后土地财政"时期，地方政府的土地财政和融资策略选择是逐渐摒弃与土地直接相关的土地财政和第一阶段的土地融资行为，而转向更加规范的融资行为。

第7章 "后土地财政"时期地方政府土地财政和融资策略下的土地行为响应

第5章和第6章考察了"后土地财政"时期地方政府土地财政和融资策略的变化，但这种变化只是基于制度变化分析和实证而得到的策略变化表象。为了进一步揭示"后土地财政"时期地方政府土地财政和融资策略的新机制，本章考察这种策略变化下的土地行为响应。由于第5章和第6章的研究结果显示地方政府正在减弱土地财政和第一阶段的土地融资，因此，本章重点考察地方政府策略转变后倾向的新的融资策略（第二阶段土地融资和新型融资）对土地行为的影响。如果新的融资策略能够引起显著的土地行为响应，则可以说明，新的融资策略与土地行为关系仍然十分紧密，即地方政府为了撬动更多的融资依然倾向利用土地行为。综合第5章、第6章和本章的研究结论，可以揭示"后土地财政"时期制度变化下地方政府新的土地财政和融资策略运行机制。

土地是地方政府土地财政和融资策略选择的核心可控工具，在主客观因素的作用下，围绕土地发生的行为，不仅是土地财政和融资策略选择的重要支撑，也是其重要的表现与反应，因此，地方政府的土地财政和融资策略变化不可避免地会引发地方政府土地行为响应。本章在上文"后土地财政"时期地方政府土地财政和融资策略选择的基础上，分析地方政府土地行为作何响应，主要分析两个方面的行为响应，一是地方政府土地抵押与土地出让行为响应，二是地方政府土地出让方式（拍卖与挂牌）行为响应。这两方面的行为是在现有研究和现实活动中，与土地财政和融资策略选择过程直接相关的、有助于实现地方政府利益目标的土地行为。

7.1 土地抵押和土地出让行为响应

与土地财政和融资策略直接相关的土地行为就是土地出让和土地抵押

（杨继东 2018；张莉等，2018）。目前，关于土地出让的研究较多，并且理解土地出让主要从土地财政视角，通过出让征收的土地获得高额出让金（周飞舟，2007；曹广忠等，2007；陶然等，2007，2009），土地出让金投入城市基础设施建设，而基础设施的改善会进一步提升地价、提高土地财政收入（郑思齐等，2014）。关于土地抵押的研究相对比较匮乏，且主要是定性分析。实际上，土地抵押是一个非常重要的融资手段，与土地出让行为一样，对城市建设、经济发展的作用十分重要，而且土地是一种非常可靠的担保抵押品，已被金融行业等价为"风险系数较低的货币"。通过土地抵押进行贷款，可为城市建设融资，且这种融资行为具有放大效应，可以显著加快、推动城市基础设施建设（张莉等，2018）。《2015 年国土资源公报》显示，至 2015 年底，全国84 个重点城市共有 49.08 万公顷处于抵押状态，抵押贷款总金额达到 11.33 万亿元，全年新增土地抵押面积 3.87 万公顷，净增抵押贷款 1.78 万亿元。①

现有关于土地财政和融资与土地出让和土地抵押关系的研究，主要集中在以下几个方面。关于土地财政和土地出让关系的研究较多，认为二者存在显著的正相关关系，土地财政规模的增大会促进土地出让行为进一步增加（Gao，2019；Wang and Ye，2016；郑思齐等，2014）；一些研究指出，随着融资平台城投债的发行规模增加，地方政府扩大土地出让和土地抵押规模来偿还债务的做法很常见（杨继东 2018；张莉等，2018）；有研究表明地方政府债券规模与PPP 规模的增加均和地方政府土地出让的规模与能力存在显著正相关关系（章和杰和沈佳，2019；张曾莲和严秋斯，2018；汪峰等，2019）。上述研究奠定了本节的研究基础，但是对于"后土地财政"时期地方政府土地财政和融资策略下土地出让和土地抵押行为响应的研究仍然不够。

随着"后土地财政"时期财税、融资和土地制度变化，地方政府土地财政和融资策略随之发生了改变，对土地财政依赖有降低的趋势，土地融资的方式从"第一阶段"的依赖融资平台发行城投债进行融资，转到"第二阶段"依赖地方政府发行的债券进行融资，与此同时，新型融资方式 PPP 融资模式迅速发展壮大。地方政府逐渐摒弃土地财政和传统的土地融资，而转向更加规范的融资行为。刘守英（2017）指出，告别形成已久的"以地谋发展"模式十分困难，这种模式存在路径依赖，难以戒除，更难的是，地方政府转向一种新机制过程中，一旦前者机制仍然可以使用，就不会转向新机制，而新的模式建不起来，又转而依赖旧模式。虽然本书研究发现地方政府对土地的直接依赖

---

① 自然资源部公开的数据中，只能获得到 2015 年的数据，数据来源于 http://www.mnr.gov.cn/sj/。

性逐渐减弱，但是当前阶段，土地的作用仍不可忽略。那么，地方政府土地财政和融资策略改变，地方政府土地抵押行为和土地出让行为是否发生相应改变？对该问题的深入研究有助于揭示"后土地财政"时期地方政府新的土地财政和融资策略的运行机制。由于地方政府对土地财政依赖有降低的趋势并且土地财政和土地出让正相关比较明显，因此，本节重点分析"后土地财政"时期制度变化后，尤其地方政府土地财政和融资策略转向新的融资策略（第二阶段土地融资和新型融资）之后，地方政府土地融资和新型融资策略对地方政府土地抵押行为和土地出让行为的影响。

7.1.1 分析框架

地方政府在 2014 年以前融资主要依靠地方政府融资平台发行的城投债，而 2014 年以后倾向利用地方政府直接发行债券的方式进行融资，这种融资方式的转换可能导致地方政府土地抵押行为减少，土地出让行为增多，这与城投债和政府债券的担保、偿还机制息息相关（杨继东等，2018；张莉等，2018）。另外，政府与社会资本合作的新型融资方式（PPP）涉及地方政府资金融入来撬动社会资本，而政府的资金来源又与土地出让存在紧密联系（汪峰等，2019；张琦，2018）。一系列的融资方式变化可能对地方政府土地抵押和出让行为产生显著影响，基于已有研究和现实情况，本节主要从以下两个方面构建分析框架：第一阶段：土地融资（城投债）与土地抵押行为；第二阶段：土地融资（地方政府债券）和新型融资模式与土地出让行为。下面对此进行详细阐释。

1. 第一阶段：土地融资（城投债）与土地抵押

"城投债"的一个重要特征是通常以土地使用权作为抵押物，或者承诺利用土地出让金偿还债务（杨继东等，2018；张莉等，2018）。土地升值、土地出让金大幅增长是"城投债"高速发展的一个重要背景。随着"分税制"改革、城市住房改革、"招拍挂"制度等一系列政策出台，使地方政府依靠土地抵押、土地出让金来进行融资、发债、获得巨额原始资本成为可能。杨继东等（2018）的研究表明，土地出让收入可以影响地方政府偿还城投债的还债能力，进而影响债务规模，其进一步实证表明上一年的土地出让收入越多，本年度的城投债发行规模越大。向融资平台注入储备土地，并承诺用土地出让收入担保偿债是近些年地方政府常见的做法（张莉等，2018），这在很多城投债公告中均有直接证据。土地抵押贷款是融资平台融资的重要组成部分，因为土地是一种优质、可靠的抵押物，与其他方式相比较，银行更倾向土地抵押贷款模式（张莉等，2019）。统计数据显示，2007~2012年城投债快速增长的过程中，全国84个城市的土地处于抵押状态的面积总和从195万亩增长到523万亩，累计增长168%，与此相对应的抵押贷款总额从1.34万亿元增长到5.95万亿元，每亩土地获得抵押贷款的金额从68万元增长到114万元，累计增长68%（杨继东等，2018）。

融资平台的运作，尤其是融资平台利用土地获得融资的过程，与土地储备关系紧密，如图7-1所示（毛捷和徐军伟，2019）。土地储备是地方政府为了合理高效配置土地资源、统一宏观调控、统一供应建设用地，按照规划，对预先取得的需要储备的土地（"生地"）进行前期开发，使其达到具有可直接出让条件的"熟地"。① 2001年，国务院发布《关于加强国有土地资产管理的通知》，鼓励建设用地收购储备制度在有条件的地方政府试行，于是土地储备逐渐在我国推广，2007年《土地储备管理办法》出台以后，地方政府纷纷成立土地储备机构，隶属于国土管理部门。2008年以后，地方政府融资平台在全国范围扩张，承担地方政府大部分融资职能。融资平台通过承担土地储备，将储备土地生地或者熟地进行抵押获得资金，或者接受土地储备机构委托开展土地一级开发，通过政府回收熟地或者二级市场直接转让熟地获得利润。不少地区融资平台与土地储备机构的人员配置同一套人马，职能混淆。然而，国土资源管理部门和土地储备机构仅仅是代表国家行使土地所有权权益，从物权法原理上其不对储备土地享有实际物权权利，从债法原理角度利用储备土地作为抵押财产缺乏合法性和有效性（湛栩鷗，2019；崔建远和陈进，2014；张誉琼，2015）。

地方政府通过融资平台、利用储备土地随意举债、扩大债务规模，造成地方政府债台高筑等严重后果，暴露的问题以及风险越来越多（湛栩鷗，2019）。中央政府为了遏制地方政府利用土地资源无节制扩张自身债务的行为，出台一系列针对土地储备和融资的文件进行矫正。2010年，规定信托公司不可以为土地储备机构发放信贷；2012年11月，国土资源部等四部委联合下发《关于加强土地储备与融资管理的通知》，要求规范土地储备融资行为，将可以向银行贷款的土地储备机构列入名录，统一管理土地储备工作，拥有合法土地使用证的储备土地才可以用于土地抵押贷款；2012年12月，财政部等四部

---

① 2007年，国土资源部、财政部、中国人民银行联合下发《土地储备管理办法》。

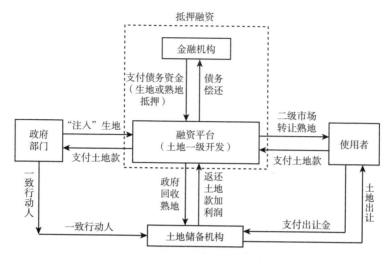

图 7 - 1 融资平台与土地抵押融资

委联合下发《关于制止地方政府违法违规融资行为的通知》，规定地方政府不可以将土地注入融资平台，不得承诺用储备土地的预期收入作为融资平台的偿债来源，不得通过融资平台开展土地储备相关工作并进行融资。2014 年新《预算法》和《关于加强地方政府性债务管理的意见》，剥离融资平台的融资功能；2016 年的《关于规范土地储备和资金管理相关问题通知》，规定土地储备机构不能用储备的土地向银行进行抵押贷款。这些政策文件导致地方政府依靠土地储备进行抵押而发行城投债的模式面临无路可走的困境，图 7 - 1 顶端虚线框部分展示的"抵押融资"路径逐渐被禁止。在"后土地财政"的制度环境下，随着地方政府利用融资平台发行城投债进行融资的方式逐渐被禁止，地方政府会随之做出减少土地抵押的行为响应。

2. 第二阶段：土地融资（地方政府债券）和新型融资模式（PPP）与土地出让

在禁止地方政府依靠融资平台举债融资之后，中央政府也开辟出了新的融资渠道，来发挥市场机制融资在公共服务中的基础作用。一方面，允许地方政府自主发行债券，另一方面，鼓励地方政府与社会资本合作（PPP 等模式）进行融资。

就发行地方政府债券而言，2014 年《关于加强地方政府性债务管理的意见》规定一般债券的偿债资金来源于一般公共预算收入，专项债券的偿债资金来源于政府性基金或者专项收入。财政部在 2015 年 3 月和 4 月先后印发了管理办法,[①] 对此进行进一步的解释与说明,这些政策文件均支持地方政府用土地出让金偿还政府专项债券。随后的一些文件鼓励地方政府发行专项债券,例如,2016 年《地方政府专项债务预算管理办法》、2017 年《地方政府土地储备专项债券管理办法(试行)》和《关于印发地方政府收费公路专项债券管理办法试行的通知》、2018 年《关于做好地方政府专项债券发行工作的意见》等。统计数据显示,新增专项债券发行规模在 2015～2019 年分别是 959 亿元、4037 亿元、7937 亿元、1.35 万亿元、2.15 万亿元,年均增长率达到 178.1%(娄洪等,2019;袁彦娟和程肖宁,2019)。随着地方政府专项债券制度逐渐完善,专项债券在未来地方政府融资举债过程中发挥的作用将会更加重要(赵斌等,2019)。正如 2019 年的中央经济工作会议强调要"较大幅度增加地方政府专项债券规模",研究指出 2018 年以来新增债券中专项债占比逐渐大于一般债券,2019 年专项债存在继续大幅扩容之势(闫衍等,2019)。而由于中央文件支撑专项债券的还债方式是政府基金性收入,2015～2018 年土地出让金收入占政府基金性收入的比重为 89%,[②] 可见,专项债券主要偿债来源是土地出让金,随着地方政府债券规模增大,专项债占比增大,地方政府为了偿还债务,会增加土地出让的规模。

章和杰与沈佳(2019)研究表明地方政府债券规模和土地出让收入有长期均衡关系。孙超(2019)统计分析显示 2017 年 23 个省级地方政府中有 17 个省份用土地出让金偿还 30% 以上的政府债务余额,占整体 74%,偿还 50% 以上债务余额的省级政府有 6 个,占 26%。张曾莲和严秋斯(2018)的研究表明土地财政和地方政府债务规模显著正相关。谢保鹏(2017)研究表明,地方政府土地出让收入是地方政府债务规模扩张的主要原因之一。刘德炳(2013,2014)研究表明土地出让金越高的地区越依赖出让金还债,地方政府也越依赖出让金收入。田新民和夏诗园(2017)的研究表明土地出让金对于地方政府债务规模具有非常显著的正向推动作用,宋昕(2017)和仲凡等(2017)均得出类似的结论。

地方政府对土地资源的控制在 PPP 融资模式中起到十分关键的作用(汪峰等,2019)。在 PPP 的股权融资上,地方政府获得更多的土地出让金,就可以利用这些出让金支持并入股 PPP 项目公司。而且,有潜在合作意向的社会资本企业也非常有意愿与土地出让金相对雄厚的地方政府开展合作,共同实现

---

① 《地方政府债券一般债券发行管理暂行办法》《地方政府专项债券发行管理暂行办法》。

② 数据来源于中华人民共和国中央人民政府网站,见 http://www.gov.cn/shuju/。

PPP 项目顺利落地。拥有较多土地出让金的地方政府对于落成的 PPP 项目的后续推进具有有力的资金支撑，不会出现由于资金紧张而延迟支付属于社会资本公司的相关收益。在信贷融资上，银行倾向于对拥有较多土地出让金的地方政府入股的 PPP 项目提供更多的信贷支持。理由是，银行向 PPP 项目公司发放贷款时，既要考虑用以抵押的资产是市场价值和风险，又要考虑借款人的资金实力以及未来可以创造资金收益的能力和稳定性。地方政府对于 PPP 项目公司而言是非常重要的股东，其拥有较强的土地出让金收益，未来可能出现信贷违约风险就越小，而税收收入的多少遵循法定原则不能随意增加，中央转移支付不取决于地方政府，因此银行愿意为土地出让金资本雄厚的地方政府控股的 PPP 项目公司提供资金支持。上述分析说明在当前的制度环境下，土地出让金对于 PPP 项目的融资和项目的落成都起到十分关键的作用。

中国财政科学院"土地资源在 PPP 项目中的运用"沙龙中有专家提到，一些 PPP 项目建设具有较好的外部经济效应，可以显著带动周边土地资产的增值，将这些土地增值部分形成的财政收入作为 PPP 项目的付费来源无可厚非，尤其对于新城建设，土地财政依然是必不可少的手段（张琦，2018）。城市轨道交通领域的 PPP 项目也存在利用土地财政收入来平衡项目收益的情况，存在城市轨道交通"建设—亏损—卖地（补贴）—再亏损"的循环模式（马德隆和李玉涛，2018）。2015 年财政部发布的《政府和社会资本合作项目财政承受能力论证指引》指出，各级地方政府每年预算安排的用于 PPP 项目的支出责任，不得超过该地区一般公共预算收入比重的 10%。财政部数据显示，2018 年用于 PPP 项目的财政支出超过限额的县市数量为 23 个，2019 年为 66 个（马德隆和李玉涛，2018）。这些数据意味着一些地区的预算内收入的限额财政难以满足地区 PPP 项目的支出需求，[①] 因此，需要土地出让收入。

那么，PPP 项目融资采用土地出让金偿还的模式，相对于单一的土地出让金模式是否存在优势呢？从 PPP 项目的融资规模比例情况来看，2012~2016 年，我国城市层面的 PPP 项目地方政府平均出资额为 0.764 亿元，社会资本平均出资额为 3.091 亿元，银行信贷融资平均为 15.33 亿元。PPP 项目地方政府与社会资本的股权出资规模之比约为 1∶4，更多的是吸引社会资本进行项目投资；股权出资规模和银行信贷的规模之比大致也为 1∶4（汪峰等，2019）。上述数据说明，对于地方政府而言，PPP 项目可以利用政府资金和信用撬动社会

---

① 2018 年 5 月 4 日，《筑牢 PPP 项目财政承受能力 10% 限额的"红线"——PPP 项目财政承受能力汇总分析报告》，http://jrs.mof.gov.cn/zhengwuxinxi/gongzuodongtai/201805/t20180504_2885865.html。

资本进行融资，相对于单一的土地出让收入更能缓解财政压力，有更高的资金利用效率，财政风险也相对降低。因此，随着地方政府财政压力增大，传统融资方式风险越来越大，地方政府会偏好 PPP 项目和土地出让金的组合融资方式。为了获得更多的 PPP 融资，地方政府倾向增加土地出让获得财政收入，来支撑 PPP 项目的开展。换言之，PPP 融资模式对地方政府土地出让行为有一定的正向激励作用。

综上所述，地方政府依靠土地抵押发行城投债已经失去了政策支撑，地方政府债券、新型融资模式（例如 PPP）逐渐登上历史舞台，但后两者在一定程度上仍然与土地出让金存在千丝万缕的联系。随着"后土地财政"时期地方政府土地财政和融资策略发生改变，尤其土地融资从第一阶段转向第二阶段，即从城投债融资模式向政府债券融资模式转变，并且存在明显转向更市场化融资模式（PPP）的情况下，地方政府发行城投债依赖的土地抵押行为会随着城投债发行受到约束而做出相应减少的行为响应；地方政府发行债券的融资模式和政府与社会资本合作（PPP）的新型融资模式会激励地方政府做出增加土地出让的行为响应。鉴于此，提出本书待检验假说 7 - 1："后土地财政"时期，随着地方政府土地财政和融资策略发生转变，尤其转向更加规范的融资行为之后，地方政府做出减少土地抵押的行为响应，并且做出增加土地出让的行为响应。

7.1.2　模型与变量

1. 模型设定

采用计量模型分析策略选择对其他因素产生影响的过程时，很多研究均将策略中的多个具体行为同时放入回归模型作为核心解释变量，考察它们对被解释变量的影响，这不仅可以避免遗漏重要解释变量带来的回归偏误，而且可以揭示策略选择对被解释变量的影响（雷潇雨和龚六堂，2014；李尚蒲和罗必良，2015；张先锋和王敏，2016）。因此，参照现有研究（雷潇雨和龚六堂，2014；李尚蒲和罗必良，2015；刘元春和陈金至，2020；余靖雯等，2019；张莉等，2019；张先锋和王敏，2016），为了检验"后土地财政"时期地方政府土地财政和融资策略对土地抵押和土地出让行为的影响，建立如下基本模型：

$$\ln Behavior_{it} = \alpha_0 + \sum_{j=1}^{4} \rho_j \times Strategy_{it} + \sum_{j=1}^{6} \beta_j \times Control_{it} + \gamma_i + \mu_t + \varepsilon_{it}$$

$$(7-1)$$

式（7-1）中，Behavior 表示地方政府土地行为，本节指地方政府土地抵押和土地出让行为；Strategy 表示地方政府土地财政和融资策略中的具体行为模式；Control 表示控制变量；ρ_j 是地方政府土地财政和融资策略（Strategy）变量的回归系数，β_j 为控制变量的回归系数，α_0 是常数项，γ_i 和 μ_t 分别代表地区和时间固定效应，ε_{it} 是残差项。

2. 变量选取

被解释变量地方政府土地行为（Behavior）包括地方政府土地抵押（Mortgage）变量和土地出让（Transfer）变量，土地抵押（Mortgage）变量用城市 i 第 t 年土地抵押总面积衡量，单位为公顷；土地出让（Transfer）变量用城市 i 第 t 年土地出让总面积衡量，单位为公顷；土地出让与土地抵押的比值（Tran_Mortg）变量，用城市 i 第 t 年土地出让总面积与土地抵押总面积之比衡量。

核心解释变量地方政府土地财政和融资策略（Strategy）包括上文提到的三种行为模式：土地融资、新型融资、土地财政，共 4 个变量，即城投债（Platfbond）、地方政府债券（Govbond）、新型融资（ppp）、土地财政（LF）。本节主要关注前三个变量。为了缓解可能存在的互为因果而产生的内生性，本书将 Strategy 变量（Platfbond，Govbond，ppp，LF）全部取滞后一阶数据进入模型。

控制变量（Control），参照相关研究考虑影响地方政府土地出让和土地抵押行为的相关因素（张莉等，2019；余靖雯等，2019；刘元春和陈金至，2020），并且为了保持研究的连续性，选取与上文 5.1 节和 5.2 节一致的控制变量，即经济发展（GDP，万元/人）、人口数量（POP，万人）、基础设施建设（ROAD，万平方米）、外商直接投资（FDI）、土地市场（LM）、不动产投资（REI，亿元）。为了避免内生性，控制变量全部取滞后一阶数据进入模型。

7.1.3 研究样本与数据来源

本节的实证分析样本是 2015～2017 年 26 个省级行政区，并采用 260 个地级市进行稳健性检验。首先，由于地方政府债券变量数据只能收集到省层面，为了保证地方政府土地财政和融资策略（Strategy）的完整性，并且避免遗漏变量带来的回归偏误，本节主要采用省层面数据实证检验地方政府土地财政和融资策略选择对土地行为的影响；同时由于省层面个体较少（26 个），地级市层面个体相对较多（260 个），为了验证省层面回归结果的稳健性，本节采用地级市层面数据进行稳健性检验；地级市层面数据虽然缺少地方政府债券变

量，但是在一定程度上可以作为一种稳健性检验。其次，选择 2015 年为起始
年份，主要是由于本章主要分析"后土地财政"时期，地方政府土地财政和
融资策略发生变化之后，地方政府的土地行为响应，尤其重点关注新的融资策
略下的土地行为响应；地方政府的融资策略发生转变主要是从 2015 年开始的；
上文的分析与实证显示，在以 2015 年开始实施的新《预算法》为主要制度变
化的影响下，地方政府土地融资的行为从第一阶段依赖融资平台发行城投债的
融资方式向第二阶段依赖地方政府直接发行债券的融资方式转变，并且存在明
显地转向更市场化融资模式（政府与社会资本合作融资模式）的趋势。最后，
26 个省级行政区和 260 个地级市与上文 5.1 节和 6.1 节的实证样本一致，样本
选取的原因在前文有详细解释说明，本节不再赘述。

　　地方政府土地抵押（Mortgage）变量和土地出让（Transfer）变量数据来
源于中国土地市场网，其余数据来源于中国土地市场网、Choice 金融终端、财
政部 PPP 库公开信息平台、《中国城市统计年鉴》和《中国统计年鉴》。

　　本节主要变量的衡量方法、数据来源以及统计描述见表 5 - 2 和表 5 - 3。

7.1.4　实证分析与解释

1. 土地抵押与土地出让行为响应

　　按照式（7 - 1），分析地方政府土地财政和融资策略下地方政府土地抵押与
土地出让行为响应，采用最小二乘法（OLS）估计，回归结果如表 7 - 1 所示。
其中列（1）~（3）采用的是 26 个省级行政区样本进行回归的结果，列（4）~
（6）采用 260 个地级市样本进行回归的结果，被解释变量依次是土地抵押
（Mortgage）、土地出让（Transfer）、土地出让与土地抵押的比值（Tran_Mortg）。

表 7 - 1　　　　　　　　　　土地抵押与土地出让行为响应

变量	(1) 省层面 土地抵押 (Mortgage)	(2) 省层面 土地出让 (Transfer)	(3) 省层面 出让/抵押 (Tran_Mortg)	(4) 市层面 土地抵押 (Mortgage)	(5) 市层面 土地出让 (Transfer)	(6) 市层面 出让/抵押 (Tran_Mortg)
城投债 滞后一阶	-0.7416* (-1.8842)	0.0957 (0.9578)	0.4966 (0.9246)	-0.1361# (-1.4930)	0.0344** (2.5145)	0.1349# (1.4566)
新型融资 滞后一阶	-0.1910 (-0.5937)	0.1525** (2.0269)	0.7763* (1.8239)	-0.1100*** (-5.4959)	0.0087** (2.5509)	0.1184*** (5.8632)

续表

变量	（1） 省层面 土地抵押 （Mortgage）	（2） 省层面 土地出让 （Transfer）	（3） 省层面 出让/抵押 （Tran_Mortg）	（4） 市层面 土地抵押 （Mortgage）	（5） 市层面 土地出让 （Transfer）	（6） 市层面 出让/抵押 （Tran_Mortg）
地方政府债券 滞后一阶	-0.1574 （-0.3265）	-0.1473 （-1.0889）	0.9431# （1.4793）	—	—	—
土地财政收入 滞后一阶	-0.2793 （-0.4954）	0.2009** （2.0653）	0.4311 （0.5492）	-0.1063 （-0.3659）	0.0578# （1.4514）	0.0408 （0.1378）
外商直接投资	1.0587 （0.4739）	-0.7721 （-1.1971）	1.5182 （0.5097）	0.1086# （1.4433）	-0.0046 （-0.3733）	-0.1146# （-1.4979）
经济发展	-0.4434 （-0.3995）	0.3453 （1.0095）	1.6351 （1.0980）	0.4926 （0.7815）	0.0972 （1.3632）	-0.1659 （-0.2562）
土地市场	-8.9832*** （-2.7821）	0.2704 （0.3760）	6.3212# （1.4538）	1.3352 （1.1433）	0.1513 （0.9167）	-1.5821 （-1.3379）
人口数量	-0.4915 （-1.1926）	0.2156* （1.7400）	1.1663** （2.0950）	0.4257 （0.6061）	0.4715*** （6.2208）	0.2216 （0.3070）
基础设施建设	1.8132 （1.2481）	-0.0627 （-0.2364）	-0.8091 （-0.4131）	0.0950 （0.2399）	0.0607 （1.2368）	-0.0483 （-0.1190）
不动产投资	1.6722** （2.2305）	0.3245# （1.4985）	-2.8156*** （-2.8483）	0.3611 （0.9457）	0.1114** （2.2928）	-0.2214 （-0.5641）
C	1.0587 （0.4739）	-0.7721 （-1.1971）	1.5182 （0.5097）	-0.1063 （-0.3659）	0.0578# （1.4514）	0.0408 （0.1378）
Year	YES	YES	YES	YES	YES	YES
Region	YES	YES	YES	YES	YES	YES
N	49	76	49	177	778	177
R^2	0.6979	0.1559	0.4274	0.3153	0.4879	0.3662

注：土地财政收入（LF）、地方政府债券（Govbond）、城投债（Platfbond）、新型融资（ppp）、经济发展（GDP）、人口数量（POP）、基础设施建设（ROAD）和不动产投资（REI）变量采用自然对数进入回归，控制变量均采用滞后一阶进入模型；括号内为 t 统计量；***、**、*、#分别表示在 1%、5%、10%、15%的水平上显著；"—"表示空白。

资料来源：Stata 统计输出。

从表 7-1 的列（1）可以看出，土地财政和融资策略的各个变量的回归系数均为负，其中城投债（Platfbond）变量的回归系数显著为负，说明随着融资平台发债规模增加，地方政府土地抵押行为显著减少，与本书理论分析相符；张莉等（2019）研究表明融资平台发行的城投债与土地抵押存在正相关关系，这与列（1）的结果并不一致，主要是因为张莉等（2019）的研究样本主要集中在 2015 年以前。在中央出台文件整治融资平台和土地储备机构肆意、违规进行土地抵押之前，城投债和土地抵押存在显著正相关的结论获得较多学者的支持（杨继东等，2018），但是随着政策实施力度增大，融资平台逐渐转型，其通过土地抵押进行融资的渠道被禁止。本节采用的实证样本是 2015 ~ 2017 年，包含了新政策产生的影响，能够识别地方政府新的融资策略下的土地抵押行为响应。

由列（2）可以看出，变量新型融资模式（ppp）对土地出让有显著正向影响，说明新型融资模式的推进仍然需要土地出让来支撑，与理论分析相符；较多研究均得出类似结论，汪峰等（2019）认为地方政府对土地资源的控制在 PPP 融资模式中起到十分关键的作用，张琦（2018）认为将土地增值部分形成的财政收入作为 PPP 项目的付费来源无可厚非，尤其对于新城建设，土地财政依然是必不可少的手段。

由列（3）可以看出，新型融资和地方政府债券对土地出让与土地抵押的比值（Tran_Mortg）变量影响均显著为正，结合列（1）、列（2）新型融资（ppp）和地方政府债券（Govbond）的回归系数符号，可以说明第二阶段土地融资和新型融资策略选择下，相对土地抵押行为，地方政府倾向增加土地出让行为。列（4）~（6）采用地级市层面数据进行实证分析，得出与省层面数据分析类似的结果。

2. 稳健性检验

采用系统 GMM 方法进行回归，验证表 7 - 1 结果的稳健性，一方面考虑土地出让与土地抵押行为可能存在路径依赖，即时间序列相关性；另一方面系统 GMM 估计通过结合水平方程和差分方程建立一个系统，同时引入差分项和水平项的滞后阶作为工具变量，可以解决被解释变量和不可观测因素的异质性问题，提升估计效率（Roodman，2009）。采用系统 GMM 方法进行稳健性检验的回归结果如表 7 - 2 所示。AR（1）检验、AR（2）检验和 Hansen 检验结果显示加入被解释变量滞后阶是必要的，并且工具变量是有效的。回归结果显示核心解释变量的回归系数与表 7 - 1 基本一致，证明了表 7 - 1 回归结果的稳健性，即在新的融资策略选择下，相对土地抵押行为，地方政府倾向于增加土地出让行为。

表 7 - 2   土地抵押与土地出让行为响应的稳健性检验：GMM 估计

变量	(1) 省层面 土地抵押 (Mortgage)	(2) 省层面 土地出让 (Transfer)	(3) 省层面 出让/抵押 (Tran_Mortg)	(4) 市层面 土地抵押 (Mortgage)	(5) 市层面 土地出让 (Transfer)	(6) 市层面 出让/抵押 (Tran_Mortg)
被解释变量 滞后一阶	0.8953 ** (1.9866)	0.0154 (0.0407)	1.1825 ** (2.5213)	0.8585 *** (5.7422)	0.0447 (0.3554)	0.7571 *** (5.6563)
被解释变量 滞后二阶	0.5156 (1.3654)	0.0389 (0.2777)	0.2262 (1.1137)	0.2709 *** (6.2456)	0.0446 (0.4087)	0.3425 *** (6.6592)
城投债 滞后一阶	− 0.7584 * (− 1.7836)	0.3375 (1.1591)	0.0980 (0.0775)	− 0.2050 * (− 1.8279)	0.0199 (0.3745)	0.1843 (1.2562)
新型融资 滞后一阶	− 0.7615 (− 0.8349)	0.0565 (0.3757)	0.6123 (0.8850)	− 0.0386 (− 1.0989)	0.0064 (0.5981)	0.1213 *** (3.4059)
地方政府债券 滞后一阶	− 0.1739 *** (− 2.6063)	− 0.0824 (− 1.2059)	0.3157 * (1.6540)	——	——	——
土地财政收入 滞后一阶	− 0.5438 (− 0.7354)	0.2227 (1.1309)	0.9683 (0.3287)	0.2432 (0.9565)	0.4394 *** (5.9368)	0.1487 (0.3898)
控制变量	YES	YES	YES	YES	YES	YES
C	45.3306 ** (2.0701)	− 22.6889 (− 1.5346)	− 7.0534 (− 0.1043)	13.2531 (1.3128)	3.2550 (0.9925)	− 18.6374 (− 1.3714)
Year	YES	YES	YES	YES	YES	YES
N obs.	49	76	49	172	778	172
N cities	18	26	18	82	260	82
N Instruments	28	28	28	58	58	58
AB1 p-value	0.4758	0.8490	0.6959	0.0210	0.0002	0.0098
AB2 p-value	0.1950	0.2241	0.8624	0.3313	0.9418	0.6708
Hansen p-value	0.9990	0.6965	0.9964	0.6961	0.8166	0.8777

注：土地财政收入（LF）、地方政府债券（Govbond）、城投债（Platfbond）、新型融资（ppp）、经济发展（GDP）、人口数量（POP）、基础设施建设（ROAD）和不动产投资（REI）变量采用自然对数进入回归，控制变量均采用滞后一阶进入模型；这些结果采用两步系统广义矩估计方法（two-step System GMM），控制了时间效应，括号内为 t 统计量；***、**、* 分别表示在 1%、5%、10%、15% 的水平上显著；"—"表示空白。

资料来源：Stata 统计输出。

7.1.5 研究结论

中国大规模的城市建设和地方经济发展严重依赖土地财政和融资策略，土地起到了杠杆作用，撬动了城市建设融资。与土地财政和融资策略直接相关的土地行为是土地出让和土地抵押（杨继东，2018；张莉等，2018）。随着"后土地财政"时期财税、融资和土地制度变化，地方政府土地财政和融资策略随之改变，地方政府逐渐摒弃土地财政和传统的土地融资，而转向更加规范的融资行为。然而，由于地方政府对土地的依赖形成已久，在新机制尚未完全建立之前，很容易又回到与土地相关的旧模式上（刘守英，2017）。虽然前文研究发现地方政府对土地的直接依赖逐渐减弱，但在当前阶段，土地仍然是地方政府手中的可以直接操控的重要工具，并且由于存在路径依赖，土地在当前过渡阶段的作用仍不可忽略。那么，"后土地财政"时期地方政府新的土地财政和融资策略是否会引起地方政府土地抵押行为和土地出让行为发生相应的改变？对该问题的深入研究有助于揭示"后土地财政"时期地方政府新的土地财政和融资策略的运行机制。

基于现有研究、政策文件、法律条文和经验证据构建理论分析框架，并以2015～2017年26个省级行政单位和260个地级市为研究样本，重点分析地方政府土地融资和新型融资策略改变对地方政府土地抵押行为和土地出让行为的影响。主要研究结果如下：随着地方政府逐渐摒弃传统的土地融资行为，而转向更加规范的融资行为，即在新的融资策略选择下，相对土地抵押行为，地方政府倾向于增加土地出让行为。

7.2 出让建设用地方式行为响应

出让方式是出让行为的一个重要表现，当地方政府所处的制度环境发生变化或面临的激励发生变化时，地方政府可以选择不同的出让方式来应对制度与激励发生的变化，实现自身效用最大化（Wang and Hui，2017）。随着2004年国土资源部发文要求我国所有经营性建设用地出让全部实行招拍挂制度，招拍挂出让方式占比越来越高（王媛和杨广亮，2016；赵文哲和杨继东，2015），关注招拍挂的相关研究也随之增加。本节与王媛和杨广亮等（2016）研究保持一致，主要考察拍卖与挂牌出让方式之间的差别，分析拍卖与挂牌出让方式的行为响应，暂不考虑招标方式，因为统计数据显示，全国2007～2017年招标方式出让的土地面积占全部出让面积的均值为 1.3%，比例相对较小。①

现有较多研究注意到挂牌和拍卖出让方式存在显著区别（Cai et al.，2013；王媛和杨广亮，2016；赵娅，2012）。在出让价格方面，拍卖出让方式的价格显著高于挂牌，地方政府可以利用拍卖的方式获得更多的土地财政收入（王媛和杨广亮，2016；赵娅，2013；赵瑞，2013）；在出让机制方面，挂牌出让方式存在一定程度的政府干预，可以实现土地定向供应，地方政府可以利用挂牌出让方式协助中央政府的土地市场调控政策，也可以实现招商引资（王媛和杨广亮，2016；赵文哲和杨继东，2015；张莉等，2013）。土地市场的现实操作中，招标、拍卖和挂牌三种出让方式在不同的地域和时期得到不同程度运用，也印证了挂牌和拍卖出让方式存在区别，并且地方政府可以根据实际需要进行自由选择（Cai et al.，2013；Wang and Hui，2017；王媛和杨广亮，2016；赵娅，2013）。现有研究分析出让方式之间的差异以及这种差异如何被地方政府用来满足自身的需求与目的，奠定了本节的研究基础。

前文分析表明，"后土地财政" 时期制度变化下地方政府土地财政和融资策略发生了变化，并且在新的策略下，地方政府的土地出让行为响应明显，仍然倾向增加土地出让，主要是为了获得更多的财政收入支撑新的融资策略。那么，"后土地财政" 时期地方政府土地财政和融资策略变化，尤其地方政府转向更加规范的融资行为之后，是否影响地方政府出让建设用地的方式，是否导致地方政府倾向利用拍卖出让方式？对该问题的研究，一方面可以进一步揭示"后土地财政" 时期地方政府新的土地财政和融资策略的运行机制，另一方面可以进一步丰富土地出让方式选择的相关研究。鉴于此，本节基于现有研究和经验证据构建理论分析框架，以 2015 ~ 2017 年 260 个地级市和 26 个省级行政单位为研究样本，对上述问题展开深入研究。

7.2.1 分析框架

1988 年我国实行土地使用权有偿使用以来，出让方式始终处于不断完善和修改的过程。2004 年国土资源部发布的《关于继续开展经营性土地使用权招标拍卖挂牌出让情况执法监察工作的通知》要求我国所有经营性建设用地出让全部实行招拍挂制度，奠定了招拍挂出让机制在经营性建设用地出让制度中的核心地位。虽然招拍挂相对于划拨和协议更能够清晰地反映土地作为稀缺

---

① 数据来源于中国土地市场网。

资源的市场价值，但是在土地市场的实际操作中，招标、拍卖和挂牌三种出让方式在不同的地域和时期得到不同程度的运用。首先，在全国范围和在各个城市内，招标、拍卖和挂牌三种出让方式的使用比例均不同。中国土地市场网统计数据显示，2007～2017年，全国范围内挂牌、拍卖和招标出让的土地占总量之比分别是86.7%、12.0%和1.3%。可见，挂牌是主要的出让方式。中国指数研究院的调查显示，2007～2011年，北京招标、挂牌的出让方式分别占30.9%和69.1%，不存在拍卖方式，而重庆同时期挂牌和拍卖方式分别占80.2%和16%，招标仅占3.8%。其次，在同一地区不同时期，三种出让方式的比例存在显著差别。中国土地挂牌网数据显示，2007～2011年，北京的挂牌和招标出让方式比例均不同，其中2007年和2010年挂牌比例低于招标，其他年份挂牌高于招标。

为什么不同地区、不同时期的招标、拍卖和挂牌的出让方式被应用的程度存在显著差别？这一问题的答案主要包括两个方面。一方面，三种出让方式的机制必定存在差别，这是招拍挂被不同程度应用的前提条件；另一方面，土地使用权出让方式的主体是地方政府，地方政府对不同出让方式的应用与选择是出让方式的真正主导力量。虽然中央出台文件规定经营性建设用地一律采取招拍挂的方式进行出让，但是地方政府在招标、拍卖和挂牌这三种出让方式之间可以自由选择（赵娅，2013）。

有研究指出，挂牌本质上是一种两阶段拍卖（Cai et al.，2013；王媛和杨广亮，2016），政府可以在第一阶段设置门槛、实施干预而达到土地定向供应；也有研究指出挂牌方式提供给竞标者充分的信息获取和思考时间，有利于其报出理性价格，而且这种方式只需要一个竞标者参与即可成交，具备协议出让方式的一部分特点（李茂华，2008；李明月和胡竹枝，2003；张淑娟和刘艳芳，2006；赵娅，2012）。王媛和杨广亮（2016）统计分析显示挂牌出让价格显著低于拍卖出让价格，2003～2008年拍卖出让平均价格为挂牌出让平均价格的1.92倍，2007年最高，达到2.62倍。[①]

在地方政府对三种出让方式的选择与应用方面，由于地方政府不仅需要贯彻执行中央制定的政策方针，而且也会从自身利益出发追求财政收入和政治效益，因此，地方政府会根据协助中央实施政策和追求自身利益方面的不同目的，在出让建设用地使用权时，选择不同的出让方式。从挂牌出让的动机来看，一些学者认为，挂牌出让方式是在房地产市场过热，中央进行调控时，地

---

① 数据来源于《中国国土资源统计年鉴》。

方政府配合、辅助中央政府对土地市场进行降温,因为挂牌价格相对拍卖低,所以可以减缓土地价格的上涨速度(赵娅,2013);一些学者认为,挂牌出让可以调控经济增长(张莉等,2013),引入优势企业(王媛和杨广亮,2016;赵文哲和杨继东,2015)。从出让的动机来看,在现行的财税体制下,地方政府面临财政压力增大,若地方政府更加倾向拍卖出让方式,其主要目的很可能是获得更多的财政收入,因为拍卖方式的价格显著高于挂牌(Ooi et al.,2011;王媛和杨广亮,2016;赵娅,2013;赵瑞,2013)。

地方政府作为唯一国有土地使用权出让方,需要对每一块经营性建设用地的出让方式做出决定,显然,在不同的出让方式存在不同的出让机制、不同的成交价格、带来不同收益的情况下,地方政府会根据自身的利益取向或目的选择不同的出让方式。

由前文分析可知,"后土地财政"时期,随着制度发生变化,地方政府土地财政和融资策略发生了改变,逐渐摒弃土地财政和第一阶段的土地融资行为,而转向更加规范的举债融资模式,即发行地方政府债券和 PPP 模式。在新的策略选择下地方政府存在显著增加土地出让的行为响应,主要是为了获得更多的出让金收入。由于相对于挂牌出让方式,拍卖出让方式价格相对较高,相同的地块利用拍卖方式出让往往可以获得更多土地出让金收入(赵娅,2013;赵瑞,2013;王媛和杨广亮,2016)。在建设用地指标数量趋于缩紧的情况下,地方政府利用更市场化的拍卖方式的倾向可能更明显。换言之,"后土地财政"时期,地方政府在新的土地财政和融资策略选择下,倾向选择利用土地撬动更多的金融或社会资本的融资策略,而在建设用地指标约束增大的情况下,利用拍卖出让方式是实现该策略目标的一个相对高效的行为。因此,在"后土地财政"时期,地方政府土地财政和融资策略,尤其新的融资策略将会对地方政府拍卖出让方式产生显著正向影响,并且随着地方政府面临的建设用地指标约束逐渐增大,这种影响会更加明显。

鉴于此,提出本书待检验假说7-2:"后土地财政"时期,随着地方政府土地财政和融资策略发生转变,尤其转向更加规范的融资行为之后,地方政府倾向于增加拍卖方式出让建设用地,并且建设用地指标约束会进一步增强这种行为响应。

7.2.2 模型与变量

1. 模式设定

参照相关研究(雷潇雨和龚六堂,2014;李尚蒲和罗必良,2015;张先锋和王敏，2016；Wang and Hui，2017；王健等，2018；王媛和杨广亮，2016；赵文哲和杨继东，2015），与7.1.2小节设置的模型形式一致，将策略中的多个具体行为同时放入回归模型作为核心解释变量，考察它们对被解释变量的影响，不仅可以避免遗漏重要解释变量带来的回归偏误，而且可以揭示策略选择对被解释变量的影响。为了检验"后土地财政"时期地方政府土地财政和融资策略选择对地方政府土地出让方式的影响，建立如式（7-2）所示的基本模型。

$$\ln Behavior_{it} = \alpha_0 + \sum_{j=1}^{4} \rho_j \times Strategy_{it} + \sum_{j=1}^{6} \beta_j \times Control_{it} + \gamma_i + \mu_t + \varepsilon_{it}$$

$$(7-2)$$

式（7-2）中，Behavior表示地方政府土地行为，本节指地方政府出让建设用地的方式（拍卖或挂牌）；Strategy表示地方政府土地财政和融资策略中的具体行为模式；Control表示控制变量；ρ_j是地方政府土地财政和融资策略（Strategy）变量的回归系数，β_j为控制变量的回归系数，α_0是常数项，γ_i和μ_t分别代表地区和时间固定效应，ε_{it}是残差项。

考虑到新增建设用地受到建设用地指标约束，引入"建设用地控制指标（BL）"变量，将地方政府土地财政和融资策略（Strategy）变量与"建设用地控制指标（BL）"变量的交互项（Strategy×BL）纳入模型，考察地方政府土地财政和融资策略对地方政府出让建设用地方式（拍卖或挂牌）的影响是否受到建设用地指标约束，模型如式（7-3）所示。

$$\ln Behavior_{it} = \alpha_0 + \sum_{j=1}^{4} \lambda_j \times (Strategy_{it} \times BL_{it}) + \sum_{j=1}^{6} \beta_j$$
$$\times Control_{it} + \gamma_i + \mu_t + \varepsilon_{it} \qquad (7-3)$$

式（7-3）中，交互项（Strategy×BL）的系数λ_j是本书感兴趣的回归系数，刻画了地方政府土地财政和融资策略对地方政府出让建设用地方式（拍卖或挂牌）的影响是否受到建设用地指标约束。其他变量和参数与式（7-2）相同。

2. 变量选择

被解释变量Behavior表示地方政府土地行为，本节指地方政府挂牌或拍卖出让建设用地的行为，主要包括三个变量：一是挂牌出让建设用地（Guapai），用城市i第t年地方政府挂牌出让建设用地的总面积表示，单位为公顷；二是拍卖出让建设用地（Paimai），用城市 i 第 t 年地方政府拍卖出让建设用地的总面积表示，单位为公顷；三是拍卖与挂牌出让建设用地面积的比值（Pai_Gua），用城市 i 第 t 年地方政府拍卖出让建设用地面积与挂牌出让建设用地面积的比值表示。

核心解释变量 Strategy 表示地方政府土地财政和融资策略，包括上文提到的土地财政、土地融资、新型融资三种行为模式，共 4 个变量：城投债（Platfbond）、地方政府债券（Govbond）、新型融资（ppp）、土地财政（LF）。为了缓解可能存在的互为因果而产生的内生性，本书将 Strategy 变量（Platfbond、Govbond、ppp、LF）全部取滞后一阶数据进入模型。

核心解释变量的交互项（Strategy × BL）、地方政府土地财政和融资策略（Strategy）变量与"建设用地控制指标（BL）"变量的交互项（Strategy × BL）、"建设用地控制指标（BL）"变量的衡量与上文 5.1 节一致，主要采用建设用地控制指标的虚拟变量（BL2），该交互项（Strategy × BL）包括城投债（Platfbond）变量与"建设用地控制指标（BL）"变量的交互项（Platfbond × BL），地方政府债券（Govbond）变量与"建设用地控制指标（BL）"变量的交互项（Govbond × BL），新型融资（ppp）变量与"建设用地控制指标（BL）"变量的交互项（ppp × BL），土地财政（LF）变量与"建设用地控制指标（BL）"变量的交互项（LF × BL）。

控制变量（Control）参照相关研究考虑影响地方政府挂牌和拍卖方式出让建设用地的相关因素（Wang and Hui，2017；王健等，2018；王媛和杨广亮，2016；赵文哲和杨继东，2015），并且为了保持研究的连续性，选取和上文一致的控制变量，即经济发展（GDP，万元/人）、人口数量（POP，万人）、基础设施建设（ROAD，万平方米）、外商直接投资（FDI）、土地市场（LM）、不动产投资（REI，亿元）。为了避免内生性，控制变量全部取滞后一阶数据进入模型。

7.2.3 研究样本与数据来源

本节的实证分析样本是 2015～2017 年 26 个省级行政区和 260 个地级市。样本选取的原因在上文有详细解释说明，此处不再赘述。

挂牌出让建设用地面积（Guapai）和拍卖出让建设用地面积（Paimai）数据来源于中国土地市场网，其余数据来源于中国土地市场网、Choice 金融终端、财政部 PPP 库公开信息平台、《中国城市统计年鉴》和《中国统计年鉴》。

本节主要变量的衡量方法、数据来源以及统计描述见表5－2和表5－3。

7.2.4　实证分析与解释

1. 地方政府拍卖、挂牌出让方式行为响应

首先，为了分析地方政府土地财政和融资策略变化对土地出让方式（挂牌和拍卖）的影响，按照式（7－2）进行回归，采用最小二乘法（OLS）估计，结果如表7－3所示。列（1）~（3）是采用26个省级行政区样本进行回归的结果，列（4）~（6）是采用260个地级市样本数据进行回归的结果，被解释变量依次是挂牌出让建设用地面积（Guapai）、拍卖出让建设用地面积（Paimai）、拍卖与挂牌出让建设用地面积的比值（Pai_Gua）。

从表7－3列（1）~（3）可以看出，新型融资（ppp）对拍卖出让建设用地面积（Paimai）和拍卖与挂牌出让建设用地面积的比值（Pai_Gua）影响的回归系数均在15%的显著水平下为正，说明新型融资对拍卖出让建设用地方式有显著正向影响，相对于挂牌出让方式更倾向拍卖；市层面数据的回归结果［表7－3中列（4）~（6）］与此基本一致。

现有研究表明，地方政府对商住用地和工业用地倾向于采用不同的出让方式，商住用地往往采用市场化程度相对较高的出让方式，主要是为了获得更多出让金收入，工业用地往往采用价格相对较低的出让方式，为了吸引企业进入本辖区（Huang and Du，2016；Wu et al.，2014；雷潇雨和龚六堂，2014；王媛和杨广亮，2016；张莉等，2011）。鉴于此，本节分别考虑商住用地和工业用地出让方式的行为响应，回归结果分别记录在表7－4和表7－5。可以发现，商住用地出让方式的回归结果（见表7－4）中，新型融资（ppp）变量对拍卖出让建设用地面积（Paimai）和拍卖与挂牌出让建设用地面积的比值（Pai_Gua）两个变量影响的回归系数分别在5%和10%的显著水平下为正，市层面的回归结果［见表7－4列（4）~（6）］与此基本一致，并且该回归系数的绝对值和显著水平均大于全部建设用地层面的回归系数（见表7－3）；而工业用地的回归结果（见表7－5）却未呈现类似规律，说明新型融资策略选择下地方政府倾向于拍卖的出让方式的行为主要存在于商住用地。

表 7 - 3　　　地方政府土地财政和融资策略对挂牌和拍卖出让方式的影响

变量	(1)	(2)	(3)	(4)	(5)	(6)
	省层面	省层面	省层面	市层面	市层面	市层面
	挂牌 (Guapai)	拍卖 (Paimai)	拍卖/挂牌 (Pai_Gua)	挂牌 (Guapai)	拍卖 (Paimai)	拍卖/挂牌 (Pai_Gua)
城投债 滞后一阶	-0.0564 (-0.6360)	0.3506 (1.3972)	0.0270 (1.4388)	0.0049 (0.3421)	0.0145 (0.2517)	0.0310 (1.4257)
新型融资 滞后一阶	0.0171 (0.5535)	0.1636# (1.6304)	0.0076# (1.5622)	0.0064 (1.1493)	0.0179# (1.5703)	0.0072# (1.5070)
地方政府债券 滞后一阶	-0.1160# (-1.6005)	-0.0463 (-1.2561)	-0.0079 (-0.4835)	—	—	—
土地财政收入 滞后一阶	0.1166 (0.6870)	0.6704** (2.4724)	0.0053 (0.3303)	-0.0519 (-1.3331)	0.1520 (0.8860)	0.0461** (2.4841)
外商直接投资	0.1411 (0.2179)	2.3820 (1.2533)	0.0806 (1.0083)	-0.0090 (-0.5454)	0.0794 (0.7501)	0.0000 (0.0008)
经济发展	0.4499 (0.9039)	0.1851 (0.0918)	-0.0752 (-1.3392)	0.0358 (0.2551)	-0.7844 (-0.6166)	0.1189 (0.8546)
土地市场	0.4673 (0.8832)	7.8537*** (3.4240)	0.7906*** (3.0576)	0.0289 (0.1383)	0.4108 (0.6456)	-0.2986* (-1.6581)
人口数量	-0.0033 (-0.0674)	-0.0172 (-0.0840)	-0.0090 (-0.6065)	-0.2960 (-0.8925)	1.2544 (0.9102)	0.8032** (2.4787)
基础设施建设	-1.2726* (-1.7566)	-4.9955 (-1.0066)	0.0384 (1.1437)	0.0981 (1.3864)	-0.0217 (-0.1153)	-0.0550 (-0.9608)
不动产投资	0.1666 (0.6597)	1.0687 (1.2792)	-0.0001 (-0.0018)	0.0458 (0.5774)	0.3826 (0.9688)	0.0463 (0.5483)
C	17.5490** (2.1076)	42.0405 (0.8449)	-0.0726 (-0.1355)	7.0599** (2.3262)	-0.5762 (-0.0316)	-6.1632** (-2.1073)
Year	YES	YES	YES	YES	YES	YES
Region	YES	YES	YES	YES	YES	YES
N	75	70	75	777	553	777
R²	0.1765	0.4199	0.0724	0.0132	0.0253	0.0117

注：土地财政收入 (LF)、地方政府债券 (Govbond)、城投债 (Platfbond)、新型融资 (ppp)、经济发展 (GDP)、人口数量 (POP)、基础设施建设 (ROAD) 和不动产投资 (REI) 变量采用自然对数进入回归，控制变量均采用滞后一阶进入模型；括号内为 t 统计量；***、**、*、#分别表示在 1%、5%、10%、15%的水平上显著；"—" 表示空白。

资料来源：Stata 统计输出。

表7-4 地方政府土地财政和融资策略对商住用地挂牌和拍卖出让方式的影响

变量	(1)	(2)	(3)	(4)	(5)	(6)
	省层面	省层面	省层面	市层面	市层面	市层面
	商住用地					
	挂牌 (szGuapai)	拍卖 (szPaimai)	拍卖/挂牌 (szPai_Gua)	挂牌 (szGuapai)	拍卖 (szPaimai)	拍卖/挂牌 (szPai_Gua)
城投债 滞后一阶	-0.0672 (-0.6384)	0.5747** (2.5045)	0.0586 (0.7428)	-0.0050 (-0.2892)	0.0722# (1.5060)	0.0346 (1.2904)
新型融资 滞后一阶	0.0071 (0.1991)	0.2535** (2.1295)	0.0494* (1.9036)	-0.0028 (-0.3788)	0.0238** (2.2694)	0.0093# (1.5900)
地方政府债券 滞后一阶	-0.1099 (-1.1120)	0.1728 (0.6727)	-0.0692 (-0.7395)	—	—	—
土地财政收入 滞后一阶	0.0003 (0.0011)	0.7528*** (4.9357)	0.0022 (0.0321)	-0.0725 (-1.0690)	0.4158** (2.5547)	0.2076*** (3.2278)
控制变量	YES	YES	YES	YES	YES	YES
C	11.5904 (0.6978)	36.4046 (1.4669)	-7.5458 (-1.2989)	11.7413** (2.3850)	3.9710 (1.1617)	0.9004 (0.4404)
Year	YES	YES	YES	YES	YES	YES
Region	YES	YES	YES	YES	YES	YES
N	75	68	75	773	531	773
R^2	0.2177	0.6975	0.1427	0.0324	0.0038	0.0027

注：土地财政收入（LF）、地方政府债券（Govbond）、城投债（Platfbond）、新型融资（ppp）、经济发展（GDP）、人口数量（POP）、基础设施建设（ROAD）和不动产投资（REI）变量采用自然对数进入回归，控制变量均采用滞后一阶进入模型；括号内为t统计量；***、**、*、#分别表示在1%、5%、10%、15%的水平上显著；"—"表示空白。

资料来源：Stata统计输出。

表7-5 地方政府土地财政和融资策略对工业用地挂牌和拍卖出让方式的影响

变量	(1)	(2)	(3)	(4)	(5)	(6)
	省层面	省层面	省层面	市层面	市层面	市层面
	工业用地					
	挂牌 (gyGuapai)	拍卖 (gyPaimai)	拍卖/挂牌 (gyPai_Gua)	挂牌 (gyGuapai)	拍卖 (gyPaimai)	拍卖/挂牌 (gyPai_Gua)
城投债 滞后一阶	-0.0598 (-0.5336)	0.5689 (1.1736)	-0.0148 (-1.3258)	0.0066 (0.3318)	0.0071 (0.0959)	0.1500 (0.9035)
新型融资 滞后一阶	0.0440 (1.4691)	0.0415 (0.1526)	-0.0016 (-0.5945)	0.0170** (2.1224)	0.0243 (1.3279)	0.0701 (0.9490)

续表

变量	(1)	(2)	(3)	(4)	(5)	(6)
	省层面	省层面	省层面	市层面	市层面	市层面
	工业用地					
	挂牌 （gyGuapai）	拍卖 （gyPaimai）	拍卖/挂牌 （gyPai_Gua）	挂牌 （gyGuapai）	拍卖 （gyPaimai）	拍卖/挂牌 （gyPai_Gua）
地方政府债券 滞后一阶	-0.1986 ** （-2.1854）	-0.0151 （-0.1570）	0.0147 （1.1849）	—	—	—
土地财政收入 滞后一阶	0.3231 * （1.7902）	-0.8268 （-1.4212）	0.0124 （1.1693）	-0.0215 （-0.3868）	-0.4005 # （-1.4960）	1.3697 （0.9200）
控制变量	YES	YES	YES	YES	YES	YES
C	28.5269 *** （3.3055）	116.2682 （0.9394）	-0.0327 （-0.0729）	3.8901 （1.3970）	52.5694 （1.2777）	-201.4075 （-0.8501）
Year	YES	YES	YES	YES	YES	YES
Region	YES	YES	YES	YES	YES	YES
N	75	63	75	777	281	777
R^2	0.3257	0.3231	0.1112	0.0159	0.1210	0.0006

注：土地财政收入（LF）、地方政府债券（Govbond）、城投债（Platfbond）、新型融资（ppp）、经济发展（GDP）、人口数量（POP）、基础设施建设（ROAD）和不动产投资（REI）变量采用自然对数进入回归，控制变量均采用滞后一阶进入模型；括号内为 t 统计量；***、**、*、#分别表示在1%、5%、10%、15%的水平上显著；"—"表示空白。

资料来源：Stata 统计输出。

2. 建设用地指标约束

为了考察建设用地控制指标是否在地方政府土地财政和融资策略选择影响土地出让方式过程中起到约束作用，按照式（7-3），采用最小二乘法（OLS）估计，回归结果见表7-6。结果显示，变量"新型融资（ppp）"与"建设用地控制指标（BL）"的交互项（ppp × BL）对拍卖出让建设用地面积（Paimai）、拍卖与挂牌出让建设用地面积比值（Pai_Gua）影响的回归系数均在10%的显著水平上为正，说明地方政府新型融资策略选择影响土地出让方式过程中，建设用地指标约束存在显著影响，即新型融资策略选择导致地方政府更加倾向拍卖出让方式的行为响应，在建设用地指标约束下更加明显。

表 7 - 6　　　　建设用地指标约束对拍卖与挂牌出让面积比值的影响

变量	(1) 省层面 挂牌 (Guapai)	(2) 省层面 拍卖 (Paimai)	(3) 省层面 拍卖/挂牌 (Pai_Gua)	(4) 市层面 挂牌 (Guapai)	(5) 市层面 拍卖 (Paimai)	(6) 市层面 拍卖/挂牌 (Pai_Gua)
城投债×建设用地控制指标	-0.0240 (-0.4540)	0.3465 (0.7377)	-0.0443 (-1.4135)	0.0089 (0.5938)	-0.0838* (-1.8315)	0.0017 (0.0845)
新型融资×建设用地控制指标	0.0260 (0.6029)	0.1389** (2.3572)	0.0110** (1.9858)	-0.0061# (-1.5910)	0.0260* (1.8898)	0.0046* (1.7683)
地方政府债券×建设用地控制指标	-0.0085 (-0.9120)	-0.3102 (-1.3848)	-0.0026 (-0.7184)	—	—	—
土地财政收入×建设用地控制指标	0.0112 (0.5103)	0.0734 (0.1880)	0.0396# (1.5148)	0.0015 (0.3340)	0.0054 (0.2725)	-0.0043 (-0.7714)
外商直接投资	0.9198 (1.4451)	1.1938 (0.7082)	0.2315 (1.2707)	-0.0152 (-0.9692)	0.0836 (0.7746)	-0.0081 (-0.4195)
经济发展	0.3720 (0.4923)	-1.7871 (-0.8451)	-0.1342 (-1.3213)	0.1152 (0.7638)	-0.3611 (-0.2985)	0.2351 (1.0342)
土地市场	0.7228* (1.8392)	5.6107** (2.6011)	0.8808*** (4.4695)	-0.0240 (-0.1174)	0.4977 (0.8410)	-0.3179* (-1.7248)
人口数量	0.0008 (0.0138)	0.2099 (1.0739)	-0.0029 (-0.1005)	-0.2311 (-0.7221)	1.5101 (1.1388)	0.9595** (2.4022)
基础设施建设	-0.7533 (-0.9743)	-4.9707 (-0.8881)	0.0476 (0.6792)	0.1132# (1.6206)	-0.0582 (-0.3052)	-0.0322 (-0.5754)
不动产投资	0.2944 (1.3238)	1.6900*** (3.3834)	0.0053 (0.1136)	0.0044 (0.0530)	0.4538 (1.1848)	0.0629 (0.6903)
C	10.6482 (0.8952)	65.1234 (1.2919)	0.4159 (0.3274)	5.4086* (1.7868)	-4.5005 (-0.2613)	-7.7669* (-1.7664)
Year	YES	YES	YES	YES	YES	YES
Region	YES	YES	YES	YES	YES	YES
N	75	70	75	777	553	777
R^2	0.2106	0.3384	0.1284	0.0127	0.0318	0.0056

注：土地财政收入（LF）、地方政府债券（Govbond）、城投债（Platfbond）、新型融资（ppp）、经济发展（GDP）、人口数量（POP）、基础设施建设（ROAD）和不动产投资（REI）变量采用自然对数进入回归，控制变量均采用滞后一阶进入模型；括号内为 t 统计量；***、**、*、#分别表示在 1%、5%、10%、15%的水平上显著；"—"表示空白。

资料来源：Stata 统计输出。

3. 稳健性检验

为了进一步验证地方政府土地财政和融资策略对拍卖和挂牌出让建设用地的影响（见表 7-3），以及建设用地指标约束回归结果（见表 7-6）的稳健性，本节采用系统 GMM 方法进行回归，理由一方面是考虑土地出让方式可能存在路径依赖，即时间序列相关性；另一方面，系统 GMM 估计通过结合水平方程和差分方程建立一个系统，同时引入差分项和水平项的滞后阶作为工具变量，可以解决被解释变量和不可观测因素的异质性问题，提升估计效率（Roodman，2009）。首先，检验地方政府倾向于以拍卖出让方式的行为响应，主要检验土地财政和融资策略选择对拍卖与挂牌出让建设用地面积的比值（Pai_Gua）变量的影响。因为上文关于出让方式响应的检验得到的主要研究结果是地方政府倾向于以拍卖方式出让建设用地，用该比值变量可以更高效地反映地方政府出让方式的偏好，而不需要对每一种出让方式进行检验，提高了效率；该稳健性检验结果见表 7-7 列（1）、列（2）、列（5）和列（6）。其次，检验建设用地指标的约束作用，同理将上述比值（Pai_Gua）作为被解释变量，该稳健性检验结果见表 7-7 列（3）、列（4）、列（7）和列（8）。

表 7-7 中列（1）、列（2）、列（5）和列（6）的结果显示，新型融资（ppp）对拍卖出与挂牌出让建设用地面积的比值（Pai_Gua）影响的回归系数均在 5% 或 1% 的显著水平下为正，证明了表 7-3 回归结果的稳健性，说明地方政府在新型融资策略下倾向拍卖的行为是显著的。表 7-7 列（3）、列（4）、列（7）和列（8）显示，新型融资（ppp）与"建设用地控制指标（BL）"的交互项（新型融资 × 建设用地控制指标）对拍卖与挂牌出让建设用地面积的比值（Pai_Gua）影响的回归系数均在 15% 或 10% 的显著水平上为正，证明了表 7-6 回归结果的稳健性，说明新型融资策略选择导致地方政府更加倾向于拍卖出让方式的行为响应，在建设用地指标约束下更加明显。

表 7-7 稳健性检验：地方政府土地财政和融资策略对拍卖与挂牌出让面积比值的影响

变量	(1)	(2)	(3)	(4)	(5)	(6)	(7)	(8)
	省层面	省层面	省层面	省层面	市层面	市层面	市层面	市层面
	拍卖/挂牌（Pai_Gua）							
被解释变量滞后一阶	1.0537 ***	0.9977 ***	1.1477 ***	1.2897 ***	1.6033 ***	1.2889 ***	1.6309 ***	1.2860 ***
	(5.9588)	(14.4272)	(12.0787)	(4.0363)	(218.3709)	(179.2795)	(4.5735)	(8.6500)
被解释变量滞后二阶	—	0.2496 ***	—	-0.1314	—	0.6756 ***	—	0.7290
		(2.7011)		(-0.2096)		(55.1128)		(1.2841)

续表

变量	(1)	(2)	(3)	(4)	(5)	(6)	(7)	(8)
	省层面	省层面	省层面	省层面	市层面	市层面	市层面	市层面
	拍卖/挂牌 (Pai_Gua)							
城投债 滞后一阶	0.0140 (0.8813)	0.0179*** (2.7383)	—	—	0.0240*** (6.3319)	0.0216*** (5.1085)	—	—
新型融资 滞后一阶	0.0270** (2.0594)	0.0068** (2.2952)	—	—	0.0029*** (5.3234)	0.0016*** (3.0070)	—	—
地方政府债券 滞后一阶	-0.0072 (-0.5748)	-0.0035 (-1.4015)	—	—	—	—	—	—
土地财政收入 滞后一阶	0.0097 (1.0534)	-0.0135 (-0.7774)	—	—	0.0118 (1.2841)	0.0078 (0.7886)	—	—
城投债×建设 用地控制指标	—	—	-0.0037 (-0.5418)	-0.0132 (-0.9882)	—	—	0.0213 (0.6548)	0.0090 (0.3263)
新型融资×建设 用地控制指标	—	—	0.0117* (1.9269)	0.0418# (1.5354)	—	—	0.0006 (0.0832)	0.0158# (1.5515)
地方政府债券× 建设用地控制 指标	—	—	-0.0035 (-1.3909)	-0.0194 (-1.3074)	—	—	—	—
土地财政收入× 建设用地控制 指标	—	—	0.0041 (1.3357)	0.0006 (0.1740)	—	—	-0.0032 (-0.5703)	-0.0095 (-1.1348)
控制变量	YES	YES	YES	YES	YES	YES	YES	YES
C	-0.8780 (-0.7451)	0.2403 (0.3577)	0.8759# (1.5322)	1.2287 (0.8049)	2.1451*** (8.0662)	2.5122*** (7.0159)	1.3099 (0.8887)	1.6340 (0.7850)
Year	YES	YES	YES	YES	YES	YES	YES	YES
N obs.	76	75	75	75	777	777	777	777
N cities	26	26	26	26	260	260	260	260
N Instruments	37	37	37	37	148	148	145	145
AB1 p-value	0.0795	0.2056	0.0911	0.1171	0.0097	0.0788	0.0229	0.1326
AB2 p-value	0.7097	0.4387	0.5755	0.8835	0.0358	0.8263	0.0671	0.8717
Hansen p-value	0.9787	0.9834	0.8650	0.9791	0.1393	0.4079	0.9854	0.9991

注：土地财政收入（LF）、地方政府债券（Govbond）、城投债（Platfbond）、新型融资（ppp）、经济发展（GDP）、人口数量（POP）、基础设施建设（ROAD）和不动产投资（REI）变量采用自然对数进入回归，控制变量均采用滞后一阶进入模型；这些结果采用两步系统广义矩估计方法（two-step System GMM），控制了时间效应，括号内为 t 统计量；***、**、*、#分别表示在1%、5%、10%、15%的水平上显著；"—"表示空白。

资料来源：Stata 统计输出。

7.2.5 研究结论

在不同的出让方式存在不同的出让机制、不同的成交价格、带来不同收益的情况下,地方政府会根据自身的利益取向或目的选择不同的出让方式。虽然"后土地财政"时期地方政府土地财政和融资策略发生了变化,但是其存在显著增加土地出让的行为响应,主要是为了增加土地出让收入。那么,在这种背景下,地方政府的出让方式是否存在相应的变化?对该问题的研究,一方面可以进一步揭示"后土地财政"时期地方政府新的土地财政和融资策略的运行机制,另一方面可以进一步丰富土地出让方式选择的相关研究。

本节基于现有研究和经验证据构建理论分析框架,以 2015～2017 年 26 个省级行政单位和 260 个地级市为研究样本,深入研究了地方政府新的土地财政和融资策略下土地出让方式的行为响应。研究发现,第一,新型融资模式导致地方政府相对于挂牌方式,存在更加倾向拍卖出让方式的行为响应,并且商住用地中拍卖出让方式更加明显;第二,建设用地指标约束进一步增强了地方政府倾向拍卖出让方式的行为响应。

7.3 本章小结

本章对"后土地财政"时期地方政府土地财政和融资策略选择下土地行为响应进行了分析,重点分析了地方政府摒弃第一阶段的土地融资行为,转向更加规范的、依靠地方政府债券和 PPP 模式的融资行为之后,地方政府的土地行为响应。

首先,分析地方政府土地抵押与土地出让行为响应。研究结果表明:随着地方政府逐渐摒弃传统的土地融资行为,而转向更加规范的融资行为,即在新的融资策略选择下,相对于土地抵押行为,地方政府更倾向于增加土地出让行为。

其次,分析地方政府出让建设用地方式(挂牌与拍卖)响应。研究结果表明:第一,新型融资模式导致地方政府相对于挂牌方式,存在更加倾向拍卖出让方式的行为响应,并且商住用地中拍卖出让方式更加明显;第二,建设用地指标约束进一步增强了地方政府倾向拍卖出让方式的行为响应。

基于上述研究结果,可以发现,虽然在"后土地财政"时期,地方政府的土地财政和融资策略选择是逐渐摒弃土地财政和传统的土地融资行为，转向更加规范的、依靠地方政府债券和 PPP 模式的融资行为，但是规范的融资行为仍然会引起土地行为响应，地方政府仍然存在利用土地出让行为来支撑新的融资策略的现象。

第8章　研究结论及政策建议

8.1　讨论与研究结论

2013 年 11 月 12 日，党的十八届三中全会通过《中共中央关于全面深化改革若干重大问题的决定》拉开了我国全面深化改革的大幕。随后我国新一轮财税、融资和土地制度改革深入推进，地方政府土地财政和融资赖以生存的制度环境正在发生深刻变化。随着"后土地财政"时期的到来，地方政府土地财政和融资赖以生存的制度环境发生了哪些重要变化，地方政府会进行怎样的土地财政和融资策略选择，地方政府的土地行为又将产生怎样的响应？这些问题成为"后土地财政"时期亟待研究的问题。对这些问题的研究，有助于揭示"后土地财政"时期地方政府土地财政和融资策略新机制；对于进一步完善财税、融资体系与土地制度，优化土地财政和融资策略，规范地方政府土地财政融资行为和土地行为具有重要的现实指导意义。

本书在新制度主义"制度—行为"分析范式的基础上，构建"制度变化—土地财政和融资策略选择—土地行为响应"的分析框架，分析"后土地财政"时期的制度变化对地方政府土地财政和融资策略选择的影响，进而分析地方政府土地行为响应。本书按照该框架的逻辑顺序设置三个研究内容：内容一，界定"后土地财政"的内涵与起始点，并分析地方政府土地财政和融资赖以生存的制度环境发生了哪些重要变化（第 3 章和第 4 章）；内容二，分析制度变化对地方政府土地财政和融资策略选择的影响（第 5 章和第 6 章）；内容三，分析地方政府土地财政和融资策略变化下土地行为响应（第 7 章）。

8.1.1　讨论

第 5 章和第 6 章的研究结果显示，在"后土地财政"时期，地方政府土地财政和融资策略逐渐弱化对土地的直接依赖，即弱化土地直接相关的土地财政和第一阶段土地融资（城投债），而强化对规范的融资模式的依赖，即第二阶段的土地融资（地方政府债券）和新型融资（主要为PPP），说明地方政府在利用可控的资源进行财政和融资策略选择过程中，正在从利用土地资源向利用金融资源转变。第一，这种策略转变与我国转型时期从"强财政、弱金融"向"弱财政、强金融"转变的大制度背景相符，是这种转变的一个缩影。金融是现代经济的核心，西方成熟市场经济国家的金融资源利用比较充分、财政和金融有明确的法律界限，而我国对于金融资源的利用仍然处于起步阶段、财政和金融"不分家"。国家的政策制度正在发生变化，引导、激励地方政府向金融策略转变，并且有意识推进摆脱对土地财政的依赖，并划清土地财政与融资之间的界限，这符合市场经济规律，也符合我国当前的社会发展阶段。第二，这符合本书理论分析框架（第2章）中提到的，在分析制度对行动者产生的激励和约束的同时，需要考虑制度环境赋予地方政府可控制和利用的资源，因为如果缺少行动资源，即使具有理性经济人特性的地方政府明确自己的目标与偏好亦不能将其实现。第三，金融是一种资源，是一种稀缺资源，是一个国家最基本的战略资源（白钦先，1999；杨涤，2011），地方政府甚至在争夺金融资源上开展竞争（Li and Xiong，2019；Wang et al.，2020；Zhou et al.，2019；Yu et al.，2016）。我国的金融体系以国有银行为主导，地方政府可以对国有商业银行的地方分支机构进行控制和干预。

第7章的研究结果显示，地方政府虽然逐渐摒弃了直接依赖土地资源的土地财政和融资策略，但是其选择的规范融资行为仍然会引起具体的土地行为响应，即土地出让仍然是支撑地方政府新的融资策略的重要手段。换言之，虽然地方政府正在从利用土地资源向金融资源转变，然而由于长期以来地方政府对土地财政和融资行为存在路径依赖，当前阶段，并不能完全放弃土地资源。地方政府转向新机制过程中，一旦前者机制仍然可以使用，其转向新机制的意愿就会降低，若新的模式无法建立，只能转回到旧模式（刘守英，2017）。本书的研究结果与刘守英（2017）的观点是一致的，第7章的研究结果显示，"后土地财政"时期制度变化下地方政府倾向于选择规范的发债融资策略，但是土地对于地方政府新的融资策略仍然具有不可忽略的作用。

归纳第5章、第6章和第7章的研究结果，本书认为"后土地财政"时期地方政府土地财政和融资策略的新机制是，弱化利用土地直接"生财"和"融资"的策略，强化依靠有限的土地撬动更多金融和社会资本的规范发债融资策略。

　　这种策略变化是地方政府土地财政和融资策略换挡的过程，是地方政府从利用土地资源向金融资源转变，又不能完全依赖金融资源而放弃土地资源的必要过程。虽然地方政府土地财政和融资策略产生了变化，更加倾向于地方政府债券和 PPP 融资模式，但土地的作用仍然举足轻重。从土地对我国城市建设的历史贡献来看，土地是城市融资最有效的信用基础、是我国城市建设飞速发展的重要工具，在过去的二三十年里扮演重要的融资角色。地方政府对土地形成了一定程度的路径依赖，很难将土地的财政、融资功能"一刀切"地剥离掉。土地的财政和融资角色正在逐渐从台前、直接的土地财政和融资，走向相对间接方式进行融资，利用土地支撑发行规范、主流的政府债券和撬动社会资本。这是一个循序渐进地摆脱对土地依赖的过程，避免了改革的硬着陆。

　　值得指出的是，"后土地财政"时期，地方政府倾向减少直接依靠土地的生财和融资策略，转向规范的融资策略，而规范的融资策略又需要土地出让行为支撑，这个机制并不矛盾。因为土地行为的作用发生了转变，从直接依靠土地并且与土地规模直接相关的生财和融资，转向依靠有限的土地撬动更多金融和社会资本。地方政府转向规范的融资模式（地方政府债券和 PPP 融资），但却依赖土地出让支撑，相对于单一的土地出让收入有更高的资金获取效率，财政风险也相对降低。中央政策文件明确规定地方政府债券可以利用一般公共预算收入和土地出让金进行偿还；PPP 项目地方政府与社会资本的股权出资规模比值约为 1∶4，股权出资的规模和银行信贷的规模之比大致也为 1∶4，说明对于地方政府而言，PPP 项目可以利用政府资金和信用撬动更多社会资本（汪峰等，2019）。

8.1.2　研究结论

　　基于前述研究结果与讨论，本书得出以下研究结论。

　　第一，本书认为"后土地财政"时期的起始点为 2012 年。在"后土地财政"时期，与土地财政和融资紧密相关的财税、土地和融资制度发生了显著变化，这些制度变化主要包括：导致财政压力进一步增大的"营改增"；新《预算法》为标志的建立全口径、全面规范、公开透明的预算制度改革；新《预算法》为标志的剥离融资平台为地方政府融资发债的功能、允许地方政府自主发行债券并鼓励支持政府和社会资本合作融资的融资制度改革；加强节约集约利用、地方政府面临新增建设用地指标约束压力增大的土地制度变化以及完善土地征收、建立集体经营性建设用地入市制度的"三块地"改革。

第二，"后土地财政"时期，制度变化导致地方政府土地财政和融资策略发生了改变。地方政府土地财政的行为逐渐减少，其土地融资的行为从第一阶段依赖融资平台发行城投债的融资方式向第二阶段依赖地方政府直接发行债券的融资方式转变，并且存在明显的转向更市场化的新型融资模式（例如 PPP）的趋势；换言之，"后土地财政"时期，地方政府土地财政和融资策略选择是逐渐摒弃与土地直接相关的土地财政和第一阶段土地融资行为，而转向更加规范的融资行为。

第三，在新的土地财政和融资策略选择下，尤其地方政府转向更加规范的融资策略下，地方政府存在显著的土地行为响应。地方政府虽然逐渐摒弃了直接依赖土地资源的土地财政和融资行为，转向更加规范的、依靠地方政府债券和 PPP 模式的融资行为，但是其选择的规范融资行为仍然会引起具体的土地行为响应，即土地出让仍然是支撑地方政府新的融资策略的重要手段。

第四，"后土地财政"时期，地方政府土地财政和融资策略的新机制是，弱化利用土地直接融资的策略，强化依靠有限的土地撬动更多金融和社会资本的规范发债融资策略。

8.2 政策建议

为完善财政、融资与土地制度，优化地方政府财政和融资策略选择和规范地方政府财税、融资和土地行为，根据本书的研究结论，提出如下政策建议。

第一，鉴于地方政府的土地财政和融资策略发生变化的一个重要影响因素是地方政府的财政压力增大。因此，在探索新型财政、融资模式的同时，需要加强地方政府稳定税源的制度体系构建。

本书发现导致地方政府财政压力增大的"营改增"是影响地方政府土地财政和融资策略选择的一个重要因素。无论是土地财政、土地融资还是新型融资模式，都是寻找经济建设资金来源、缓解当前面临的资金短缺压力，尤其是缓解基础设施建设支出的压力（李升，2019；汪峰等，2019）。这些模式都有一个共同的特点，就是始终处于"摸着石头过河"的状态，从最初的土地财政、到两个阶段的土地融资、再到新型融资模式都是在不断探索，寻找缓解财政困境、保障经济建设支出的过程。这些不断探索的新模式，存在很多不确定性，也存在较大的风险（李升，2019；赵斌等，2019）。因此，本书认为在探索新型财政、融资模式过程中，需要加强地方政府稳定财源的制度体系构建，比如，培育地方主体税种、提高共享税中地方政府的分成比例等。不仅可以利用新型财政、融资模式获得额外的资金支持我国经济建设，而且通过稳定的财政收入来源使国家整体的财政、金融构架更加稳定、坚固。即使发生一定程度的财政和金融风险，地方政府稳定的税源能够成为地方政府坚强的后盾，抵御一些不确定性的风险。

土地财政在过去的二三十年里一直被作为缓解地方财政压力的重要收入来源，应该客观看待土地财政的历史功效，进一步规范土地财政，保留其财政效用。本书发现新《预算法》是影响地方政府土地财政和融资选择的一个重要因素，从其构建全口径预算体系、加强预算约束和增强财政透明度等方面来看，其对土地财政收入的约束比较明显，地方政府对土地财政收支的自由裁量权逐渐受到约束。按照该改革路径逐渐将土地财政规范化，是一个比较可行的改革方向。既不完全否定土地财政的功效，将其直接否定、全部消除，也不放任其自由发展。将土地财政进一步规范，保留其在特定历史阶段的财政效用。因此，在未来修订《预算法实施条例》过程中，可以将全口径预算体系和财政透明度建设方面的要求进一步细化，加强土地财政的现代预算管理体制建设。

第二，地方政府新的土地财政和融资策略是逐渐摒弃直接依赖土地的生财和融资策略，向规范的发债融资转变，不仅要防范地方政府过度举债融资，而且要给地方政府创造良好的融资条件与环境，使地方政府既不会因为缺乏规范的融资渠道而"剑走偏锋"，也不会因为缺乏监管而"过度融资"。

我国的金融体系以银行为主导，地方政府可以对国有商业银行的地方分支机构进行控制和干预，而我国的融资、金融制度起步相对较晚，机制也不够健全。随着地方政府土地财政和融资策略从利用土地资源向金融资源转变，需要防范地方政府过度举债融资。新《预算法》对地方政府的融资模式影响十分明显。在新《预算法》明确鼓励并支持地方政府债券和 PPP 模式后，两种方式的融资规模均呈现爆发式增长。因此，不仅需要对这两种融资模式加强监管与控制，而且需要不断建立和完善债券和融资的市场化机制，给地方政府更好地利用民营企业资本、社会资本、金融资本创造良好的融资条件与环境。

第三，鉴于地方政府土地财政和融资策略转向规范发债融资过程中，仍然需要用土地撬动金融和社会资本，为了避免回到基于土地的旧模式，需要关闭旧模式的突破口，即改变地方政府对土地一级市场的绝对控制权，并加强规划的权威性、严肃性与法律约束力。

地方政府在新的财政和融资策略选择下，土地出让、出让方式均存在显著行为响应，依然存在利用土地出让行为来支撑融资发债的现象。因此，要从改革土地制度入手，削弱地方政府对土地出让的绝对控制权，使其从创造、经营的干预土地市场模式向服务土地市场的模式转变，降低地方政府在债券发行和新型融资中对土地出让的依赖，厘清发债融资与土地之间关系。例如，可以允许集体建设用地直接入市、严格界定征地的公共利益原则等。2015 年开始试点的"三块地"改革已经对这两方面进行了探索与实践，但是，正如本书研究发现的那样，"三块地"改革对土地财政收入影响尚不明显。很多研究指出虽然制度做了重大改革，但是改革力度并不够，存在流于形式的实操风险（蔡继明，2019；靳相木，2019）。鉴于此，在修订《土地管理法实施条例》时需要加强相关法律条文的可操作性建设，推动实现集体经营性建设用地全面入市与国有建设用地同权同价、实现征地制度改革严格按照公共利益需求缩小征地范围进而实现本轮土地制度改革的本意。

对于地方政府的出让方式偏好来说，这种行为响应有利于土地资源高效利用。但是这种行为偏好很大程度上是由于土地资源的约束，是受建设用地控制指标约束才形成的。由于建设用地受到规划指标约束，为了支撑地方政府债券、撬动社会资本，地方政府在出让建设用地过程中倾向于采取市场化程度更高的、更高效的拍卖出让方式，使有限的土地资源能够尽可能多获得出让金收入，以便于更好地实现土地出让金和地方政府债券以及新型融资模式的组合。显然，建设用地控制指标在改变地方政府土地行为上作用显著。然而，本书的研究结果显示，建设用地控制指标的约束作用从 2014 年开始出现并逐渐增大，与国土资源部（自然资源部）发现地方政府突破规划指标现象严重并强调加强集约节约利用的时间点一致，这意味着只有当建设用地指标面临突破、国家重点关注之时，其约束作用才明显。因此，强化中国土地利用总体规划的权威性、严肃性与法律约束力，更加合理科学地制定各个省、市的规划建设用地指标，并严格执行，可以更有针对性地规范地方政府土地行为。

第四，当前阶段，地方政府土地财政和融资策略处于换挡过程，从依赖土地资源向金融资源转变，但是新的机制尚未完全建立，旧的机制还可以用，地方政府不能完全依赖金融资源而放弃土地资源。因此，在当前转型期，同时利用土地和金融资源，充分发挥我国制度优势，结合地方政府债券和 PPP 融资模式等在很多发达国家比较成熟的融资模式，实现土地与财政、融资的良性互动与循环，是当前换挡期地方政府财政和融资策略很好的一个选择。

长远来看，政策制定者需要聚焦如何划清财政、融资与土地资源的界限，积极拓展、优化、健全土地以外的财政和融资新机制，修改、完善导致地方政府在财政和融资策略上依赖土地的财税、土地和融资制度。在"后土地财政"制度环境下，这一改革横跨土地、财政和金融三大领域，无疑是一场深刻而复杂的制度改革过程，需要进行顶层的宏观设计、法律规则的微观调整，并辅以必要的配套政策安排。

参 考 文 献

［1］白钦先. 白钦先经济金融文集［M］. 北京：中国金融出版社，1999.

［2］白彦锋，乔路. 防范系统性财政风险的财政治理研究［J］. 财政研究，2016（1）.

［3］陈国富，卿志琼. 财政幻觉下的中国土地财政——一个法经济学视角［J］. 南开学报（哲学社会科学版），2009（1）.

［4］陈明. 农村集体经营性建设用地入市改革的评估与展望——兼论农村"三块地"改革的市场化方向［J］. 农业经济问题，2018（4）.

［5］陈茹. 坚瑞沃能财务战略研究［D］. 中国财政科学研究院，2019.

［6］陈瑞，卞洋，齐天翔. 房价波动对地方债规模的影响——基于省级数据的实证研究［J］. 财政研究，2016（6）.

［7］陈晓光. 财政压力、税收征管与地区不平等［J］. 中国社会科学，2016（4）.

［8］陈茵茵. 土地资源配置中政府干预与市场机制研究［J］. 中国土地科学，2008（3）.

［9］陈英楠，黄楚倩，关霭玲. 中国土地财政：概念性框架及规模再估算［J］. 产经评论，2017，8（3）.

［10］陈志刚，王青. 经济增长、市场化改革与土地违法［J］. 中国人口·资源与环境，2013（8）.

［11］陈志敏，张明，司丹. 中国的 PPP 实践：发展、模式、困境与出路［J］. 国际经济评论，2015（4）.

［12］陈志勇，陈莉莉. "土地财政"：困局的破解［J］. 财政监督，2012（7）.

［13］陈志勇，陈莉莉. "土地财政"：缘由与出路［J］. 财政研究，2010（1）.

［14］成涛林. 地方政府融资平台转型发展研究——基于地方债管理新政视角［J］. 现代经济探讨，2015（10）.

［15］崔建远，陈进. 地储备制度的现状与完善［M］. 北京：中国人民大

学出版社，2014.

[16] 党国英. 土地制度对农民的剥夺 [J]. 中国改革，2005 (7).

[17] 邓淑莲，曾军平，郑春荣，朱颖. 中国省级财政透明度评估 (2017) [J]. 上海财经大学学报，2018，20 (3).

[18] 邓淑莲. 财政公开透明：制度障碍及破阻之策——基于对我国省级财政透明度的7年调查和评估 [J]. 探索，2016 (3).

[19] 丁崇泰，孟春，李文. 地方政府融资平台现状、挑战及转型对策 [J]. 经济研究参考，2018 (43).

[20] 杜坤. 地方政府融资平台风险困境与制度突破 [J]. 法论（西南政法大学研究生学报），2014 (28).

[21] 杜雪君，黄忠华，吴次芳. 中国土地财政与经济增长——基于省际面板数据的分析 [J]. 财贸经济，2009 (1).

[22] 杜雪君，黄忠华. 土地财政与耕地保护——基于省际面板数据的因果关系分析 [J]. 自然资源学报，2009 (10).

[23] 范建双，任逸蓉. 违法用地对土地可持续集约利用的影响机制及效应研究 [J]. 中国土地科学，2018 (3).

[24] 范剑勇，莫家伟，张吉鹏. 居住模式与中国城镇化——基于土地供给视角的经验研究 [J]. 中国社会科学，2015 (4).

[25] 方显仓，曹政. 行业融资依赖、地区金融深化与中国制造业出口优势 [J]. 世界经济研究，2018 (8).

[26] 傅勇. 中国式分权、地方财政模式与公共物品供给：理论与实证研究 [D]. 复旦大学，2007.

[27] 高春芽. 理性选择制度主义：方法创新与理论演进 [J]. 理论与改革，2012 (1).

[28] 高金龙，包菁薇，刘彦随，陈江龙. 中国县域土地城镇化的区域差异及其影响因素 [J]. 地理学报，2018，73 (12).

[29] 高培勇，汪德华. 本轮财税体制改革进程评估：2013.11–2016.10 (上) [J]. 财贸经济，2016 (11).

[30] 高培勇. 必须加快推进直接税改革 [J]. 小康：财智，2015 (6).

[31] 高延娜，朱道林，王霞，郑培. 农地征收价格构成与土地增值的关系 [J]. 中国土地科学，2006 (2).

[32] 高燕语，钟太洋. 土地市场对城市建设用地扩张的影响——基于285个城市面板数据的分析 [J]. 资源科学，2016 (11).

[33] 高哲理. 透视城投公司包装发债与再规范 [J]. 地方财政研究, 2017 (11).

[34] 辜胜阻, 刘伟, 庄芹芹. 新《预算法》与地方政府债务风险防控 [J]. 发展, 2015 (1).

[35] 郭峰. 土地资本化和中国地区金融扩张 [J]. 财经研究, 2015, 41 (8).

[36] 郭贯成, 汪勋杰. 财政分权、地方财政赤字与土地财政 [J]. 财经论丛, 2014 (12).

[37] 郭月梅, 欧阳洁. 地方政府财政透明、预算软约束与非税收入增长 [J]. 财政研究, 2017 (7).

[38] 韩鹏飞, 胡奕明. 政府隐性担保定能降低债券的融资成本吗?——关于国有企业和地方融资平台债券的实证研究 [J]. 金融研究, 2015 (3).

[39] 何丹, 吴九兴. 农村集体经营性建设用地入市改革及其影响研究 [J]. 湖北经济学院学报(人文社会科学版), 2020, 17 (1).

[40] 何杨, 满燕云. 地方政府债务融资的风险控制——基于土地财政视角的分析 [J]. 财贸经济, 2012 (5).

[41] 贺蕊莉. 后"土地财政"时代地方财政收入行为风险研究——基于财政社会学的视角 [J]. 农业经济问题, 2011 (1).

[42] 胡恒松, 鲍静海. 地方政府投融资平台转型发展: 指标体系与转型模式 [J]. 金融理论探索, 2017 (6).

[43] 胡深, 吕冰洋. 经济增长目标与土地出让 [J]. 财政研究, 2019 (7).

[44] 黄静, 吴群, 王健. 经济增长、制度环境对地方政府土地财政依赖的影响机理 [J]. 财经论丛, 2017 (12).

[45] 黄贤金. 土地制度的建设与改革 [J]. 群言, 2009 (5).

[46] 黄小虎. 我国土地制度与土地政策的走向——从土地财政和土地金融说起 [J]. 中州学刊, 2012 (2).

[47] 黄忠华, 杜雪君. 土地资源错配研究综述 [J]. 中国土地科学, 2014 (8).

[48] 贾点点. 中国"土地财政"性质及历史作用的政治经济学研究 [J]. 政治经济学评论, 2018, 9 (5).

[49] 贾俊雪, 李紫霄, 秦聪. 社会保障与经济增长: 基于拟自然实验的分析 [J]. 中国工业经济, 2018 (11).

[50] 贾康, 梁季. 市场化、城镇化联袂演绎的"土地财政"与土地制度

变革 [J]. 改革, 2015 (5).

[51] 贾康, 刘微. "土地财政": 分析及出路——在深化财税改革中构建合理、规范、可持续的地方"土地生财"机制 [J]. 财政研究, 2012 (1).

[52] 贾康, 孙洁. 公私合作伙伴机制: 新型城镇化投融资的模式创新 [J]. 中共中央党校学报, 2014, 18 (1).

[53] 贾康. 我国财政体制改革的简要回顾与分析评价 [J]. 河南财政税务高等专科学校学报, 2000 (1).

[54] 蒋省三, 刘守英, 李青. 土地制度改革与国民经济成长 [J]. 管理世界, 2007 (9).

[55] 蒋震. 工业化水平、地方政府努力与土地财政: 对中国土地财政的一个分析视角 [J]. 中国工业经济, 2014b (10).

[56] 蒋震. 土地财政问题再思考——"消费补贴投资"的工业化和城镇化发展模式 [J]. 经济理论与经济管理, 2014 (8).

[57] 金浩然, 马萍萍, 戚伟, 刘盛和. 城市规划和土地规划对城市建设用地扩张的影响研究 [J]. 干旱区资源与环境, 2017, 31 (7).

[58] 靳相木, 丁静. 土地出让制度改革的三个视角及其综合 [J]. 农业经济问题, 2010 (10).

[59] 孔祥智. 宅基地改革: 政策沿革和发展方向 [J]. 农村金融研究, 2018 (11).

[60] 雷根强, 钱日帆. 土地财政对房地产开发投资与商品房销售价格的影响分析——来自中国地级市面板数据的经验证据 [J]. 财贸经济, 2014 (10).

[61] 雷霞. PPP 模式在政府债务危机中的应用研究 [J]. 安徽农业大学学报 (社会科学版), 2016, 25 (4).

[62] 雷潇雨, 龚六堂. 基于土地出让的工业化与城镇化 [J]. 管理世界, 2014 (9).

[63] 黎东升, 刘小乐. 我国农村土地流转创新机制研究——基于政府干预信息披露的博弈分析 [J]. 农村经济, 2016 (2).

[64] 李承怡. 预算软约束下地方政府财政支出竞争策略的空间经济效应 [J]. 经济地理, 2019, 39 (9).

[65] 李经纬. 新预算法及其配套政策法规实施背景下的地方融资平台转型与发展 [J]. 中央财经大学学报, 2015 (2).

[66] 李敬涛, 陈志斌. 财政透明、晋升激励与公共服务满意度——基于

中国市级面板数据的经验证据［J］. 现代财经（天津财经大学学报），2015，35（7）.

［67］李祺. 后土地财政时代新型城镇化融资代偿机制再思考［J］. 理论学刊，2015（6）.

［68］李蕊. 论我国地方政府融资平台公司二维治理进路［J］. 法商研究，2016，33（2）.

［69］李尚蒲，罗必良. 我国土地财政规模估算［J］. 中央财经大学学报，2010（5）.

［70］李尚蒲，罗必良，何勤英. 土地市场化是否推动城投债发行？［J］. 经济评论，2017（4）.

［71］李升. 地方政府投融资方式的选择与地方政府债务风险［J］. 中央财经大学学报，2019（2）.

［72］李学文，卢新海. 经济增长背景下的土地财政与土地出让行为分析［J］. 中国土地科学，2012，26（8）.

［73］李艳虹. 城市土地储备制度与政府干预［J］. 生产力研究，2004（9）.

［74］李永乐，吴群. 中国式分权与城市扩张：基于公地悲剧的解释［J］. 南京农业大学学报（社会科学版），2013（1）.

［75］李月军. 以行动者为中心的制度主义——基于转型政治体系的思考［J］. 公共管理学报，2007（3）.

［76］刘德炳. 地方债重压，土地财政撑不住了［J］. 中国经济周刊，2013（24）.

［77］刘德炳. 哪个省更依赖土地财政？本刊首次发布23个省份"土地财政依赖度"排名报告［J］. 中国经济周刊，2014（14）.

［78］刘红梅，张志斌，王克强. 我国土地财政收入研究综述［J］. 开发研究，2008（1）.

［79］刘佳. 地方政府财政透明对支出结构的影响——基于中国省级面板数据的实证分析［J］. 中南财经政法大学学报，2015（1）.

［80］刘凯. 中国特色的土地制度如何影响中国经济增长——基于多部门动态一般均衡框架的分析［J］. 中国工业经济，2018（10）.

［81］刘梅. 新《预算法》背景下地方政府债务治理思路和策略［J］. 西南民族大学学报（人文社科版），2016，37（10）.

［82］刘明慧，党立斌. 后"土地财政"形成机制与收入结构配置［J］.

地方财政研究，2014（5）.

［83］刘瑞明，赵仁杰．国家高新区推动了地区经济发展吗？——基于双重差分方法的验证［J］．管理世界，2015（8）.

［84］刘尚希．中国财政风险的制度特征："风险大锅饭"［J］．管理世界，2004（5）.

［85］刘守英，蒋省三．土地融资与财政和金融风险——来自东部一个发达地区的个案［J］．中国土地科学，2005（5）.

［86］刘守英．农村"三块地"试点与土地制度改革的可能路径［J］．中国人民大学学报，2019，33（1）.

［87］刘守英．土地制度变革与经济结构转型——对中国40年发展经验的一个经济解释［J］．中国土地科学，2018（1）.

［88］刘守英．中国土地制度改革：上半程及下半程［J］．国际经济评论，2017（5）.

［89］刘小鲁．中国城乡居民医疗保险与医疗服务利用水平的经验研究［J］．世界经济，2017（3）.

［90］刘笑霞．论我国政府财务报告制度的构建——基于财政透明度的考察［J］．当代财经，2007（2）.

［91］刘元春，陈金至．土地制度、融资模式与中国特色工业化［J］．中国工业经济，2020（3）.

［92］龙小宁，朱艳丽，蔡伟贤，李少民．基于空间计量模型的中国县级政府间税收竞争的实证分析［J］．经济研究，2014（8）.

［93］娄成武，王玉波．中国土地财政中的地方政府行为与负效应研究［J］．中国软科学，2013（6）.

［94］娄洪，杨光，谢斐．更好发挥地方政府专项债券的作用［J］．债券，2019（8）.

［95］卢真，莫松奇．财政透明度的提升能抑制"土地财政"的规模吗？［J］．当代经济科学，2020，42（1）.

［96］鲁博顿·里克，切特·道夫．新制度经济学：一个交易费用分析范式［M］．姜建强，罗长远，译．上海：上海人民出版社，2012.

［97］陆铭．地方政府债务：去杠杆的关键与长期方略［J］．开放导报，2016（4）.

［98］罗双双．我国PPP模式中的民营企业参与度及其影响因素研究［D］．华东理工大学，2019.

[99] 骆祖春. 中国土地财政问题研究 [D]. 南京大学, 2012.

[100] 吕萍, 于璐源, 丁富军. 集体经营性建设用地入市模式及其市场定位分析 [J]. 农村经济, 2018 (7).

[101] 吕炜, 许宏伟. 土地财政的经济影响及其后续风险应对 [J]. 经济社会体制比较, 2012 (6).

[102] 吕晓, 黄贤金, 钟太洋, 张全景. 土地利用规划对建设用地扩张的管控效果分析——基于一致性与有效性的复合视角 [J]. 自然资源学报, 2015 (2).

[103] 马德隆, 李玉涛. 城市轨道交通 PPP 与土地联动开发研究——现状、制约因素与实施思路 [J]. 中国软科学, 2018 (8).

[104] 马九杰, 亓浩. 土地一级市场垄断、土地财政的形成与动态变化——基于土地储备制度建立的准实验研究 [J]. 中国土地科学, 2019, 33 (8).

[105] 马亮. 信息公开、行政问责与政府廉洁: 来自中国城市的实证研究 [J]. 经济社会体制比较, 2014 (4).

[106] 马贤磊, 曲福田. 经济转型期土地征收增值收益形成机理及其分配 [J]. 中国土地科学, 2006, 20 (5).

[107] 满燕云. "土地财政" 难题求解 [J]. 中国改革, 2010 (8).

[108] 毛捷, 徐军伟. 中国地方政府债务问题研究的现实基础——制度变迁、统计方法与重要事实 [J]. 财政研究, 2019 (1).

[109] 毛振华, 袁海霞, 刘心荷, 王秋凤, 汪苑晖. 当前我国地方政府债务风险与融资平台转型分析 [J]. 财政科学, 2018 (5).

[110] 孟巍, 吴粤. PPP 模式缓解了地方政府财政压力吗——基于中国地级市数据的经验研究 [J]. 贵州财经大学学报, 2019 (1).

[111] 缪小林, 伏润民. 地方政府债务风险的内涵与生成: 一个文献综述及权责时空分离下的思考 [J]. 经济学家, 2013 (8).

[112] 宁婷. 农村集体经营性建设用地入市对土地财政的影响思考 [J]. 住宅与房地产, 2020 (3).

[113] 庞保庆, 陈硕. 央地财政格局下的地方政府债务成因、规模及风险 [J]. 经济社会体制比较, 2015 (5).

[114] 裴俊巍. PPP 社会资本选择的三个鲜明特点 [N]. 中国政府采购报, 2016 - 04 - 01.

[115] 彭山桂, 汪应宏, 陈晨, 王健, 雷刚, 吴先华. 山东省工业用地规模合理性及扩张驱动力分析 [J]. 资源科学, 2016 (2).

[116] 彭山桂，汪应宏，陈晨，魏海霞，王健，毋晓蕾. 地方政府工业用地低价出让行为经济合理性分析——基于广东省地级市层面的实证研究 [J]. 自然资源学报，2015 (7).

[117] 钱忠好，牟燕. 征地制度、土地财政与中国土地市场化改革 [J]. 农业经济问题，2015 (8).

[118] 钱忠好，牟燕. 中国土地市场化改革：制度变迁及其特征分析 [J]. 农业经济问题，2013 (5).

[119] 钱忠好，曲福田. 中国土地征用制度：反思与改革 [J]. 中国土地科学，2004 (5).

[120] 曲福田，吴郁玲. 土地市场发育与土地利用集约度的理论与实证研究——以江苏省开发区为例 [J]. 自然资源学报，2007，22 (3).

[121] 饶映雪，戴德艺. 工业用地供给对工业经济增长的影响研究 [J]. 管理世界，2016 (2).

[122] 上官泽明，牛富荣. 新《预算法》实施对地方财政透明度的影响——基于我国省级面板数据的分析 [J]. 当代财经，2020 (1).

[123] 邵文娉. 对国有企业作为社会资本参与PPP的几点思考 [J]. 财政监督，2018 (16).

[124] 沈荣华，王扩建. 制度变迁中地方核心行动者的行动空间拓展与行为异化 [J]. 南京师大学报（社会科学版），2011 (1).

[125] 沈中文. 社会资本参与PPP项目的主要问题及建议 [J]. 金融经济，2017 (4).

[126] 师展. 地方政府土地出让行为及其市场影响研究 [D]. 清华大学，2012.

[127] 宋昕. 房地产价格波动对地方债务风险的影响研究——以广东省为例 [J]. 价格理论与实践，2017 (8).

[128] 孙超. 土地财政、地方政府债务与宏观经济可持续发展研究——基于地方政府公共选择的视角 [J]. 财政监督，2019 (5).

[129] 孙磊. 新预算法与我国新一轮财税体制改革 [J]. 宏观经济研究，2015 (2).

[130] 孙少芹，邢戬. 后土地财政时期地方政府财政收入问题研究 [J]. 改革与开放，2012 (14).

[131] 谭荣. 征收和出让土地中政府干预对土地配置效率影响的定量研究 [J]. 中国土地科学，2010 (8).

［132］唐鹏，石晓平，曲福田．政府管制、土地违法与土地财政［J］．中国土地科学，2018（7）．

［133］唐鹏，周来友，石晓平．地方政府对土地财政依赖的影响因素研究——基于中国 1998～2010 年的省际面板数据分析［J］．资源科学，2014（7）．

［134］唐鹏．土地财政收入形成及与地方财政支出偏好的关系研究［D］．南京农业大学，2014．

［135］唐瑞亭．浅谈新预算法的出台［J］．现代商业，2014（29）．

［136］陶然，袁飞，曹广忠．区域竞争、土地出让与地方财政效应：基于 1999～2003 年中国地级城市面板数据的分析［J］．世界经济，2007（10）．

［137］田新民，夏诗园．地方政府债务风险影响研究——基于土地财政和房地产价格的视角［J］．山西财经大学学报，2017，39（6）．

［138］汪冲．政府间转移支付、预算软约束与地区外溢［J］．财经研究，2014，40（8）．

［139］汪德华．关于提高成品油消费税的两个问题［J］．中国财政，2015（5）．

［140］汪峰，陈冰玉，林小燕．"以地融资"：土地财政在地方 PPP 融资中的价值分析［J］．商业研究，2019（9）．

［141］汪利娜．我国土地财政的不可持续性［J］．经济研究参考，2009（42）．

［142］汪利娜．政府土地收益主要来源、规模下的央地利益博弈［J］．改革，2014（4）．

［143］王蓓．后土地财政时期地方债务风险向金融风险传导及化解对策研究［J］．当代经济管理，2013，35（7）．

［144］王朝才，赵斌．我国地方政府债务管理的历史观照、现况解析及政策应对［J］．地方财政研究，2018（8）．

［145］王健，黄静，吴群．"营改增"下的土地财政：建设用地规划指标的约束［J］．财经研究，2019a，45（6）．

［146］王健，彭山桂，王鹏，吴群．中国城市新增建设用地扩张：基于策略互动视角分析［J］．中国土地科学，2019，33（10）．

［147］王健，汪应宏，陈晨，单林春，彭山桂，魏海霞．地方政府竞争对城市用地扩张的传导机制研究——以广东省为例［J］．资源科学，2015（2）．

［148］王健，王鹏，彭山桂，张勇，吴群．地方政府新增建设用地出让

互动影响及区域差异 [J]. 资源科学, 2019, 41 (11).

[149] 王健, 吴群, 彭山桂, 李永乐. "营改增"是否影响了地方政府土地财政收入 [J]. 财贸研究, 2017 (12).

[150] 王健, 严思齐, 吴群. 基于"营改增"视角的地方政府商住用地出让行为研究 [J]. 当代财经, 2018 (11).

[151] 王蒋姜. 我国地方政府融资平台转型路径研究 [D]. 中国财政科学研究院, 2019.

[152] 王俊豪. 浙江省民营企业参与 PPP 面临的隐性壁垒与对策建议 [J]. 决策咨询, 2017 (4).

[153] 王克强, 胡海生, 刘红梅. 中国地方土地财政收入增长影响因素实证研究——基于 1995—2008 年中国省际面板数据的分析 [J]. 财经研究, 2012 (4).

[154] 王立勇, 王申令. 强化预算约束是否降低了财政政策波动性? [J]. 中央财经大学学报, 2019 (10).

[155] 王梅婷, 张清勇. 财政分权、晋升激励与差异化土地出让——基于地级市面板数据的实证研究 [J]. 中央财经大学学报, 2017 (1).

[156] 王瑞民, 刘守英. 农村"三块地"抵押: 政策与实施 [J]. 团结, 2018 (4).

[157] 王万茂. 土地资源管理学 [M]. 北京: 高等教育出版社, 2003.

[158] 王万茂, 王群. 土地利用规划中不确定性的识别和处理研究 [J]. 中国人口·资源与环境, 2011, 21 (10).

[159] 王贤彬, 张莉, 徐现祥. 地方政府土地出让、基础设施投资与地方经济增长 [J]. 中国工业经济, 2014 (7).

[160] 王星月, 吴九兴. 农村集体建设用地入市及其对土地财政的影响 [J]. 上海国土资源, 2016 (4).

[161] 王学人. 我国民间资本难以进入垄断行业的原因及对策研究 [J]. 经济体制改革, 2011 (5).

[162] 王彦博, 沈体雁. 工业用地与商住用地价格结构性偏离现象研究 [J]. 价格理论与实践, 2018 (2).

[163] 王玉波. "后土地财政时代"地方政府角色转变与公共财政体系重构 [J]. 改革, 2013 (2).

[164] 王玉波. 基于地域差异的后土地财政时期有效过渡研究 [J]. 中国土地科学, 2014 (4).

［165］王玉波．农村建设用地入市影响土地财政区域效应［J］．经济地理，2016，36（5）．

［166］王玉波．土地财政对城市化的正负效应［J］．同济大学学报（社会科学版），2013，24（4）．

［167］王媛，杨广亮．为经济增长而干预：地方政府的土地出让策略分析［J］．管理世界，2016（5）．

［168］王志凯．中国地方政府性债务可持续管理的创新［J］．南京社会科学，2016（2）．

［169］温来成，马昀．财政透明度与地方政府融资成本——来自2015年《预算法》实施的证据［J］．地方财政研究，2019（12）．

［170］文雁兵．"土地财政"被误解了吗——基于扩张原因与福利结果的重新考察［J］．经济理论与经济管理，2015（11）．

［171］吴灿燕，陈多长．浙江省土地财政问题实证研究［J］．财经论丛，2009（3）．

［172］吴明．新预算法下地方债务管理的国际对比与经验借鉴［J］．浙江金融，2015（12）．

［173］吴群，曹春艳．分税制下地方政府增值税偏好对工业用地供给的影响——基于全国35个大城市的实证［J］．求索，2015b（11）．

［174］吴群，曹春艳．税收偏好与我国城市用地结构演变——基于35个大城市的实证［J］．东南学术，2015（6）．

［175］吴群，李永乐，曹春艳．财政分权、地方政府偏好与城市土地利用［M］．北京：科学出版社，2015．

［176］吴群，李永乐．财政分权、地方政府竞争与土地财政［J］．财贸经济，2010（7）．

［177］吴宇哲．基于博弈论的区域工业地价均衡分析及管理策略研究［J］．浙江大学学报（人文社会科学版），2007，37（4）．

［178］习近平．以自我革命精神推进改革［N］．新华社，2016-10-12．

［179］夏博．推动政府和社会资本合作（PPP）项目落地实施的路径依赖：理论、政策和微观案例［J］．经济研究参考，2019（15）．

［180］向辉，俞乔．债务限额、土地财政与地方政府隐性债务［J］．财政研究，2020（3）．

［181］谢保鹏．基于土地财政的地方政府债务研究：规模、风险及其传导［D］．中国农业大学，2017．

[182] 谢冬水. 土地供给干预与城乡收入差距——基于中国 105 个城市的面板数据 [J]. 经济科学, 2018 (3).

[183] 辛昱辰. "后土地财政" 时期地方政府负债风险与对策研究 [J]. 桂海论丛, 2014 (3).

[184] 徐博, 岳永兵, 黄洁. "三块地" 改革先理顺利益关系——对部分地区农村土地制度改革实践的调研与分析 [J]. 中国土地, 2015 (2).

[185] 徐进, 张明. 运用 PPP 模式盘活存量资产研究 [J]. 财政科学, 2019 (9).

[186] 徐磊. 中国 PPP 项目分布的多维度差异及其动因研究 [D]. 浙江大学, 2019.

[187] 徐鹏程. 新常态下地方投融资平台转型发展及对策建议 [J]. 管理世界, 2017 (8).

[188] 徐现祥, 王贤彬. 晋升激励与经济增长: 来自中国省级官员的证据 [J]. 世界经济, 2010 (2).

[189] 徐玉德, 魏星宇, 李化龙. 我国 PPP 发展制约因素分析与政策建议 [J]. 地方财政研究, 2019 (4).

[190] 薛慧光. 中国式分权对地方政府土地出让行为的影响研究 [D]. 南京农业大学, 2012.

[191] 闫衍, 袁海霞, 汪苑晖. 补短板专项债加速发行, 稳增长基建托底经济——地方政府债券撬动投资规模的测算及展望 [J]. 财政科学, 2019 (6).

[192] 严金海. 土地供给管制与城市住房用地供给错配——基于 2009~2015 年中国城市面板数据的分析 [J]. 中国土地科学, 2018 (6).

[193] 严金明, 陈昊, 夏方舟. 深化农村 "三块地" 改革: 问题、要义和取向 [J]. 改革, 2018 (5).

[194] 阎坤, 张立承. 中国县乡财政困境分析与对策研究 [J]. 经济研究参考, 2003 (90).

[195] 杨涤. 金融资源配置论 [M]. 北京: 中国金融出版社, 2011.

[196] 杨翟婷, 王金秀. 国家审计监督、财政透明度与地方预决算偏离 [J]. 现代经济探讨, 2020 (2).

[197] 杨继东, 杨其静. 保增长压力、刺激计划与工业用地出让 [J]. 经济研究, 2016 (1).

[198] 杨继东, 杨其静, 刘凯. 以地融资与债务增长——基于地级市面

板数据的经验研究 [J]. 财贸经济, 2018 (2).

[199] 杨林, 刘春仙. 后土地财政时代提高我国城镇化建设可持续性对策研究 [J]. 地方财政研究, 2014 (5).

[200] 杨其静, 卓品, 杨继东. 工业用地出让与引资质量底线竞争——基于 2007~2011 年中国地级市面板数据的经验研究 [J]. 管理世界, 2014 (11).

[201] 杨旭. 中国渐进改革中的金融控制——基于金融史视角 [M]. 北京: 经济科学出版社, 2012.

[202] 杨圆圆. "土地财政" 规模估算及影响因素研究 [J]. 财贸经济, 2010 (10).

[203] 叶涵. 新《预算法》与地方政府债券: 开放的必要性与未来改革展望 [J]. 中国总会计师, 2015 (5).

[204] 叶剑平. 后土地财政时期或将到来 [J]. 中国地产市场, 2012 (1).

[205] 叶托. 中国地方政府行为选择研究——基于制度逻辑的分析框架 [D]. 浙江大学, 2012.

[206] 余逢伯. 新常态下 PPP 模式的机遇、挑战与对策 [J]. 金融论坛, 2015, 20 (8).

[207] 余靖雯, 王敏, 郭凯明. 土地财政还是土地金融? ——地方政府基础设施建设融资模式研究 [J]. 经济科学, 2019 (1).

[208] 郁建兴, 高翔. 地方发展型政府的行为逻辑及制度基础 [J]. 中国社会科学, 2012 (5).

[209] 袁诚, 陆晓天, 杨骁. 地方自有财力对交通设施类 PPP 项目实施的影响 [J]. 财政研究, 2017 (6).

[210] 袁伟鹏. 财政缺口压力、土地出让与地方政府债务 [D]. 浙江财经大学, 2019.

[211] 袁彦娟, 程肖宁. 我国地方政府专项债券发展现状、问题及建议 [J]. 华北金融, 2019 (11).

[212] 岳红举, 单飞跃. 政府性基金预算与一般公共预算统筹衔接的法治化路径 [J]. 财政研究, 2018 (1).

[213] 曾莉, 罗双双. 我国 PPP 实践中民营企业参与度及其影响因素研究——基于 731 个县域样本的实证分析 [J]. 软科学, 2020, 34 (2).

[214] 湛栩鸥. 土地储备融资法律制度的完善 [D]. 广西大学, 2019.

[215] 张曾莲，严秋斯. 土地财政、预算软约束与地方政府债务规模 [J]. 中国土地科学，2018，32（5）.

[216] 张莉，高元骅，徐现祥. 政企合谋下的土地出让 [J]. 管理世界，2013（12）.

[217] 张莉，李舒雯，杨轶轲. 新中国 70 年城市化与土地制度变迁 [J]. 宏观质量研究，2019，7（2）.

[218] 张莉，年永威，刘京军. 土地市场波动与地方债——以城投债为例 [J]. 经济学（季刊），2018（3）.

[219] 张莉，王贤彬，徐现祥. 财政激励、晋升激励与地方官员的土地出让行为 [J]. 中国工业经济，2011（4）.

[220] 张莉，魏鹤翀，欧德赟. 以地融资、地方债务与杠杆——地方融资平台的土地抵押分析 [J]. 金融研究，2019（3）.

[221] 张莉，徐现祥，王贤彬. 地方官员合谋与土地违法 [J]. 世界经济，2011（3）.

[222] 张牧扬，卢小琴，汪峰. 地方财政能够承受起 PPP 项目财政支出责任吗？——基于 2010～2018 年 PPP 项目的分析 [J]. 财政研究，2019（8）.

[223] 张平. "后土地财政时代"我国地方政府财政可持续性实证研究 [J]. 经济体制改革，2013（2）.

[224] 张平. 地方基础设施建设引入公私合作模式的困境及突破路径 [J]. 经济纵横，2015（4）.

[225] 张平. 后土地财政时代我国地方政府偿债问题研究 [J]. 当代财经，2013（1）.

[226] 张琦. 财科院 PPP 沙龙第五期："土地资源在 PPP 项目中的运用"专家观点摘录 [J]. 财政科学，2018（9）.

[227] 张蕊. 预算软约束真的会降低地方政府整体财政努力程度吗 [J]. 当代财经，2017（6）.

[228] 张少辉，余泳泽. 土地出让、资源错配与全要素生产率 [J]. 财经研究，2019，45（2）.

[229] 张婷，郎晓娟. 城镇化过程中土地冲突暴发诱因及根源探析 [J]. 现代农业科技，2017（15）.

[230] 张先锋，王敏. 地方政府差异性土地出让策略对全要素生产率作用机制研究 [J]. 地方财政研究，2016（1）.

[231] 张延，赵艳朋．预算软约束与我国地方政府债务 [J]．经济问题探索，2016 (4)．

[232] 张誉琼．基于土地储备视角的土地财政治理研究 [D]．南京航空航天大学，2015．

[233] 张月玲，郝梓秀．新《预算法》、地方政府债务与 PPP 模式 [J]．行政事业资产与财务，2017 (28)．

[234] 张占录．构建多要素土地拍卖模式探讨——基于改革土地出让制度抑制高房价角度的分析 [J]．价格理论与实践，2011 (5)．

[235] 章和杰，沈佳．土地财政与地方政府债务的实证研究——基于省际面板数据的分析 [J]．上海管理科学，2019，41 (3)．

[236] 章瑞．土地出让金收入使用及管理规范问题研究 [D]．山东农业大学，2016．

[237] 赵爱栋，马贤磊，曲福田．市场化改革能提高中国工业用地利用效率吗？[J]．中国人口·资源与环境，2016，26 (3)．

[238] 赵斌，王朝才，柯飋．改革开放以来中国地方政府举债融资演变 [J]．地方财政研究，2019 (4)．

[239] 赵扶扬，王忏，龚六堂．土地财政与中国经济波动 [J]．经济研究，2017 (12)．

[240] 赵海娇．全口径预算下土地出让收支管理制度的路径探析 [J]．唐山师范学院学报，2016 (1)．

[241] 赵合云．"土地财政"的生成机制：一个逆向软预算约束理论的分析框架 [J]．财政研究，2011 (10)．

[242] 赵琦．地市级投融资平台公司剥离政府融资职能后转型路径探索 [J]．地方财政研究，2016 (6)．

[243] 赵文哲，杨继东．地方政府财政缺口与土地出让方式——基于地方政府与国有企业互利行为的解释 [J]．管理世界，2015 (4)．

[244] 赵娅．中国经营性土地使用权招拍挂出让机制的理论和实证研究 [D]．上海交通大学，2013．

[245] 赵燕菁．是"土地金融"还是"土地财政"？——改革的增长逻辑与新时期的转型风险 [J]．文化纵横，2019 (2)．

[246] 赵燕菁．为什么说"土地财政"是"伟大的制度创新"？[J]．城市发展研究，2019，26 (4)．

[247] 赵燕菁，宋涛．从土地金融到土地财政 [J]．财会月刊，2019

(8).

[248] 郑思齐，孙伟增，吴璟，武赟."以地生财，以财养地"——中国特色城市建设投融资模式研究 [J]. 经济研究，2014 (8).

[249] 郑颖昊. 新政下地方政府债发行的现状与问题研究 [J]. 技术经济与管理研究，2015 (12).

[250] 郑子龙. 政府治理与 PPP 项目投资：来自发展中国家面板数据的经验分析 [J]. 世界经济研究，2017 (5).

[251] 中国经济增长前沿课题组. 城市化、财政扩张与经济增长 [J]. 经济研究，2011，46 (11).

[252] 仲凡，杨胜刚，成程. 地方政府竞争、市场化、土地财政与地方政府债务——基于中国省级面板数据的经验证据 [J]. 湖南社会科学，2017 (2).

[253] 周飞舟. 大兴土木：土地财政与地方政府行为 [J]. 经济社会体制比较，2010 (3).

[254] 周飞舟. 分税制十年：制度及其影响 [J]. 中国社会科学，2006 (6).

[255] 周飞舟. 生财有道：土地开发和转让中的政府和农民 [J]. 社会学研究，2007 (1).

[256] 周黎安. 中国地方官员的晋升锦标赛模式研究 [J]. 经济研究，2007 (7).

[257] 周雪光."逆向软预算约束"：一个政府行为的组织分析 [J]. 中国社会科学，2005 (2).

[258] 周业安，余晨阳，杨小静，全婷. 国有企业的债务问题研究 [J]. 经济理论与经济管理，2017 (6).

[259] 周业安. 县乡级财政支出管理体制改革的理论与对策 [J]. 管理世界，2000 (5).

[260] 朱炳玲. 如何构建现代政府预算制度——基于新预算法视角 [J]. 湖北经济学院学报（人文社会科学版），2017，14 (2).

[261] 朱德米，何俊志，任军锋. 新制度主义政治学译文精选 [M]. 天津：天津人民出版社出版，2007.

[262] 朱立宇."后土地财政"时期房产税对土地出让金的替代作用分析——以四川省为例 [J]. 河南财政税务高等专科学校学报，2016，30 (4).

[263] 朱玉明. 地方利益、政府利益与官员利益——对地方政府行为的

经济分析 [J]. 东岳论丛, 2006 (1).

[264] 诸培新, 唐鹏. 农地征收与供应中的土地增值收益分配机制创新——基于江苏省的实证分析 [J]. 南京农业大学学报 (社会科学版), 2013, 13 (1).

[265] 竹志奇, 高珂, 王涛. 新预算法对地方债券市场化进程的影响 [J]. 税务与经济, 2018 (5).

[266] 竹志奇, 武彦民, 丁硕伟. 新《预算法》、债务规则与财政政策的逆周期性 [J]. 财政研究, 2019 (6).

[267] 祝天智. 集体经营性建设用地入市与征地制度改革的突破口 [J]. 现代经济探讨, 2014 (4).

[268] Amrhein V, Greenland S, Mcshane B. Scientists rise up against statistical significance [J]. Nature, 2019 (567).

[269] Ang A, Bai J, Zhou H. The great wall of debt: Real estate, political risk, and Chinese local government financing cost [J]. Georgetown McDonough School of Business Research Paper, 2018 (2603022).

[270] Arellano M, Bond S. Some tests of specification for panel data: Monte Carlo evidence and an application to employment equations [J]. The Review of Economic Studies, 1991, 58 (2).

[271] Arellano M, Bover O. Another look at the instrumental variable estimation of error-components models [J]. Journal of Econometrics, 1995, 68 (1): 29 – 51.

[272] Barro R J. Inequality and growth in a panel of countries [J]. Journal of Economic Growth, 2000, 5 (1).

[273] Barro R. The Loan Market, Collateral and the Rate of Interest [J]. Journal of Money, Credit and Banking, 1976, 8 (4).

[274] Bellou A, Bhatt R. Reducing underage alcohol and tobacco use: Evidence from the introduction of vertical identification cards [J]. Journal of Health Economics, 2013, 32 (2).

[275] Bengston D N, Youn Y. Urban containment policies and the protection of natural areas: The case of Seoul's greenbelt [J]. Ecology and Society, 2006, 11 (1).

[276] Benmelech E, Bergman N K. Liquidation values and the credibility of financial contract renegotiation: Evidence from U. S. Airlines [J]. The Quarterly Journal of Economics, 2008, 123 (4).

[277] Blanchard O A A S. Federalism with and without political centralization: China versus Russia [J]. IMF Staff Paper, 2001 (48).

[278] Blundell R, Bond S. Initial conditions and moment restrictions in dynamic panel data models [J]. Journal of Econometrics, 1998, 87 (1).

[279] Brueckner J K, Fansler D. The economics of urban sprawl: Theory and evidence on the spatial sizes of cities [J]. Review of Economics & Statistics, 1983 (55).

[280] Cai H, Henderson J, Zhang Q. China's land market auctions: Evidence of corruption [J]. The RAND Journal of Economics, 2013, 44 (3).

[281] Cai Y, Zhang W, Zhao Y. Discussion on evolution of land-use planning in China [J]. China City Planning Review, 2009, 18 (1).

[282] Cao G, Feng C, Tao R. Local land finance in China's urban expansion: Challenges and solutions [J]. China & World Economy, 2008, 16 (2).

[283] Cao Y, Li J. Effects of China's BT-to-VAT reform on listed companies' turnover tax burden [J]. China Economist, 2017, 12 (5).

[284] Carruthers J I. The impacts of state growth management programmes: A comparative analysis [J]. Urban Studies, 2002, 39 (11).

[285] Cartier C. "Zone Fever", the Arable Land Debate, and Real Estate Speculation: China's evolving land use regime and its geographical contradictions [J]. Journal of Contemporary China, 2001, 10 (28).

[286] Chaney T, Sraer D, Thesmar D. The collateral channel: How real estate shocks affect corporate investment [J]. American Economic Review, 2012, 102 (6).

[287] Chen T, Kung J K S. Do land revenue windfalls create a political resource curse? Evidence from China [J]. Journal of Development Economics, 2016 (123).

[288] Chen W, Shen Y, Wang Y, Wu Q. How do industrial land price variations affect industrial diffusion? Evidence from a spatial analysis of China [J]. Land Use Policy, 2018 (71).

[289] Chen W, Shen Y, Wang Y. Does industrial land price lead to industrial diffusion in China? An empirical study from a spatial perspective [J]. Sustainable Cities and Society, 2018 (40).

[290] Chen Z, Tang J, Wan J, Chen Y. Promotion incentives for local offi-

cials and the expansion of urban construction land in China: Using the Yangtze River Delta as a case study [J]. Land Use Policy, 2017 (63).

[291] Chen Z, Wang Q, Huang X. Can land market development suppress illegal land use in China? [J]. Habitat International, 2015 (49).

[292] Cui W. China's business-tax-to-vAT reform: An interim assessment [J]. British Tax Review, 2014 (5).

[293] Deng L, Chen J. Market development, state intervention, and the dynamics of new housing investment in China [J]. Journal of Urban Affairs, 2019, 41 (2).

[294] Deng S, Peng J, Wang C. Fiscal transparency at the Chinese provincial level [J]. Public Administration, 2013, 91 (4).

[295] Deng Y, Fu B, Sun C. Effects of urban planning in guiding urban growth: Evidence from Shenzhen, China [J]. Cities, 2018 (83).

[296] Ding C, Niu Y, Lichtenberg E. Spending preferences of local officials with off-budget land revenues of Chinese cities [J]. China Economic Review, 2014 (31).

[297] Du J, Peiser R B. Land supply, pricing and local governments' land hoarding in China [J]. Regional Science and Urban Economics, 2014 (48).

[298] Du L. The effects of China's VAT enlargement reform on the income redistribution of urban households [J]. China Finance and Economic Review, 2015, 3 (1).

[299] Fang H, Bao Y, Zhang J. Asymmetric reform bonus: The impact of VAT pilot expansion on China's corporate total tax burden [J]. China Economic Review, 2017, 46.

[300] Frenkel A. The potential effect of national growth-management policy on urban sprawl and the depletion of open spaces and farmland [J]. Land Use Policy, 2004, 21 (4).

[301] Gan J. Collateral, debt capacity, and corporate investment: Evidence from a natural experiment [J]. Journal of Financial Economics, 2007, 85 (3).

[302] Gao H. Public land leasing, public productive spending and economic growth in Chinese cities [J]. Land Use Policy, 2019, 88.

[303] Gennaio M, Hersperger A M, Bürgi M. Containing urban sprawl: Evaluating effectiveness of urban growth boundaries set by the Swiss Land Use Plan [J].

Land Use Policy, 2009, 26 (2).

[304] Han L, Kung J K. Fiscal incentives and policy choices of local governments: Evidence from China [J]. Journal of Development Economics, 2015, 116.

[305] Hauk W R, Wacziarg R. A Monte Carlo study of growth regressions [J]. Journal of Economic Growth, 2009, 14 (2).

[306] He C, Huang Z, Wang R. Land use change and economic growth in urban China: A structural equation analysis [J]. Urban Studies, 2014, 51 (13).

[307] Heald D. Fiscal Transparency: Concepts, Measurement and UK Practice [J]. Public Administration, 2003, 81 (4).

[308] Huang Z, Du X. Government intervention and land misallocation: Evidence from China [J]. Cities, 2017, 60.

[309] Huang Z, Du X. Strategic interaction in local governments' industrial land supply: Evidence from China [J]. Urban Studies, 2016, 54 (6).

[310] Huang Z, He C, Li H. Local government intervention, firm government connection, and industrial land expansion in China [J]. Journal of Urban Affairs, 2017, 41 (2).

[311] Immergut, M. E. The theoretical core of the new institutionalism [J]. Politics & Society, 1998, 26 (1).

[312] Jin J, Zou H. Soft Budget Constraints on Local Government in China [C]. Cambridge: The Massachusetts Institute of Technology Press: Cambridge, 2003.

[313] Jin W, Zhou C, Tao L, Zhang G. Exploring the factors affecting regional land development patterns at different developmental stages: Evidence from 289 Chinese cities [J]. Cities, 2019, 91.

[314] Kiyotaki N, Moore J. Credit Cycles [J]. Journal of Political Economy, 1997, 105 (2).

[315] Kline J D. Comparing states with and without growth management analysis based on indicators with policy implications comment [J]. Land Use Policy, 2000, 17 (4).

[316] Kopits G, Craig J D. Transparency in government operations [M]. Washington DC: International Monetary Fund, 1998.

[317] Kornai J, Maskin E, Roland G. Understanding the soft budget constraint [J]. Journal of Economic Literature, 2003, 41 (4).

[318] Li J, Wang X. Does VAT have higher tax compliance than a turnover

tax? Evidence from China [J]. International Tax and Public Finance, 2019, 27 (2).

[319] Li J. Land sale venue and economic growth path: Evidence from China's urban land market [J]. Habitat International, 2014 (41).

[320] Li N, Teoh J, Krever R. VAT reform in China reaches a critical turning point [J]. Tax Notes International, 2016, 82 (4).

[321] Li Y, Li W. The cooperative obstacles and countermeasures in partner-ingmodel based project management [R]. International Conference on E-Business and E-Government (ICEE), 2011.

[322] Li Y, Xiong W. A spatial panel data analysis of China's urban land ex-pansion, 2004 – 2014 [J]. Papers in Regional Science, 2019, 98 (1).

[323] Liang W, Lu M, Zhang H. Housing prices raise wages: Estimating the unexpected effects of land supply regulation in China [J]. Journal of Housing Eco-nomics, 2016, 33 (9).

[324] Liao S. Analysis on the policy effect of Replacing Business Tax with Added-Value Tax [J]. International Journal of Economics, Finance and Manage-ment Sciences, 2015, 3 (3).

[325] Lichtenberg E, Ding C. Local officials as land developers: Urban spatial expansion in China [J]. Journal of Urban Economics, 2009, 66 (1).

[326] Lin G C S, Yi F. Urbanization of capital or capitalization on urban land? Land development and local public finance in urbanizing China [J]. Urban Geogra-phy, 2011, 32 (1).

[327] Lin G C S. Reproducing spaces of Chinese urbanisation: New city-based and land-centred urban transformation [J]. Urban Studies, 2007, 44 (9).

[328] Liu T, Cao G, Yan Y, Wang R Y. Urban land marketization in China: Central policy, local initiative, and market mechanism [J]. Land Use Policy, 2016, 57.

[329] Liu T, Lin G C S. New geography of land commodification in Chinese cities: Uneven landscape of urban land development under market reforms and glo-balization [J]. Applied Geography, 2014, 51.

[330] Liu Y, Alm J. "Province-Managing-County" fiscal reform, land expan-sion, and urban growth in China [J]. Journal of Housing Economics, 2016, 33.

[331] March J G, Olsen J P. The new institutionalism: Organizational factors

in political life [J]. American Political Science Review, 1983, 78 (3).

[332] Mian A, Sufi A. The effects of fiscal stimulus: Evidence from the 2009 Cash for Clunkers Program [J]. The Quarterly Journal of Economics, 2012, 127 (3).

[333] Nunn N, Qian N. The potato's contribution to population and urbanization: Evidence from a historical experiment [J]. The Quarterly Journal of Economics, 2011, 126 (2).

[334] Oliver H, Andrei S, Vishny R W. The proper scope of government: Theory and an application to prisons [J]. Quarterly Journal of Economics, 1997, 112 (4).

[335] Ooi J T L, Sirmans C F, Turnbull G K. Government supply of land in a dual market [J]. Real Estate Economics, 2011, 39 (1).

[336] Pan J, Huang J, Chiang T. Empirical study of the local government deficit, land finance and real estate markets in China [J]. China Economic Review, 2015, 32.

[337] Peters G. Institutional theory in political science [M]: London and New York: Wellington House, 1999.

[338] Petterssonlidbom P. Dynamic commitment and the soft budget constraint: An empirical test [J]. American Economic Journal: Economic Policy, 2010, 2 (3).

[339] Qian Y A G R. Federalism and the soft budget constraint [J]. American Econonic Review, 1998 (77).

[340] Qian Y, Weingast B R. Federalism as a commitment to perserving market incentives [J]. Journal of Economic Perspectives, 1997, 11 (4).

[341] Qin X. The impact of political forces on urban land ownership reform in transitional China [J]. International Journal of Law in the Built Environment, 2010, 2 (3).

[342] Qin Y, Zhu H, Zhu R. Changes in the distribution of land prices in urban China during 2007 ~ 2012 [J]. Regional Science and Urban Economics, 2016, 57.

[343] Roodman D. A Note on the theme of too many instruments [J]. Oxford Bulletin of Economics and Statistics, 2009, 71 (1).

[344] Rosenbaum P R, Rubin D B. Constructing a control group using multi-

variate matched sampling methods that incorporate the propensity score [J]. The AmericanStatistician, 1985, 39 (1).

[345] Shao Z, Spit T, Jin Z, Bakker M, Wu Q. Can the land use master plan control urban expansion and protect farmland in china? A case study of Nanjing [J]. Growth and Change, 2018, 49 (3).

[346] Shu C, Xie H, Jiang J, Chen Q. Is urban land development driven by economic development or fiscal revenue stimuli in China? [J]. Land Use Policy, 2018 (77).

[347] Siedentop S, Fina S, Krehl A. Greenbelts in Germany's regional plans: Aneffective growth management policy? [J]. Landscape and Urban Planning, 2016 (145).

[348] Stiglitz J E, Weiss A. Credit rationing in markets with imperfect information [J]. The American Economic Review, 1981, 71 (3).

[349] Su F, Tao R, Xi L, Li M. Local officials' incentives and China's economic growth: Tournament thesis reexamined and alternative explanatory framework [J]. China & World Economy, 2010, 20 (4).

[350] Tan R, Beckmann V. Diversity of practical quota systems for farmland preservation: A multicountry comparison and analysis [J]. Environment and Planning C: Government and Policy, 2010, 28 (2).

[351] Tao R, Su F, Liu M, Cao G. Land leasing and local public finance in China's regional development: Evidence from prefecture-level cities [J]. Urban Studies, 2010, 47 (10).

[352] Tian L, Ma W. Government intervention in city development of China: A tool of land supply [J]. Land Use Policy, 2009, 26 (3).

[353] Wang J, Wu Q, Yan S, Guo G, Peng S. China's local governments breaking the land use planning quota: A strategic interaction perspective [J]. Land Use Policy, 2020 (92).

[354] Wang S, Wang W, Song J, Zhao J. Calculation of the fiscal transfer payments after Value-Added Tax expansion reform in China [R]. Proceedings of 2014 1st International Conference on Industrial Economics and Industrial Security, Springer, Berlin, Heidelberg, 2015.

[355] Wang W, Ye F. The political economy of land finance in china [J]. Public Budgeting & Finance, 2016, 36 (2).

[356] Wang Y, Hui E C. Are local governments maximizing land revenue? Evidence from China [J]. China Economic Review, 2017 (43).

[357] Wang Z, Singh-Ladhar J, Davey H. Business tax to value-added tax reform in China [J]. Pacific Accounting Review, 2019, 31 (4).

[358] Wu A M, Ye L, Li H. The impact of fiscal decentralization on urban agglomeration: Evidence from China [J]. Journal of Urban Affairs, 2019, 41 (2).

[359] Wu F. Land financialisation and the financing of urban development in China [J]. Land Use Policy, 2019 (10).

[360] Wu Q, Li Y, Yan S. The incentives of China's urban land finance [J]. Land Use Policy, 2015 (42).

[361] Wu Y, Dong S, Huang H, Zhai J, Li Y, Huang D. Quantifying urban land expansion dynamics through improved land management institution model: Application in Ningxia-Inner Mongolia, China [J]. Land Use Policy, 2018 (78).

[362] Xu G, Huang X, Zhong T, Chen Y, Wu C, Jin Y. Assessment on the effect of city arable land protection under the implementation of China's National General Land Use Plan (2006–2020) [J]. Habitat International, 2015 (49).

[363] Xu H, Yin H, Guo Y. Fiscal decentralization, local government competition and farmland conversion in China: The co-integration analysis and the GMM estimationbased on the inter-provincial panel data [J]. Agricultural Economics, 2013, 59 (9).

[364] Xu N. What gave rise to China's landfinance? [J]. Land Use Policy, 2019, 87.

[365] Yan S, Ge X J, Wu Q. Government intervention in land market and its impacts on land supply and new housing supply: Evidence from major Chinese markets [J]. Habitat International, 2014, 44.

[366] Yaping W, Min Z. Urban spill over vs. local urban sprawl: Entangling land-use regulations in the urban growth of China's megacities [J]. Land Use Policy, 2009, 26 (4).

[367] Ye F, Wang W. Determinants of land finance in China: A study based on provincial-level panel data [J]. Australian Journal of Public Administration, 2013, 72 (3).

［368］Ye L, Wu A M. Urbanization, land development, and land financing: Evidence from Chinese cities ［J］. Journal of Urban Affairs, 2014, 36（s1）.

［369］Yew C P. Pseudo-Urbanization? Competitive government behavior and urban sprawl in China ［J］. Journal of Contemporary China, 2012, 74（21）.

［370］Yu J, Zhou L, Zhu G. Strategic interaction in political competition: Evidence from spatial effects across Chinese cities ［J］. Regional Science and Urban Economics, 2016, 57.

［371］Zhang F, Li M. The top-level institutional design on the perfection & expansion of VAT reform pilot ［J］. International Business and Management, 2014, 8（1）.

［372］Zheng H, Wang X, Cao S. The land finance model jeopardizes China's sustainable development ［J］. Habitat International, 2014（44）.

［373］Zhong T, Huang X, Zhang X, Scott S, Wang K. The effects of basic arable land protection planning in Fuyang County, Zhejiang Province, China ［J］. Applied Geography, 2012, 35（1 -2）.

［374］Zhong T, Mitchell B, Huang X. Success or failure: Evaluating the implementation of China's National General Land Use Plan（1997 ~ 2010）［J］. Habitat International, 2014（44）.

［375］Zhong T, Qian Z, Huang X, Zhao Y, Zhou Y, Zhao Z. Impact of the top-down quota-oriented farmland preservation planning on the change of urban land-use intensity in China ［J］. Habitat International, 2018, 77（7）.

［376］Zhou L, Tian L, Gao Y, Ling Y, Fan C, Hou D, Shen T, Zhou W. How did industrial land supply respond to transitions in state strategy? An analysis of prefecture-level cities in China from 2007 to 2016 ［J］. Land Use Policy, 2019（87）.

［377］Zhou Y, Huang X, Chen Y, Zhong T, Xu G, He J, Xu Y, Meng H. The effect of land use planning（2006 ~ 2020）on construction land growth in China ［J］. Cities, 2017（68）.

［378］Zhu X, Wei Y, Lai Y, Li Y, Zhong S, Dai C. Empirical analysis of the driving factors of China's "land finance" mechanism using soft budget constraint theory and the PLS-SEM Model ［J］. Sustainability, 2019, 11（3）.